श्रेष्ठ मनुष्य बनने के उपाय

(Sreshth Manushya Banane ke Upaya)

श्रेष्ठ मनुष्य बनने के उपाय

(Sreshth Manushya Banane ke Upaya)

डॉ. बी. के. मेधावी शुक्ला
(पूर्व अनुसंधान अध्येता)
महात्मा गांधी अंतरराष्ट्रीय हिंदी विश्वविद्यालय
वर्धा (महाराष्ट्र) भारत

Lenin Media
LENIN MEDIA
Delhi

First Published in India 2021 by
Lenin Media, Delhi

ISBN: 978-81-949928-6-8

Lenin Media Private Limited
204, IInd Floor, Durga Complex, CSC,
Mayur Vihar, Phase-II, New Delhi-110091
Contact-9818148113
E:mail -leninmediapublishers@gmail.com
Website- www.leninmedia.com

Laser Typesetting
Priyanka Graphics, Delhi

Printed and Bound in
Delhi

795 INR (For India)

"वही मनुष्य है कि जो मनुष्य के लिए मरे.... राष्ट्रीय कवि मैथिलीशरण गुप्त जी की" मनुष्यता "कविता से उद्धृत वह श्रेष्ठ पंक्ति है जो 'मानवीय संवेदना के आरम्भ ' को एक नवीन आयाम प्रदान करती है जिसमें 'मनुष्य की मनुष्यता' को बनाए रखने के साथ बचाए रखने के सम्पूर्ण स्वरुप अपनी जीवंतता से विद्यमान हैं......"

समर्पण

''जगत नियंता

परमपिता परमेश्वर,

जिन्होंने सर्व आत्माओं को

ज्ञान प्रदान करके सुख, शांति, आनंद के द्वारा

प्रेम , पवित्रता और शक्ति से सुसज्जित करते हुए

अनादि, आदि, पूज्य, ब्राह्मण एवं फरिश्ता स्वरुप

प्रदान किया उनके प्रति

सम्पूर्ण श्रद्धा भाव से

सादर समर्पित ..''

"धरोहर"

(मनुष्यता) मैथिलीशरण गुप्त

विचार लो कि मर्त्य हो न मृत्यु से डरो कभी,
मरो, परन्तु यों मरो कि याद जो करें सभी।
हुई न यों सुमृत्यु तो वृथा मरे, वृथा जिए,
मरा नहीं वही कि जो जिया न आपके लिए।
वही पशु प्रवृत्ति है कि आप आप ही चरे,
वही मनुष्य है कि जो मनुष्य के लिए मरे।।

उसी उदार की कथा सरस्वती बखानती,
उसी उदार से धरा कृतार्थ भाव मानती।
उसी उदार की सदा सजीव कीर्ति कूजती,
तथा उसी उदार को समस्त सृष्टि पूजती।
अखंड आत्म भाव जो असीम विश्व में भरें,
वही मनुष्य है कि जो मनुष्य के लिए मरे।

क्षुधार्त रतिदेव ने दिया करस्थ थाल भी,
तथा दधिची ने दिया परार्थ अस्थिजाल भी।
उशीनर क्षीतीश ने स्वमांस दान भी किया,
सहर्ष वीर कर्ण ने शरीर चर्म भी दिया।

अनित्य देह के लिए अनादि जीव क्या डरे ?
वही मनुष्य है कि जो मनुष्य के लिए मरे।।

सहानुभूति चाहिए, महाविभूति है यही य
वशीकृता सदैव है बनी हुई स्वयं मही।
विरुद्धवाद बुद्ध का दया प्रवाह में बहा,
विनीत लोकवर्ग क्या न सामने झुका रहा?
अहा ! वही उदार है परोपकार जो करे,
वही मनुष्य है कि जो मनुष्य के लिए मरे।।

रहो न भूल के कभी मदांध तुच्छ वित्त में,
सनाथ जान आपको करो न गर्व चित्त में।
अनाथ कौन है यहां ? त्रिलोकनाथ साथ हैं,
दयालु दीनबंधु के बड़े विशाल हाथ हैं।
अतीव भाग्यहीन है अधीर भाव जो करे,
वही मनुष्य है कि जो मनुष्य के लिए मरे।।

अनंत अंतरिक्ष में अनंत देव हैं खड़े,
समक्ष ही स्वबाहु जो बढ़ा रहे बड़े - बड़े।
परस्परावलंब से उठो तथा बढ़ो सभी,
अभी अमर्त्य अंक में अपंक हो चढ़ो सभी।
रहो न यों कि एक से न काम और का सरे,
वही मनुष्य है कि जो मनुष्य के लिए मरे।।

मनुष्य मात्र बंधु है, यही बड़ा विवेक है,
पुराणपुरुष स्वयंभू पिता प्रसिद्ध एक है।
फलानुसार कर्म के अवश्य वाह्य भेद हैं,
परन्तु अंतरैक्य में प्रमाणभूत वेद हैं।
अनर्थ है कि बंधु ही न बंधु की व्यथा हरे,
वही मनुष्य है कि जो मनुष्य के लिए मरे।।

चलो अभीष्ट मार्ग में सहर्ष खेलते हुए,
विपत्ति, विघ्न जो पड़े उन्हें ढकेलते हुए।
घटे न हेलमेल हाँ, बढ़े न भिन्नता कभी,
अतर्क एक पंथ के सतर्क पंथ हों सभी।
तभी समर्थ भाव है कि तारता हुआ तरे,
वही मनुष्य है कि जो मनुष्य के लिए मरे।। ''

''मैथिलीशरण शरण गुप्त जी ने अपनी कविताओं द्वारा खड़ी बोली को एक काव्य-भाषा के रूप में निर्मित करने का अथक प्रयास किया। हिंदी कविता के इतिहास में यह गुप्त जी का सबसे बड़ा योगदान है। उनके काव्य में राष्ट्रीय चेतना, धार्मिक भावना और मानवीय उत्थान का भाव दिखाई देता है। वे भारतीय संस्कृति एवं इतिहास के परम-भक्त थे। इसी कारण, उनकी सभी रचनाएं राष्ट्रीय विचारधारा से ओत-प्रोत हैं। साकेत, यशोधरा, जयद्रथ-वध आदि मैथिलीशरण गुप्त जी की प्रमुख कृतियां हैं। ''भारत - भारती'' के लिए मैथिलीशरण गुप्त जी को महात्मा गांधी ने 'राष्ट्रकवि' की पदवी दी और सन 1954 में भारत सरकार ने इन्हें पद्मभूषण से सम्मानित किया। मनुष्यता कविता में कवि मैथिलीशरण गुप्त जी ने उसी व्यक्ति को मनुष्य माना है, जो केवल अपने लिए ही नहीं, बल्कि दूसरों के हित के लिए भी जीते-मरते हैं। ऐसे मनुष्य को मृत्यु के बाद भी उसके अच्छे कर्मों के लिए युगों-युगों तक याद किया जाता है इस प्रकार परोपकारी मनुष्य मर कर भी दुनिया में अमर हो जाता है।''

PRAJAPITA BRAHMA KUMARIS ISHWARIYA VISHWA VIDYALAYA

Over 4000 Raja Yoga Godly Service and Meditation Centres for establishing world peace through global co-operation

Founded in 1937 By world Almighty Authority Incorporeal Supreme Father God Shiva Through The Medium of Prajapita Brahma

Supreme Father God Shiva

Local Centre:

World Headquarters:
Pandav Bhawan
Dadi Prakashmani Marg,
Mount Abu-307501 (Raj.) India
Phone: 02974-238261 to 68

Ref. No.

आशीष

परमपिता परमात्मा की दिव्य संतान , प्रिय बहन मेधावी मुझे यह जान कर बहुत हर्ष हो रहा है कि आप मानवता की सेवा हेतु कुछ वर्षों से शोध कार्य करने में व्यस्त हैं और उसके निमित्त थीसिस भी लिख चुके हैं। इस बात की बड़ी खुशकिस्मती हैं कि आप ईश्वरीय ज्ञान और सहज राजयोग की अनुभवी आत्मा हैं जिससे कि वर्तमान समय के अनुसार मानव मूल्य और उसके साथ दैवीय जीवन मूल्य , धारण करने से मनुष्य क्या से क्या बन सकता है। जिस सच्ची शांति और सुख की खोज में सदा मानव मन लगा रहता है उसकी पूर्ति हेतु आप हमें , आपके शोध कार्य के द्वारा बहुत बड़ा अमूल्य ज्ञान खजाना प्राप्त हो रहा है।

हमें पूरी आशा ही नही बल्कि पूरा निश्चय है कि आपका यह पुरुषार्थ अनेकानेक बंधुओं एवं भगिनियों को सदा सुखमय जीवन जीने की कला का मार्गदर्शन देगा। बी.के. बहन मेधावी शुक्ला की यह मौलिक रचना - " श्रेष्ठ मनुष्य बनने के उपाय " किताब के अध्ययन से मानव को जीवन में श्रेष्ठता की सहज अनुभूति हो सकेगी और वह स्वयं को महान आत्मा , बनाने का पुरुषार्थ कर सकेगा। मेरी ओर से बहुत - बहुत शुभकामनाएं और परमपिता परमात्मा शिव का असीम आशीर्वाद....।

14 , दिसम्बर , 2019
(राष्ट्रीय ऊर्जा संरक्षण दिवस)

For. Prajapita Brahma Kumaris
Ishwariya Vishwa Vidyalaya

BK Nirwair 22/12/2019

Secretary General

ईश्वरीय सेवा में ,
राजयोगी ब्र.कु.निर्वैर
महासचिव , ब्रह्माकुमारीज़
अतिरिक्त प्रमुख
राजयोग शिक्षा एवं शोध प्रतिष्ठान
माउन्ट आबू , राजस्थान

PRAJAPITA BRAHMA KUMARIS ISHWARIYA VISHWA VIDYALAYA

Over 4000 Raja Yoga Godly Service and Meditation Centres for establishing world peace through global co-operation

Founded in 1937 By world Almighty Authority Incorporeal Supreme Father God Shiva Through The Medium of Prajapita Brahma

Supreme Father God Shiva

Local Centre:

World Headquarters:
Pandav Bhawan
Dadi Prakashmani Marg,
Mount Abu-307501 (Raj.) India
Phone: 02974-238261 to 68

Ref. No.

मंगलकामना

जीवन में मानवीय मूल्यों के द्वारा सद्गुणों को आचरण में उतारने के लिए पुरुषार्थ से स्वयं को जीवन - दर्शन , उमंग - उत्साह , जीवन - लक्ष्य , शिक्षा , अनुभव , सक्षमता , कल्पना - शक्ति , सृजनात्मकता एवं ईमानदारी के साथ अदम्य इच्छा - शक्ति की आवश्यकता होती है । " पूत के पांव पालने में दिख जाते हैं " अर्थात् " Morning Shows The Day " इस उक्ति को चरितार्थ करते हुए बेटी मेधावी शुक्ला ने अपने जीवन में " Discipline , Duty And Obedience This Is The Great Moral Triangle Of Strong Character " को जीवन में अपनाया है । शिक्षा के क्षेत्र में - दिल्ली विश्वविद्यालय से " पत्रकारिता एवं जनसंचार " में स्नातक की उपाधि ग्रहण करके , महात्मा गांधी अंतरराष्ट्रीय हिंदी विश्वविद्यालय से " जनसंचार मीडिया " में स्नातकोत्तर की उपाधि , मध्य प्रदेश - इंदौर में देवी अहिल्या विश्वविद्यालय से " जनसंचार " में एम.फिल. की उपाधि तथा महाराष्ट्र , वर्धा में - महात्मा गांधी अंतरराष्ट्रीय हिंदी विश्वविद्यालय के गांधी एवं शांति अध्ययन विभाग से " अहिंसक जीवन- शैली में राजयोग का अवदान : परम्परा , स्वरूप , प्रयोग और मीडिया की भूमिका " विषय पर पी.एच्.डी की उपाधि के लिए अनुसंधान कार्य की पूर्णता एक सराहनीय श्रम साध्य कार्य है ।

प्रजापिता ब्रह्माकुमारी ईश्वरीय विश्वविद्यालय में पिछले बारह वर्षों से स्वयं के जीवन को पवित्र बनाकर सम्पूर्ण अहिंसक बन जाने की प्रेरणा का सुखद परिणाम ब्रह्माकुमारी मेधावी शुक्ला द्वारा सृजित यह पुस्तक - " श्रेष्ठ मनुष्य बनने के उपाय " वास्तव में अध्यात्मवाद का नैसर्गिक प्रस्फुटन है जो मनुष्य की मनुष्यता को बनाए रखने में पूर्णतया मददगार सिद्ध होगा । मुझे इस बात की अत्यधिक प्रसन्नता हो रही है कि यह पुस्तक मानव जाति को यह अनुभव कराने में सक्षम है कि - उसे किस प्रकार ईश्वरीय सत्ता से ज्ञान प्राप्त करके स्वयं को आत्मिक रूप से - सुख , शांति एवं आनंद की स्थायी प्राप्ति हो सकती है और वह आत्मा को कैसे - प्रेम , पवित्रता एवं शक्ति स्वरूप बना सकता है ।

गागर में सागर भर देने वाली यह पुस्तक जिसकी विषय - वस्तु अत्यधिक रोचक एवं प्रेरणादायी है जिसमें संयमित जीवन - शैली की विराट परम्परा , अहिंसक जीवन शैली में मानव धर्म निष्ठा , मानव जीवन में श्रेष्ठता की स्वीकारोक्ति , श्रेष्ठ सामाजिक संरचना का व्यवहार पक्ष , समाज में शांति , अहिंसा एवं पवित्रता की स्थापना , अहिंसक जीवन - शैली की व्यावहारिकता , जीवन में शुचिता का धर्म , मानव जीवन की गतिशीलता , सत्कर्म की प्रवृत्ति का अनुसरण , मीडिया मीमांसा का गूढ़ार्थ , मूल्याधारित पत्रकारिता की निष्पक्षता , मीडिया का सार्थक बदलाव , आध्यात्मिक पत्रकारिता की उपयोगिता एवं राष्ट्रभाषा का सम्मान प्रमुख रूप से सम्मिलित हैं ।

स्वयं के जीवन को आलोकित करके सर्व आत्माओं के कल्याण की शुभ - भावना एवं शुभ - कामना रखते हुए मानव जीवन के सामाजिक , मनोवैज्ञानिक एवं दार्शनिक पक्षों के साथ धर्म एवं अध्यात्म का समावेश - " श्रेष्ठ मनुष्य बनने के उपाय " पुस्तक में किया जाना , मेधावी शुक्ला की अध्ययनशीलता से जुड़ी श्रेष्ठतम उपलब्धि का गुणात्मक परिणाम है जिसकी मैं अंतर्मन से अनुशंसा करता हूँ। आत्मा के उत्थान को जीवन के सन्दर्भ एवं प्रसंग में अपनाने की आंतरिक उत्कंठा ने बेटी मेधावी को सदा से ही प्रेरित किया है उनकी मंसा , वाचा , कर्मणा से पवित्र बनने एवं बनाने की अभिलाषा परमपिता परमात्मा अवश्य पूरी करेंगे , मैं उनके ज्योतिर्मय उज्जवल भविष्य के लिए मंगलकामना प्रदान करता हूँ।

14 , नवम्बर , 2019
(बाल दिवस)

Prajapita Brahma Kumaris
Ishwariya Vishwa Vidyalaya
B.K. Karuna Trustee
Managing Committee Member
राजयोगी ब्र.कु.करुणा

ब्रह्माकुमारी , माउंट आबू
अध्यक्ष - मल्टीमीडिया
चेयरमैन - मीडिया प्रभाग
चैनल हेड - Peace of Mind T.V
& Awakening T.V
राजयोग शिक्षा एवं शोध प्रतिष्ठान
माउन्ट आबू , राजस्थान

PRAJAPITA BRAHMA KUMARI ISHWARIYA VISHWA VIDYALAYA

World Headquarters : Mount Abu - 307 501. (Raj.), India

Correspondence Address:

Brahma Kumaris, Shantivan Campus, Abu Road - 307 510 (Raj.) India

Ph.: (02974) 228101 to 4, Website : www.brahmakumaris.com

शुभाशीष

जीवन के प्रति सकारात्मक दृष्टिकोण रखते हुए मेधावी बहन ने गाँधी दर्शन के मूलभूत सिद्धांत अहिंसक जीवन-शैली पर अनुसन्धान कार्य की पूर्णता के साथ अपनी लेखनी को सार्थक करते हुए सामाजिक उन्नयन हेतु पुस्तक लेखन का कार्य किया, जो एक शोध अध्येता की बड़ी उपलब्धि है। 'श्रेष्ठ मनुष्य बनने के उपाय' पुस्तक लेखन सचमुच अत्यंत सराहनीय पहल है। वर्तमान समय के परिप्रेक्ष्य में जहाँ मानव अपनी मानवता को खोता जा रहा है उसमें दानत्व उभर रहा है। ऐसे में वहीं मनुष्य को मानवता सिखाने वाले लोगों की भी कमी हो गयी है लेकिन अच्छाई बहुत कम लोग सिखा पा रहे हैं। आपके प्रयास से हमें पूर्ण विश्वास है कि इस पुस्तक के माध्यम से बहुत लोग अच्छी-अच्छी बातें सीखेंगे और सच्चा मानव किसे कहा जाता है यह भी उन्हें समझ में आ जाएगा।

मानवता में कितने नैतिक मूल्य ,पवित्रता और शक्तियां होनी चाहिए यह भी समझ लेना बहुत जरूरी है इस पुस्तक के द्वारा सभी को एक नया प्रकाश प्राप्त होगा तथा अनेक मनुष्यों के जीवन में परिवर्तन आएगा। लोग सुखी होंगे , बढ़ता हुआ स्वार्थ , अहम , क्रोध और अनेक मनोविकार समाप्त होंगे और मनुष्य चैन की श्वास ले सकेगा। मैं मेधावी शुक्ला को इस श्रेष्ठ प्रयास के लिए हृदय से बधाई देता हूँ, निश्चित रूप से यह मानवता के प्रति आत्मिक प्रेम को उजागर करने वाला तथ्य है और इनकी एक बहुत ही शुभेच्छा है कि सभी अपने जीवन में परिवर्तन करें और जीवन को इतना श्रेष्ठ बनाएं कि हमारे जीवन को देखकर अन्य लोग भी जीवन जीना सीख जायें। मनुष्य आत्माओं के जीवन में सुख आ जाए , खुशी आ जाए ,सफलता मिले , वो निर्भय होने के साथ शक्तिशाली भी हो जाएं ,यह कार्य पूर्णत: सफल होगा तथा जो भी यह पुस्तक पढ़ेगा उसका जीवन वैसा नहीं रहेगा जैसा पहले था अर्थात् वह आत्मिक समृद्धि से भरपूर हो जायेगा। मेरी ओर से बहन मेधावी को पुस्तक लेखन के नेक कार्य हेतु अनेक बार ,पुन:,बहुतधन्यवाद एवं शुभकामनाएं.....।

अध्यात्मिक सेवा में,

19 दिसम्बर , 2020
(विक्रम संवत - 2077)
शुक्ल पक्ष, शनिवार

B.K. Surya

(राजयोगी ब्र.कु. सूर्य)
निदेशक , स्पार्क प्रभाग ,
ज्ञान सरोवर, एकेडमी फॉर ए बेटर वर्ल्ड
ब्रह्माकुमारीज, माउन्ट आबू, राजस्थान

PRAJAPITA BRAHMA KUMARIS ISHWARIYA VISHWA VIDYALAYA

Over 4000 Raja Yoga Godly Service and Meditation Centres for establishing world peace through global co-operation

Founded in 1937 By world Almighty Authority Incorporeal Supreme Father God Shiva Through The Medium of Prajapita Brahma

Supreme Father God Shiva

Local Centre:

World Headquarters:
Pandav Bhawan
Dadi Prakashmani Marg,
Mount Abu-307501 (Raj.) India
Phone: 02974-238261 to 68

Ref. No.

शुभ भावना

ईश्वरीय सत्ता ने सम्पूर्ण जगत में प्रकृति को सृजित करके जीव आत्माओं को सुख पहुँचाने के साथ समस्त सृष्टि की संरचना को संपन्न किया। परमात्मा ने सभी देवी - देवताओं एवं प्रकृति के पांच तत्वों द्वारा दाता बनकर सर्व आत्माओं की झोली को भरा है। प्रजापिता ब्रह्माकुमारी ईश्वरीय विश्वविद्यालय की शिक्षा को अपने जीवन में धारण करने का पुरुषार्थ करते हुए -" अहिंसक जीवन शैली में राजयोग का अवदान : परम्परा , स्वरुप , प्रयोग और मीडिया की भूमिका " विषय पर डॉक्टर ऑफ फिलासफी , उपाधि हेतु अनुसंधान कार्य की पूर्णता अत्यधिक गौरवपूर्ण स्थिति का स्वरुप है।ब्र.कु. मेधावी शुक्ला द्वारा जीवन के मूल्यपरक सिद्धांतो का अनुकरण करके लेखन के क्षेत्र में कदम रखते हुए समाज कल्याण के लिए -' श्रेष्ठ मनुष्य बनने के उपाय ' पुस्तक पर व्यावहारिक आयाम प्रदान किया जाना उनकी प्रज्ञा को अधिक महत्वपूर्ण बना देता है।

मनुष्य आत्माएं स्वयं को श्रेष्ठ , शुभ एवं पवित्र कर्म क्षेत्र की ओर अग्रसर कर सकें और सर्व को सक्षम बनाकर आत्मा के स्वमान , स्वरुप एवं स्वभाव की उच्चता तक स्थापित करने में मददगार बन जाएं।इस विचार को संज्ञान में लेकर बहन मेधावी द्वारा जिन विचारों का प्रतिपादन पुस्तक के माध्यम से किया गया है वह ' महात्मा गांधी अंतरराष्ट्रीय हिंदी विश्वविद्यालय ' के साथ - साथ सम्पूर्ण मानव जाति के लिए भी प्रतिष्ठापूर्ण कार्य है। व्यक्तिगत और संस्थागत रूप से मैं आपको सृजनात्मक लेखन के महान कर्म को संपन्न करने हेतु शुभभावना एवं शुभकामना अभिव्यक्त करता हूँ।

30 नवम्बर 2020
(गुरु नानक जयंती)

अध्यात्मिक सेवा में ,
B.K.Raju
(राजयोगी ब्र.कु. राजू)
उपाध्यक्ष , कृषि एवं ग्राम विकास प्रभाग
ब्रह्माकुमारीज
राजयोग एजुकेशन एंड रिसर्च फाउंडेशन
माउन्ट आबू , राजस्थान

PRAJAPITA BRAHMA KUMARIS ISHWARIYA VISHWA VIDYALAYA

Over 4000 Raja Yoga Godly Service and Meditation Centres for establishing world peace through global co-operation

Founded in 1937 By world Almighty Authority Incorporeal Supreme Father God Shiva Through The Medium of Prajapita Brahma

Supreme Father God Shiva

Local Centre:

Ref. No.

World Headquarters:
Pandav Bhawan
Dadi Prakashmani Marg,
Mount Abu-307501 (Raj.) India
Phone: 02974-238261 to 68

मीठी-मीठी मेधावी बहन,

जैसा आपका नाम है वैसे ही आप सचमुच मेधावी हो। शारीरिक बल और मानसिक बल इन दोनों पंखों से उड़ने वाली मेधावी बहन हो। आपने जो अनुसन्धान करके परमात्म ज्ञान के सर्व आध्यात्मिक पहलुओं को जोड़कर यह शोध किया है यह सचमुच सराहनीय कदम है। उम्मीद है कि लोग इसे पढ़कर बहुत लाभान्वित होंगे। आप ऐसे ही सदा आगे बढ़ते रहें और अनेक आत्माओं के लिए प्रेरणा के स्रोत बनें। इसी आशा के साथ आपको बहुत-बहुत बधाई एवं आपके भविष्य हेतु अनन्त शुभकामनायें।

25 दिसम्बर, 2020
क्रिसमस दिवस

B.K. Sheelu

आध्यात्मिक सेवा में,
राजयोगिनी ब्र.कु.शीलु,
उपाध्यक्ष, शिक्षा प्रभाग, ब्रह्माकुमारीज
राजयोग शिक्षा एवं शोध प्रतिष्ठान
माउण्ट आबु, राजस्थान, भारत

WORLD RENEWAL SPIRITUAL TRUST, WARDHA

H.Q. PANDAV BHAWAN, MOUNT ABU, RAJASTHAN - 307501

Local Center :- Tapsya Kunj, Brahmakumaris, Duniwale Square, Nagpur Road, Wardha (MH)-442001

Ph: 07152-242323, 9823393536, email: wardha@bkivv.org

Ref No:- **Date:-**

शुभेच्छा

विश्व परिवर्तन की प्रक्रिया में परमपिता परमात्मा राजयोग द्वारा श्रेष्ठ कर्म से महान आत्माओं के रूप में श्रीलक्ष्मी और श्रीनारायण का निर्माण कर रहे हैं। मानव की जिज्ञासु प्रवृत्ति सत्यता को जानने के लिए आत्मा की समृद्धि एवं उच्चता के आयाम को जब - आत्म ज्ञान , योग , धारणा तथा सेवा स्वरूप में अनुकरण करती है तब वह श्रेष्ठतम पुरुषार्थ का यथार्थ व्यवहार होता है। अंतर्मन में मुझे यह जानकर अत्यधिक प्रसन्नता हो रही है कि ब्र.कु. मेधावी बहन ने अपने अनुसन्धान कार्य के द्वारा इस सिद्धांत को प्रतिपादित करने में उपलब्धि प्राप्त की है जिसके अंतर्गत - ' समाज में शांति , अहिंसा एवं पवित्रता की स्थापना में धर्म , अध्यात्म और राजयोग की विशिष्ट भूमिका ' नीहित है। महात्मा गांधी अंतरराष्ट्रीय हिंदी विश्वविद्यालय के अहिंसा एवं शांति अध्ययन विभाग की शोध अध्येता द्वारा ' अहिंसक जीवन - शैली में राजयोग का अवदान ' विषय पर अनुसन्धान करते हुए ' श्रेष्ठ मनुष्य बनने के उपाय ' पुस्तक को लिपिबद्ध करना ब्र.कु. मेधावी शुक्ला की जीवन दृष्टि , उमंग - उत्साह तथा लक्ष्य को प्राप्त करने का प्रमाण है।

सर्व धर्म समभाव की व्याख्या , बहुजन हिताय - बहुजन सुखाय का स्पष्टीकरण करने के साथ सर्वे भवन्तु सुखिन: और वसुधैव कुटुम्बकम को आपने अपनी अनुपम कृति में मौलिक रूप से उल्लेखित किया है जिससे जीवन को आत्मिक सम्पन्नता , उपराम स्थिति , कर्मातीत अवस्था से अव्यक्त स्वरुप तक पहुंचाया जा सके , अत्यधिक सराहनीय पुरुषार्थ है। मैं हृदय से अभिनन्दन करते हुए आपके शोध एवं लेखन कार्य की गुणोत्तर अभिवृद्धि और आशातीत सफलता के लिए शुभेच्छा प्रदान करती हूं। ईश्वर की मदद सदा सकाश के रूप में आप पर बनी रहेगी ...।

29 दिसम्बर , 2020
(दत्त पूर्णिमा)

आध्यात्मिक सेवा में ,

BK Madhuri

राजयोगिनी ब्र.कु.माधुरी
संचालिका - वर्धा (महाराष्ट्र)
प्रजापिता ब्रह्माकुमारीज
ईश्वरीय विश्वविद्यालय

सद्प्रेरणा

सृष्टि में सदियों से सृजन के विविध आयामों का अभ्युदय हुआ है जिसमें मनुष्य से देवत्व स्वरुप में रूपांतरण की कई अवस्थाएं विद्यमान रही हैं। मानव जाति द्वारा स्वयं की खोज से जुड़ी दुर्लभ स्मृतियों ने" महामानव बन जाने की चमत्कारिक स्थिति'' को दुनिया के सामने बड़े ही आदर के साथ प्रकट किया है। ज्ञान और तत्व मीमांसा की विभिन्न विधियां सम्पूर्ण व्यक्तित्व को सदा से ही सतोगुणी निर्माण के लिए मार्ग प्रशस्त करती हैं। आत्मिक उच्चता की गतिशीलता ने जीवन की सात्विक चेतना को उसके पवित्रतम भाव से –पुण्यात्मा, महात्मा, धर्मात्मा एवं देवात्मा के स्वरुप में परिवर्तित कर दिया है। जीवन में अच्छाई और सच्चाई का आगमन होने से जहां बेहतर कार्य व्यवहार से आंतरिक संतुष्टि प्राप्त होती हैं वहीं मानव द्वारा उत्तम को अपनाने की निष्ठा भी बलवती होती है। श्रेष्ठता पर आस्था की व्यावहारिक अवस्था लोक व्यवहार की वह अपेक्षा है जो मानवीय परिवेश में महान उपलब्धि हेतु मनुष्यता के मंगलकारी स्वरुप में चिरस्थायी बनी रहती है। जीवन दर्शन का धर्म–कर्म व्यक्ति को 'सर्व धर्म समभाव' के दृष्टिकोंण से मुक्ति और जीवनमुक्त स्थिति निर्मित करने में पूर्णतया सहायक होता है। आत्म दर्शन से अध्यात्म–पुरुषार्थ की उच्चता मानव को 'सर्वे भवन्तु सुखिनः' की व्यापकता से सम्बद्ध कर देती है

जिसमें कर्मातीत अवस्था का रहस्य छिपा रहता है। वर्तमान जीवन के अंतर्गत परमात्म दर्शन में राजयोग–मौन की धारणा आत्मा को ' वसुधैव कुटुम्बकम ' की व्यावहारिकता यथार्थता में स्थापित कर देती है जिससे अव्यक्त स्वरुप की प्रासंगिकता सम्पूर्ण जीवन्तता से मुखरित होती है।

महात्मा गांधी अंतरराष्ट्रीय हिंदी विश्वविद्यालय के शांति एवं अहिंसा विभाग में एक अनुसंधान अध्येता की शोधपरक सूक्ष्म दृष्टि द्वारा – 'श्रेष्ठ मनुष्य बनने के उपाय' नामक पुस्तक का सृजनात्मक स्वरुप, मेधावी शुक्ला की वह अनुपम कृति है जिसमें मानवीय संवेदना का विराट पक्ष सन्निहित है। समाज में शांति, अहिंसा और पवित्रता की स्थापना हेतु धर्म, अध्यात्म एवं राजयोग का योगदान निरुपित करते समय " सम्पूर्ण विश्व को एक परिवार" के रूप में प्रस्तुत किया जाना विश्वबंधुत्व को प्रतिपादित करता है। जीवन मूल्य को संरक्षित करने के सन्दर्भ में वृहद् विश्लेषण अहिंसक जीवन – शैली की व्यावहारिकता को इस प्रकार से स्पष्ट करता है कि यह तथ्य पूर्ण सत्यता के साथ –" मानव समाज की समरसता "का आधार स्तम्भ बन जाए।

मानव धर्म से देवत्व गुण की ओर बढ़ने के अनुक्रम में– "आत्मिक पवित्रता" की गहन पड़ताल को जीवन की शुचिता से जोड़कर 'श्रेष्ठ मानव व्यवहार के योगदान' को पुस्तक में विशेष रूप से उल्लेखित किया गया है। चेतना की उत्कृष्टता के संबंध में व्यावहारिक विश्लेषण जब मानव जीवन की गतिशीलता को रेखांकित करता है तब व्यक्ति के भीतर गुणात्मक परिवर्तन को स्थायी रूप प्रदान करने के लिए –"राजयोग की उपयोगिता"को अत्यंत ही महत्वपूर्ण ढंग से प्रस्तुत पुस्तक में संजोया गया है। आत्मा के अमरत्व के सन्दर्भ में लेखकीय पृष्ठभूमि उस समय गौरवान्वित होने लगती है जब मौलिक अध्ययन का सच, यह अभिव्यक्त करने में अपनी प्रामाणिकता को "सत्कर्म की

प्रवृत्ति के अनुसरण'' हेतु मनुष्य को अंततः तत्पर कर लेता है जिसमें मानव जीवन के सर्वांगीण विकास का आधार समाहित रहता है। मनुष्य की मनुष्यता को बनाए रखने के साथ बचाए रखने के सम्पूर्ण आयाम को प्रस्तुत करने में सक्षम पुस्तक- 'श्रेष्ठ मनुष्य बनने के उपाय' मानवीय संवेदना के आध्यात्मिक प्रस्फुटन हेतु निश्चित ही सद्प्रेरणा की भूमिका निभाने में सफल सिद्ध हो सकेगी।

02, अक्टूबर, **2019**
(गांधी जयंती)

एस. डी. देवलालीकर
(सामाजिक चिंतक एवं विचारक)
अध्यक्ष, मानवीय विकास संस्था,
भोपाल (म.प्र)

अभिव्यक्ति

जीवन में बाल्यकाल से ही स्वयं की बुद्धिमत्ता के लिए- 'सर्व धर्म समभाव' से जुड़े अनेक भावनात्मक एवं विचारगत पक्षों पर सहमति होते-होते जीव जगत अपनी ब्रह्मचर्य अवस्था को आत्म सम्मान के साथ पूर्ण कर लेता है। मानवता के प्रति गरिमामयी स्थितियां उस समय अपनी उच्चता के साथ प्रस्तुत होती हैं जब सामाजिक बुद्धिमत्ता से जुड़ी स्थितियां अपने संदर्भ में - 'बहुजन हिताय-बहुजन सुखाय' के उद्‌घोष को गृहस्थ आश्रम का मुख्य आधार बनाते हुए जीवन की महानता का बखान करती है। मनुष्य का चिंतन इतना विराट होता है कि भावनात्मक बुद्धिमत्ता के स्तर पर उत्पन्न होने वाली प्रासंगिकता को - 'सर्वे भवन्तु सुखिनः' की उच्चता से संबोधित करते हुए वानप्रस्थ स्थिति को सशक्त बनाने की चेष्टा अंतर्मन में सदैव बनी रहती है। आत्मिक समृद्धि से ओत-प्रोत मानव आध्यात्मिक बुद्धिमत्ता में स्वयं के साथ-साथ सर्व कल्याण की मंगलकामना द्वारा'वसुधैव कुटुम्बकम' की व्यावहारिकता से सन्यास आश्रम को मानवीय संवेदना की श्रेष्ठता के प्रमुख स्रोत के रूप में स्वीकार करता है।

अहिंसक जीवन - शैली के विराट पक्ष को जब स्वीकार किया जाता है तब अंतर्मन इस सत्य को स्वीकार करने के लिए तत्पर हो जाता है कि सम्पूर्ण जीवन काल में स्वयं को अच्छा बनाने की स्थितियां कई बार व्यक्ति के समक्ष उत्पन्न होती हैं और प्रायः प्रत्यक्ष एवं अप्रत्यक्ष रूप से मनुष्य को स्वयं की अच्छाई एवं सच्चाई के प्रति आकर्षित भी करती हैं अर्थात्

अहिंसा का संदर्भ सर्वप्रथम एक मनुष्य स्वयं के भीतर उठने वाले भाव और विचार की पवित्रता से आत्मसात करता है। स्वयं को अच्छा बनाने के परिदृश्य में स्वयं का एक तुलनात्मक अध्ययन व्यक्ति को आश्चर्यचकित स्थिति में परिवर्तित कर देता है जिसके अंतर्गत सत्य और असत्य का ज्ञान होते हुए भी व्यक्ति सत्य की स्वीकारोक्ति को निजी गुण में परिवर्तित नहीं कर पाता है। धर्म – कर्म से जुड़े सिद्धांत व्यक्ति को लौकिकता निभाने हेतु बल प्रदान करते हैं जिससे जीवन की 'निजता' त्याग के लिए तत्पर हो जाती है और तब स्वयं के अच्छे संस्कार व्यक्ति को कई बार श्रेष्ठता का वरण करने में सहयोगी बनते हैं वहीं अनेक स्थितियों में बुरे संस्कारों से कई बार असफलता भी प्राप्त होती है। जब एक व्यक्ति स्वयं को आध यात्मिक जगत के भीतर ले जाने का प्रयास करता है तब उसे ज्ञात हो जाता है की पुरुषार्थ की महत्ता क्या है ? और स्वयं को आलौकिक बनाते समय वैराग्य की आवश्यकता क्यों होती है? मनुष्य स्वयं के उत्थान के लिए श्रेष्ठता का वरण करना चाहता है और वह अपनी क्षमता के अनुसार प्रयत्नशील भी रहता है जिसके अंतर्गत स्वयं को राजयोगी बनाने की प्रक्रिया से गुजरना गहन मौन का परिणाम है जिसमें पारलौकिकता की पराकाष्ठा अनहद नाद की ओर अभिमुखित कर देती है। मानव जीवन काल में धर्म की परम्पराओं के साथ कर्म के विभिन्न स्वरूपों का अध्ययन निरंतर करना पड़ता है जिससे स्वयं को श्रेष्ठ बनाने की प्रायोगिकता को व्यावहारिक जीवन से जोड़ा जा सके। एक मनुष्य के द्वारा स्वयं के लिए धार्मिक व्यवस्था से कुछ स्थूल प्राप्त करने की उत्कंठा रखना इस बात का प्रमाण है कि उसने स्वयं को त्याग – तपस्या के प्रति निष्ठावान बना लिया है और आवश्यकता पड़ने पर निजी जीवन के प्रति निष्ठुरता का अनुपालन करके महत्वाकांक्षा के मोती को हासिल करने की स्थितियां निर्मित की जा सकती हैं।

किसी नियम के प्रति कठोरता का भाव स्वयं को सयंमित बनाने में कितना योगदान दे सकेगा यह चिंतन का विषय हो सकता है लेकिन आध्यात्मिक जगत में पुरुषार्थ का सबल पक्ष जप एवं तप के द्वारा आत्मा की शक्तियों को बलवान बनाने में सहयोगी अवश्य बन जाता है। जीवन में अलौकिकता का प्रवेश मनुष्यता को उच्च कोटि के सम्मान से भरपूर कर देता है जिससे व्यक्ति ध्यान के साथ धारणा का अवलंबन करते हुए स्वाध्याय से बेहद के वैराग्य को प्राप्त कर लेता है। मानव जीवन में श्रेष्ठता का वरण आत्मा का वह स्वर्णिम स्वरुप है जिसमें व्यक्तिगत चेतना से राजयोगी अवस्था को प्राप्त करके सत्य, प्रेम एवं अहिंसा को पुष्पित और पल्लवित किया जाता है। अहिंसक जीवन शैली में राजयोग का अवदान वह श्रेष्ठतम अवस्था है जो आत्मिक जगत के उजले पक्ष को निश्चित रूप से गुण एवं शक्ति संपन्न बना देती है जिससे वह मौन स्वरुप रहते हुए श्रेष्ठता का वरण अत्यंत सहज, सरल एवं विनम्र भाव से स्वीकार कर लेता है। जीवन के वर्तमान दौर में मानवीय एवं दानवीय प्रवृतियों के मध्य उपजे झंझावत से 'मनुष्यता' को बनाए रखने में मददगार सुश्री मेधावी शुक्ला जी की यह मौलिक चिंतकपरक रचना का सुदृढ़ पक्ष 'श्रेष्ठ मनुष्य बनने के उपाय' पुस्तक के रूप में व्यक्ति को पठन-पाठन के साथ मनन-चिन्तन के लिए इस प्रकार से अभिप्रेरित करेगी कि- ''मानवता की अभिव्यक्ति का अभिनंदन'' श्रेष्ठतम क्रियांवयन के रूप में निश्चित ही स्थापित हो सकेगा।

15, अगस्त, 2019
(स्वतंत्रता दिवस)

Dr. Deepak Goswami
Management Consultant
Secretary Adarsh Yuva Samiti
An Active Member of the
World Human Rights Protection
Commission International Organization (WHRPC)

DR. AJAY SHUKLA
Behaviour Scientist
(Gold Medalist of International Human Rights Millennium Award)

SPIRITUAL RESEARCH STUDY AND EDUCATIONAL TRAINING CENTRE (SRSETC)

Positive Life To Meaningful life; Complete Aspect To Dedication Aspect; Charitable Soul To Divine Soul, Self-Realisation to GOD Realisation; Life Philosophy To Spiritual Philosophy; Social Reference To Psychological Reference, Philosopher Theme To Spiritual Theme; Practical Addition To Inspirational Addition; Realisation Stage To Pleasant Stage; Developmental Environment To Welfare Environment; Spiritual Research To Effort Research; Transparent Form To Realistic Form....

Training & Human Development

Behaviour Science & Management Attitude; Personal Effectiveness & Leadership Development; Achievement Motivation & Goal Setting; Effective Communication & Team Building; Problem Solving & Decision Making; Emotional Intelligence & Achieving Excellence; Vocational Skill & Educator System; Entrepreneurship Development & Career Guidance; Value Education & Personal Counselling.

लेखक की महत्वपूर्ण प्रेरणात्मक, मौलिक एवं सृजनात्मक कृतियाँ :

[illegible]

01. व्यवहार, सम्बन्ध और व्यावहारिकता
02. परिवर्तन की अन्तर्दृष्टि
03. विकास का मनोविज्ञान
04. जीवन के सृजनात्मक पक्ष

[illegible]

05. अभिव्यक्त संवेदनाएँ
06. व्यक्तित्व, कृतित्व और अस्तित्व
07. जीवन दर्शन का अध्यात्म
08. आत्मिक साक्षात्कार के आयाम

[illegible]

09. [illegible]
10. [illegible]
11. [illegible]
12. [illegible]

PRACTICAL SOLUTION OF LIFE

- Audio CD (Hindi)

01. Vision of Life,
02. Motivation of Life,
03. Perfection of Life

- Video CD (Hindi)

04. Emotion of Life,
05. Creation of Life,
06. Reflection of Life

सम्मति

जगत नियंता ने मनुष्य आत्माओं को आदि , मध्य एवं अंत का ज्ञान प्रदान करके इस धरा पर उनके - अनादि , आदि , पूज्य , ब्राह्मण और फ़रिश्ता स्वरुप का दिग्दर्शन करा दिया है। विज्ञान की खोज के माध्यम से यह पता चलता है कि चेतना अपनी - सुप्त , जागृत तथा गतिशील स्थिति में रहती है जबकि अध्यात्म की शक्ति द्वारा चेतना की चिन्तनशील अवस्था का ज्ञान मानव को स्पष्ट रूप से हो जाता है। परमपिता परमेश्वर , विश्व परिवर्तन की बेला में नवयुग की स्थापना हेतु सर्व आत्मन बंधुओं को पवित्र बनने की उच्चता , का अनुभव राजयोग से करा रहे हैं। श्रेष्ठ चिंतन की प्रक्रिया व्यक्ति को उसकी गरिमा से परिचित कराती है जिसमें - मैं कौन हूँ ? और मेरा कौन है ? अर्थात् आत्मा एवं परमात्मा का ज्ञान सहजता से आत्मिक स्मृति को सतोप्रधान बनाने में सहयोगी बन जाता है।

जीवन में संकल्प एवं विकल्प की पवित्रता आत्मा के अनवरत पुरुषार्थ का सुखद परिणाम होता है। धर्म और अध्यात्म के प्रति जिज्ञासु प्रवृति होने के कारण आत्मा जब साक्षी भाव तक पहुँचती है तब सृजनात्मक ऊर्जा से सकारात्मक एवं सार्थक संवाद की उत्पति सुनिश्चित होती है। ज्ञान , योग , धारणा और सेवा से सन्मार्ग के पथ पर तीव्र गति से चलने की प्रेरणा प्रदान करने में मनुष्य का प्रालब्ध विभिन्न रूप से मददगार बनता है। शैक्षणिक गतिविधि में संलग्न रहते हुए जहां विदुषी बहन मेधावी शुक्ला ने स्वयं को शिक्षा के उच्चतम मानदंडों पर स्थापित किया है वहीं - ' श्रेष्ठ मनुष्य बनने के उपाय ' का सृजन करके समाज के सम्मुख मानव को उसकी महानता की पहचान भी दिलायी है। अनुसंधान कार्य करते हुए लब्ध प्रतिष्ठित राष्ट्रीय और अंतरराष्ट्रीय स्तर के सेमिनार एवं वर्कशॉप हेतु शोध पेपर का लेखन तथा प्रस्तुतीकरण करने के साथ ही " मासिक , द्विमासिक एवं त्रैमासिक पत्र - पत्रिकाओं तथा शोध जर्नल्स " में भी आपके मौलिक आलेख एवं शोध आलेख प्रकाशित हुए हैं।

Organisation : (SRSETC)
Village-Khushhali (Banjari), Post-Patadi, District- Dewas-455221, (M.P.)
Secretary- Manviya Vikas Sanstha (N.G.O.) Add: E-3/190, Arera Colony, Bhopal- 462016 (M.P.)
Residence : 86, B-Sector, Kamla Nagar, Piplani, BHEL, Bhopal-21, M.P. Mob: 9826449385, 9407547511
E-Mail: dr.ajay_writertrainer@yahoo.com, drajaybehaviourscientist@gmail.com
Website: www.humanthinker.com, www.facebook.com/drajay.shukla.50

प्रस्तुत पुस्तक के द्वारा मानवता के - अतीत , आगत एवं अनंत की श्रेष्ठतम स्थितियों को विश्लेषित किया गया है ताकि व्यक्ति , स्वयं की जीवंत उपस्थिति को समाजोपयोगी बनाने हेतु भगीरथ प्रत्यन कर सके। सामाजिक मर्यादा का अनुसरण करते हुए पुस्तक में वास्तविक रूप से - मानव को देवतुल्य बनाने की सभी विधियों को सहज तरीके से समझाया गया है जिसे व्यक्ति सीखकर अपने जीवन को अनुभवी बना सकता है । मुझे विश्वास है कि - ' श्रेष्ठ मनुष्य बनने के उपाय ' पुस्तक मानव जाति के लिए वरदान बनकर उनके सम्पूर्ण जागरण काल को एक नया आयाम प्रदान करेगी , जिसमें - पुण्यात्मा , महात्मा , धर्मात्मा एवं देवात्मा बन जाने का कीर्तिमान सृजित हो सकेगा ।

मानवीय संवेदना द्वारा श्रेष्ठ मनुष्य के निर्माण हेतु किया गया यह सृजन निश्चित रूप से नए मनुष्य में आत्मिक सृजन के बीजारोपण को पुष्पित एवं पल्लवित करने का पुनीत कार्य डॉ.बी.के. मेधावी बहन के द्वारा संपन्न हुआ है इसलिए मेरी सम्मति , सदा उनके कल्याणकारी श्रेष्ठ कार्यों के साथ है।

10 , December , 2019
(International Human Rights Day)

Dr. Ajay Shukla (Behaviour Scientist)
Gold Medalist - International Human
Rights Millennium Award
Director: Spiritual Research Study And Educational
Training Centre, Dewas, M.P

फ़ोन : (07152) - 241137
फैक्स : (07152) - 255718

राष्ट्रपिता महात्मा गांधी द्वारा सन् 1936 में स्थापित
अन्तरराष्ट्रीय स्तर पर हिंदी का प्रचार–प्रसार करनेवाली
(अखिल भारतीय संस्था)

परीक्षा विभाग : (07152) 240044
प्रधान मंत्री : (07152) 240745
प्रधान मंत्री निवास : (07152) 240128

राष्ट्रभाषा प्रचार समिति, वर्धा

(सन् 1860 के सोसायटीज़ रजिस्ट्रेशन एक्ट के अनुसार पंजीकृत)
हिन्दीनगर, वर्धा – 442 003

Email : rashtrabhasha.wardha@gmail.com // rashtrabhasha@bsnl.in // Website : www.rashtrabhasha.org

पत्र क्रमांक : दि. :

शुभ चिंतन

आज के वर्तमान दौर में हम जिस तरह की मनःस्थिति तथा विघटनकारी परिस्थितियों का सामना कर रहे हैं जिसमें खासकर युवा पीढ़ी। वह उनसे दो हाथ करने तैयार नहीं दिखती। उनकी बेचैनी और अकमर्ण्यता बढ़ती जा रही है जो किसी विकासशील समाज के लिए अनुकूल नहीं है। इसी परिप्रेक्ष्य में लेखिका के मन में लिखने के विचार आए और पुस्तक लिखी गई ऐसा मुझे पढ़ने पर प्रतीत होता है।

भौतिक बदलाव की अंधी दौड़ में मनुष्य भटकता चला जा रहा है। यह भटकन उसे आत्मकेन्द्रित बनाए जा रही है जिसमें सामाजिकता खोती जा रही है। युवा पीढ़ी से जिस भौतिक और वैचारिक बदलाव की आशा की जाती रही है व्यावहारिक रूप से वह परिवर्तित नहीं हो पा रहा है। मनुष्य भीतर ही भीतर टूटता जा रहा है। जीने के लिए वह संबल की आवश्यकता का अनुभव कर रहा है। उस आवश्यकता की पूर्ति मनुष्य जीवन का अध्यात्म पूरा करेगी। जीवन मूल्य उसे आधार देंगे, उसका आत्मबल बढ़ायेंगे। नैतिकता की आचार संहिता उसे ऊँचा उठाएगी। मनुष्य जीवन की श्रेष्ठता की ओर अग्रसर होता जायेगा। मनुष्य की मनुष्य से नजदिकियाँ बढ़ेगी। मनुष्य की मनुष्य के लिए जीने की लालसा बढ़ेगी। 'बहुजन हिताय–बहुजन सुखाय' की भावना बढ़ेगी।

कवि जयशंकर प्रसाद की 'कामायनी' में 'श्रद्धा–मनु संवाद' मानव जीवन की विराटता को स्पष्ट कर देता है –

औरों को हँसते देखो मनु, हँसो और सुख पाओ।
अपने सुख को विस्तृत कर लो, सबको सुखी बनाओ ।।

आज मनुष्य असमंजस्य के चौराहे पर खड़ा है वह सफलता से श्रेष्ठ मनुष्य जीवन जीना चाहता है। डॉ. मेधावी शुक्ल द्वारा लिखित 'श्रेष्ठ मनुष्य बनने के उपाय' यह पुस्तक उन लोगों के लिए निश्चित ही मील का पत्थर सिद्ध होगी – इन्हीं शुभकामनाओं के साथ ....

– डॉ. हेमचन्द्र वैद्य
सहायक मंत्री
राष्ट्रभाषा प्रचार समिति, वर्धा

महाशिवरात्रि
मार्च ११, २०२१

महात्मा गांधी अंतर राष्ट्रीय हिंदी विश्वविद्यालय

ज्ञान शांति मैत्री

Mahatma Gandhi Antarrashtriya Hindi Vishwavidyalaya
संसद द्वारा पारित अधिनियम 1997, क्रमांक 3 के अंतर्गत स्थापित केन्द्रीय विश्वविद्यालय
(A Central University Established by Parliament by Act No.3 of 1997)
नैक द्वारा 'A' ग्रेड प्रदत्त / NAA Accreditation 'A'Grade

आमुख

बांग्ला में एक कहावत है - ' एई छेले टेकी मानुष कोरतोई होइबे ' अर्थात् इस लड़के को मनुष्य बनाना है , सोचने वाली बात यह है कि लड़का किसी मनुष्य का ही है , फिर भी उसे मनुष्य बनाने की बात उक्त कहावत कहती है। यह संदर्भ जब बंगाली माँ किसी गलती पर अपने बच्चे को डाँटती या मारती - पीटती है तब स्वभावत: संज्ञान में आ जाता है। यह प्रसंग दुनिया की सभी माँ के साथ जुड़ा है , भाषा की वीथिका अलग भले ही है ; भाव जगत सम है। सभी जानते हैं ' बच्चे की प्रथम पाठशाला और प्रथम शिक्षिका माँ है ' अत: हर माँ बच्चे में मनुष्य की मनुष्यता के मूल्य से संशोधित करके सर्व सद्गुणों से सम्पन्न करना चाहती है ताकि वह बच्चा , जब मनुष्य रूप में समाज के सामने आये तो उसमें मनुष्यता के मूल्य , मनुष्यता के सद्गुण एवं मनुष्यता के मर्म पल्लवित रहें , तभी वह समाज के हितार्थ एवं निहितार्थ बन सकेगा और यही मनुष्य होने की शाश्वत सार्थकता है। सदियों से उक्त ' मानवमूल्य ' की वृद्धि , समृद्धि एवं व्यावहारिकता हेतु अनेक ऋषि - मुनि तथा सन्यासियों के साथ शिक्षाविद् भी चिंतित रहे हैं और आज तो गिरते मानव मूल्यों की वजह से मानवीय मूल्य की प्रासंगिकता सामान्य हो गयी है ऐसे में क्या कुछ किया जाए कि मनुष्यता बची रहे ! चिन्ता और चिंतन इस बात का है ! प्राथमिक विद्यालयों में नैतिक शिक्षा का पाठ्यक्रम पूर्व में बालमन पर अमिट छाप छोड़ते थे , आगे चलकर अंग्रेजी माध्यम विद्यालयों में उसने ' मोरल एजुकेशन ' का रूप ले लिया। समय के बदलते प्रवाह में विकृत जीवन - शैली ने मूल्यों का इतना हनन किया है कि नीति निर्धारकों को मूल्य शिक्षा का पाठ्यक्रम विकसित करना पड़ा , जिसे अंग्रेजी में ' वैल्यू एजुकेशन ' कहा जाता है।

मूल रूप से कहने का तात्पर्य यह है कि शिक्षा ही वह मूल्य है जिसके माध्यम से समाज में मानवीय मूल्यों का प्रसारण किया जा सकता है। बाल मन से पढ़े हुए जीवन निर्धारण - तत्व के रूप में व्यावहारिक मूल्य....झूठ बोलना पाप है , लालच नहीं करना चाहिए , सत्य बोलना चाहिए , ईमानदार होना मनुष्यता है , सत्य की विजय होती है , बड़ों का आदर करना चाहिए आदि जीवन मूल्य महत्वपूर्ण हैं। आज भी किसी उम्र के उच्चतम स्वरूप में ' मानव जीवन के मूल्य ' भूलते नहीं हैं। कहा गया है - ' *करत - करत अभ्यास ते जड़मत होत सुजान* ' अर्थात् शिक्षण के विभिन्न पायदानों पर मनुष्यता के सद्गुण का बार - बार अभ्यास अन्तत: मन को शुचिता से भर देता है।

पोस्ट - हिंदी विश्वविद्यालय , गांधी हिल्स , वर्धा - 442001 (महाराष्ट्र) भारत
P.O - Hindi Vishwavidyalaya , Gandhi Hills , Wardha - 442001 (Maharashtra) India
दूरभाष - 07152-230313 Telephone - 07152-230313 / मो. - 09420063304 / Mob -09420063304
वेब साईट: www.hindivishwa.org

जीवन - शिक्षण की विविधा में मूल्य ही परम हैं जो मनुष्य में मनुष्यता को जीवन्त रख सकता है और यही व्यवहार - मूल्य समाज के लिए शाश्वत बन जाता है। कवियों और साहित्यकारों ने अपने - अपने ढंग से विचार - साहित्य की रचना की और मानव - मूल्यों को प्रतिष्ठित करने के लिए पुरजोर पराक्रम किए हैं। संवेदनशील साहित्यकार धर्मवीर भारती की पुस्तक ' मानव मूल्य और साहित्य ' का संदर्भ यहां विशेष रूप से लिया जा सकता है। राष्ट्रकवि मैथिलीशरण गुप्त जी की कविता ' *वही मनुष्य है जो कि मनुष्य के लिए मरे* ' का अनुसरण किया जाना जीवन का आवश्यक पक्ष है। ' मनुष्यता ' शीर्षक की यह कविता मानवीय सद्गुणों से मानव को मनुष्यता के लिए सीख देती है। लेखिका ने प्रस्तुत कविता को अपने आत्मिक भाव में समेटकर ' धरोहर ' के रूप में उद्धृत किया है , इसके लिए उन्हें बधाई ! गीतकार नीरज ने मनुष्यता की चिन्ता में लिख ही दिया - ' *मैं बसाना चाहता हूँ , स्वर्ग धरती पर ; आदमी जिसमें रहे , बस आदमी बनकर।* ' मनुष्यता की पहचान के लिए इस गीत को भी अंतर्मन से स्वीकार करते हुए उसके मर्म को अनुभव किया जा सकता है। मनुष्यता के इस राग तत्व को समेटने , सहेजने और मानव - मन में पिरोने के लिए आदिकाल से प्रयास किये जा रहे हैं। संत - मनीषी , शिक्षक - वृन्द सतत प्रयास करते रहे हैं। वसुधा पर युगों - युगान्तर से इसके प्रयास सांस्थानिक से लेकर व्यक्तिगत पराक्रम में भी शामिल रहेंगे ताकि मनुष्य में मनुष्यता पल्लवित होती रहे , जिससे वसुधा पर कुटुम्ब की भावना की भवधारा बहती रहे। इसी भवधारा से संपन्न एक ब्रह्माकुमारी के चित से चैतन्यवत मनुष्यता के व्यावहारिक सद्गुण - " श्रेष्ठ मनुष्य बनने के उपाय " अर्थात मनुष्यता के वास्तविक कारक स्वरूप में प्रस्तुत हुए हैं।

पुस्तक के विविध सम्भाग के अंतर्गत - *सकारात्मक जीवन - बोध , जीवन की शुचिता में सत्कर्म , राजयोग की भूमिका और मूल्याधारित मीडिया मीमांसा* प्रत्यक्ष रूप से जीवन व्यवहार के लिए दिशा - बोध के कारक बनकर मनुष्य के पग के साथ पाथेय बनकर तत्पर हैं। गतिमान होने के लिए लेखिका - बी.के. मेधावी शुक्ला का ' यह बोध जीवन उत्कर्ष के लिए है या जीवन की उत्कृष्टता के लिए '..........समझने की बात है......प्रथमत: जीवन में सकारात्मक बोध ही जीवन को उत्कृष्ट बनाता है। जीवन के इस व्यावहारिक प्रणयन में नियमित - संयमित , जीवन - शैली सामाजिक समरसता में अहिंसा के नैसर्गिक पुष्प खिलाती है जिसकी सुगंध परंपरा को सुवासित कर देती है। ध्यान देने की बात है कि नकारात्मकता जीवन को उलट दिशा दिखा देती है , इसलिए तो वाणिज्यिक विज्ञापन भी बहुत बार ' Being Human ' Be Positive , जीवन को सकारात्मक बनने की प्रेरणा देते हैं , क्योंकि जीवन स्वयं ही श्रेष्ठ व्यवहार का पुंज है। सकारात्मक जीवन सत्कर्म की शुचिता में स्वयं निमग्न हो जाता है फिर उसके लिए नीति , नैतिकता के योग से पारमार्थिक भाव का उदय होता है , वहीं से आस्था की अग्नि में मानवीय मूल्य की निष्ठा उभरती है , तभी हमारे जीवन में ' जीओ और जीने दो ' से आगे बढ़कर ' दूसरों के लिए जीओ ' का व्यवहार दर्शन प्रस्फुटित होता है और हमारा स्वार्थ परमार्थ बन जाता है।

योग और राजयोग की भूमिका में जो सत्य समाहित है उसका व्यवहार पक्ष जीवन की गतिशीलता का प्रामाणिक रहस्य है। पवित्रता तो मन की शुचिता है , दृष्टि - दोष का निवारण है , समरस समाज का कारक है ; अहिंसा और शांति तो सामाजिक संरचना के गवेषणात्मक फूल हैं जिसके संयम से राजयोग की आध्यात्मिक ऊँचाई की प्राप्ति होती है। राजयोग ' ए रॉयल एडिशन इन लाइफ ' (A Royal Addition In life) जो जीवन को आध्यात्मिक क्लाइमेक्स (Climax) पर ले जाता है , मेडिटेशन का मर्म जीवन को स्थिरता प्रदान करता है तब आकर जीवन में राजयोग का गुणात्मक परिवर्तन , जीवन को पावस बना देता है।

इस प्रकार डॉक्टर मेधावी शुक्ला का सृजनात्मक भाव मीडिया मीमांसा में मूल्य चेतना का आग्रही है , सम्प्रेषण के तमाम वैविध्य में अनुशासन की विश्वसनीयता ही वह आधारशिला है जो मूल्याधारित पत्रकारिता में निष्पक्षता की बात करती है । मीडिया मीमांसा की आचार संहिता जब तक पत्रकारिता की ' प्राण - वायु ' नहीं बनेगी , तब तक सार्थक बदलाव की कल्पना संदेह से परे नहीं होगी । पत्रकारिता की प्राणवायु को मीडिया की गहरायी में उतरना पड़ेगा तब जाकर मीडिया के नैतिक धर्माचरण की पत्रकारिता फलित होगी , राजयोग इसी परिणिति की मांग करता है । गांधी की पत्रकारिता ऐसे ही जीवन व्यवहार की अहिंसक पत्रकारिता थी जो अपने मूल्यों की निष्पक्षता के लिए राजयोग से हठयोग तक पहुंच गयी ।

प्रजापिता ब्रह्माकुमारी ईश्वरीय विश्वविद्यालय राजयोग के लिए विश्व समुदाय के मध्य अपनी उपयोगिता सिद्ध कर चुका है । " श्रेष्ठ मनुष्य बनने के उपाय " स्वरूप राजयोग से संबंधित निष्ठा की इसी प्रयोगभूमि से उत्सर्जित डॉ. मेधावी शुक्ला की प्रस्तुत संरचना पुस्तक रूप में फलित हुई है , उनकी राजयोग से प्राप्त मूल्यपरक अनुभूतियां मूल्यों की समधारा को मनुष्यता के कारक के रूप में पखारती हुई निश्चित ही निरन्तर प्रवाहमान होती रहेंगी । मनुष्यता के संदर्भ और प्रसंग के रूप में मानवता के हित संवर्धन हेतु एतदर्थ , डॉक्टर मेधावी शुक्ला की प्रस्तुत पुस्तक सदैव सहज मन को संस्कारित करती रहेगी। एक निष्पक्ष , अनमोल , पवित्र , संस्कारित एवं मूल्यपरक अभिव्यक्ति के लिए मेरी अनंत शुभकामनाएं.......... ।

12 जनवरी, 2021
(स्वामी विवेकानंद जयंती)

- डॉ. डी. एन. प्रसाद
प्राध्यापक : संस्कृति विद्यापीठ महात्मा
गांधी अंतरराष्ट्रीय हिंदी विश्वविद्यालय
वर्धा-442001 (महाराष्ट्र)
dnpsayal@yahoo.co.in
दूरभाष : 9420063304

प्राक्कथन

''मानव का महामानव बन जाना उसका चमत्कार, मानव का दानव बन जाना उसकी हार और मानव का मानव बने रहना उसकी जीत होती है'' डॉ. सर्वपल्ली राधाकृष्णन, महान शिक्षाविद एवं भारत के पूर्व राष्ट्रपति जी द्वारा उद्धरित यह विचार उस समय प्रासंगिक हो गए जब सुश्री मेधावी शुक्ला द्वारा सृजित पुस्तक की अमूल्य बानगी- 'श्रेष्ठ मनुष्य बनने के उपाय' अपने केंद्र में आदर्शनिष्ठ महामानव कैसे बनें? जैसे अनेक अनूठे समाधान को संजोते हुए अनुभूत होती है। अहिंसक जीवन-शैली के द्वारा मानवता को पुनर्स्थापित करने की स्थितियों को पारमार्थिक अहिंसा के माध्यम से उकेरने के प्रयास जहां प्रस्तुत पुस्तक की उपयोगिता को आधुनातन सन्दर्भ में सिद्ध करते हैं वहीं राजयोग से आत्मिक उच्चता की प्राप्ति को सम्पूर्णता एवं सम्पन्नता के पवित्र परिदृश्य में सहजता से उद्घाटित भी कर देते हैं। अहिंसक जीवन-शैली में राजयोग का अवदान, मानवता से सम्बंधित वह उच्च अवस्था है जिसमें व्यक्तिगत जीवन से जुड़े उन पक्षों को विश्लेषित किया गया है जो बाह्य दृष्टि से अमूर्त रूप में परिलक्षित होते हैं परन्तु उनकी संवेदनशीलता अत्यधिक व्यावहारिक होती है। एक व्यक्ति के लिए सैद्धांतिक स्तर पर अपने जीवन में धर्म एवं कर्म के मर्म को समझना तथा उसे दैनिक व्यवहार में अनुपालन करना अत्यधिक कठिन प्रतीत होता है लेकिन यह आस्था मानव के जीवन में घटित हो जाए इसके लिए व्यक्ति जीवन पर्यंत प्रयास करता रहता है।

मानव जीवन - शैली को आत्मसात करके स्वयं को धन्य समझने वाला व्यक्ति आखिर किन उलझनों में फस गया कि उसे अहिंसक जीवन - शैली का शंखनाद करते हुए स्वयं के लिए ' अहिंसा परमो धर्मः' की व्याख्या को जीवन के रहस्य से सम्बद्ध करके गतिशील होने की शपथ के प्रति सजगता प्रकट करनी पड़ी। राजयोग के द्वारा एक श्रेष्ठ जीवन-शैली को स्वीकार करने की ललक उस समय बढ़ गयी जब समाज ने मानव जीवन-शैली को अनुकरण करते हुए अचानक स्वयं को रक्षक से भक्षक में परिवर्तित कर लिया तथा अहिंसक जीवन-शैली को अपनाते हुए संरक्षक बनकर संरक्षण देने के बजाए मनुष्य ही मनुष्य के लिए अमानवीय एवं दानवीय प्रवृत्तियों के साथ प्रकट हो गया। आधुनिक जीवन-शैली एवं पाश्चात्य जीवन-शैली के मानसिक द्वन्द, समाज में इतने व्यापक रूप से काबिज हो गए कि मानवता से संबधित संवेदनशीलता केवल सत्य, प्रेम एवं अहिंसा की बाट जोहने लगे और केवल सैद्धांतिक स्थितियों एवं परिस्थितियों के घेरे में धार्मिक विचार एवं भावनाएं पूर्णतया कैद हो गईं। राजयोग का व्यावहारिक स्वरुप मनुष्य को अध्यात्म एवं पुरुषार्थ के लिए प्रेरित करता है तथा आत्मिक स्वरुप की स्थितियां उसे 'देह-अभिमान' के बोध से बाहर निकाल कर राजयोगी बनाने में मददगार होती हैं और मानव का आंतरिक मौन व्यक्ति को स्व-चिंतन की ओर ले जाता है जिससे उत्पन्न आत्म अनुभूतियाँ स्थायी स्वरुप में श्रेष्ठ जीवन-शैली के लिए मार्ग प्रशस्त कर देती हैं।

तुलसीदास कृत्त रामचरित मानस की चौपाई का उल्लेख करना यहां समीचीन प्रतीत होता है जिसमें वर्णित सत्य-" जहां सुमति तहं सम्पति नाना, जहां कुमति तहं बिपति निदाना'' से अभिभूत पक्ष सदा अहिंसक जीवन-शैली के स्थायित्व के लिए कार्य करते हैं तथा उन्हें राजयोग की परम्परा, स्वरुप एवं प्रयोग के विभिन्न

मानदंड सहयोगी भूमिका के रूप में नजर आते हैं। सामाजिक उत्थान से जुड़े दृष्टिकोंण की व्यापकता जनसंचार को अब वृहद स्वरुप में स्वीकार करती है जिसकी परिणिति –'जो कुछ घटित अथवा फलित है' उसे ही परोसने की बजाए क्या कुछ नया होना चाहिए या व्यावहारिक दृष्टि से जो सामयिक रूप में प्रासंगिक है अर्थात् मानवता के मध्य 'सुख शांतिमयी जीवन का सम्प्रेषण' होता रहे, जो प्राणी मात्र का उद्देश्य भी है उसका पोषण राजयोग के प्रयोग से ही सुनिश्चित किया जा सकता है। मुझे सुश्री मेधावी शुक्ला जी की नवीनतम कृति," श्रेष्ठ मनुष्य बनने के उपाय" को पढ़ने हुए 'मानव से महामानव' बन जाने की प्रक्रिया को अनुभव करने का सुअवसर मिला, जो कि उनके अथक प्रयासों का महानतम परिणाम है। उनके इस लेखन में अहिंसक जीवन–शैली की समग्रता स्पष्ट रूप से प्रतीत होती हैं। मुझे गत वर्षों में उनमें वैचारिक परिपक्वता और आधुनिकता का अद्भुत संगम नज़र आता है। सुश्री मेधावी शुक्ला अहिंसक जीवन–शैली की पुरजोर समर्थक प्रतीत होती हैं। मानवीय जीवन के प्रति उनका यह "गरिमामयी संवेदनशील दृष्टिकोंण" उन्हें एक उभरती हुई नवीनतम वैचारिक लेखिका के रूप में स्थापित करता है।

05, सितम्बर, **2019**
(शिक्षक दिवस)

डॉ. रवीन्द्र सिंह
सह–आचार्य व विभागाध्यक्ष,
चिकित्सा मानव विज्ञान विभाग
मानव व्यवहार एवं संबंध विज्ञान संस्थान
दिलशाद गार्डन (दिल्ली विश्वविद्यालय)
पूर्व सहायक निदेशक (बाल–देखभाल) निपसिड
महिला एवं बाल विकास मंत्रालय
भारत सरकार, नई दिल्ली

महात्मा गांधी अंतरराष्ट्रीय हिंदी विश्वविद्यालय
Mahatma Gandhi Antarrashtriya Hindi Vishwavidyalaya
(संसद द्वारा पारित अधिनियम 1996, (1997 का क्रमांक 3) के अंतर्गत स्थापित केंद्रीय विश्वविद्यालय)
[A Central University established by Parliament by Act No. 1996 (3 of 1997)]

ज्ञान शान्ति मैत्री

प्रो. रजनीश कुमार शुक्ल
Prof. Rajaneesh Kumar Shukla
कुलपति
Vice-Chancellor

दूरभाष/Phone : +91-7152-230907
मोबाइल/Mobile: +91-7752858963
ईमेल/Email: mgahvvc@gmail.com,
vc@hindivishwa.org

भूमिका

भारत की अनादि सांस्कृतिक परम्परा मनुष्य में श्रेष्ठता के आधार और संधान की परम्परा है यद्यपि भारतीय परम्परा का यह विश्वास है कि "नहि मानुषात् श्रेष्ठतरं किंचित्" मनुष्य से श्रेष्ठ और बेहतर कुछ भी नहीं है, लेकिन सभी मनुष्य नहीं हैं, मनुष्य बनना पड़ता है । मनुष्य बनने की प्रक्रिया- 'आहार, निद्रा, भय ...' से आगे बढ़कर धर्मानुष्ठान की प्रक्रिया है। धर्मानुष्ठान समाधि लगाना, खड़ताल बजाना नहीं है बल्कि श्रेष्ठ मूल्यों को अंगीकार कर उन पर चलना है। यही राजयोग भी है, यही मानव जीवन की 'त्रिपर्वा राजपद्धति' है, राज शब्द का प्रयोग शासन के अर्थ में नहीं होता है बल्कि राजृदिप्ती इस अर्थ में प्रयुक्त होता है इसलिए राजयोग सुशोभित होना और सुशोभित करना" है।

दीप्तिमान बनना अर्थात् दीप्तिमान तो वही होगा जिसमें 'यौगिक बदले बिना योग बदलते' हैं, यही कोयले से हीरा होने की प्रक्रिया है, यही प्राणी से मनुष्य होना है। मानव प्राणी मनुष्य तभी बनता है जब वह सत्य, अहिंसा, अक्रोध, अस्तेय, संवेदना, अपरिग्रह आदि मूल्यों का अनुष्ठान करता है, मूल्यों का अनुष्ठान अपने को श्रेष्ठ से जोड़ना है। एक व्यक्ति, जब वैयक्तिक स्तर पर, पारिवारिक स्तर पर, सामाजिक स्तर पर और उससे आगे बढ़ते हुए सकल ब्रह्मांड के स्तर पर अपने को जो कुछ श्रेष्ठ है उससे जोड़ता है, श्रेष्ठता को आवाप्त करता है और श्रेष्ठ को उपार्जित भी करता है तो वह राजयोगी हो जाता है। राजयोगी होना ही श्रेष्ठता की आवाप्ति है, श्रेष्ठ होना ही राजयोगी होना है , यही राजयोग भी है, श्रेष्ठ, श्रेष्ठतर और श्रेष्ठतम, इस पर बढ़ते जाना ही 'त्रिपर्वा राजपद्धति' है ।

मुझे विश्वास है कि डॉ. मेधावी शुक्ला की यह कृति 'श्रेष्ठ मनुष्य बनने के उपाय' मनुष्य को श्रेष्ठता के उपाय कौशल्य से तो जोड़ेगी ही, श्रेष्ठ भाव में स्थित होने का पथ भी प्रदर्शित करेगी । श्रेष्ठता, कुशलता से प्राप्त होती है लेकिन अंततः यह एक ऐसी स्थिति है जिसमें कुछ भी प्राप्त करना शेष नहीं रह जाता, यही आत्मबोध है, यही सुबोध है, यही पशु से पशुपति होने की यात्रा है, यही शव में शिव का जागरण भी है। कौशल्य का बोध कुशलता को उत्पन्न करे और कुशल भाव में चित्त की स्थिति हो इसके लिए यह पुस्तक उपादेय होगी, ऐसा विश्वास है ।

(प्रो. रजनीश कुमार शुक्ल)

18 जनवरी, 2021
(विश्व शांति दिवस)

पोस्ट: हिंदी विश्वविद्यालय, गांधी हिल्स, वर्धा 442001 (महाराष्ट्र) भारत
Post : Hindi Vishwavidyalaya, Gandhi Hills, Wardha-442 001 (Maharashtra), INDIA
वेबसाइट/Website : www.hindivishwa.org

आत्म कथ्य एवं आभार

"वंदउँ गुरुपद पदम् परागा। सुरुचि सुवास सरस अनुरागा"।।

आत्मा को सम्पूर्ण बनाने में परम सत्ता का योगदान स्वीकार करते ही आत्मिक सूक्ष्म शक्तियों की प्राप्ति वरदान के अव्यक्त स्वरुप में अनुभव हो जाती है। मानवता के कल्याण में राजयोग का रहस्य व्यवहारगत आचरण की गहनगति के साथ कर्मयोग के प्रति अपनी आस्था अभिव्यक्त करता है। आत्मा की उच्चता को बनाए रखने के लिए आत्मिक भाव, भाषना, भावना, भाषा अर्थात् मंसा, वाचा एवं कर्मणा की पवित्रता को लौकिक, अलौकिक और पारलौकिक संबंधों की महान परम्परा को विकसित करने का नैतिकता युक्त मूल्यपरक मानदंड होता है। जीवन के अनुष्ठान में भक्ति और ज्ञान का सामंजस्य पूर्णतया नियम - संयम, जप - तप, ध्यान - धारणा, स्वाध्याय - सत्य, प्रेम - अहिंसा तथा राजयोग - मौन को अपनाने पर बल देता है। मानव धर्म निभाने में निपुणता प्राप्त व्यक्ति को जीवन के सामाजिक, मनोवैज्ञानिक, दार्शनिक, धार्मिक एवं आध्यात्मिक पुरुषार्थ से देवत्व की समानता एवं समीपता से जुड़ी महानता की अनुभूतियों के पश्चात 'मनुष्यता' पर लगे प्रश्नचिन्ह का समाधान खोजती मेरी यह कृति - "श्रेष्ठ मनुष्य बनने के उपाय" पुनः मानवता को पुनर्जीवित करने में सहायक हो सकेगी। मानव जीवन - शैली एवं अहिंसक जीवन - शैली तथा आधुनिक जीवन-शैली और पाश्चात्य जीवन-शैली के विविध आयामों पर अध्ययन करने हेतु अन्तःकरण ने मुझे सदा

अभिप्रेरित किया जिससे श्रेष्ठ जीवन - शैली पर कार्य करना मेरे लिए सहज हो गया जिसका मुख्य आधार राजयोग था।

व्यक्तिगत जीवन में स्वयं के भीतर जीवात्मा की उपस्थिति एवं ईश्वरीय सत्ता के साथ निरंतर सानिध्य से जुड़ी अनुभूतियों के संदर्भ में महात्मा गांधी अंतरराष्ट्रीय हिंदी विश्वविद्यालय के गाँधी एवं शांति अध्ययन विभाग में अनुसंधान कार्य करते हुए ” धर्म - कर्म, अध्यात्म - पुरुषार्थ तथा राजयोग - मौन पर पारमार्थिक अहिंसा का गहन बोध हुआ, जिसकी परिणिति जीवन - दर्शन, आत्म दर्शन एवं परमात्म - दर्शन की व्यावहारिकता अनुभूति के रूप में संभव हो सकी। परम श्रद्धेय पूर्व कुलपति प्रोफेसर गिरीश्वर मिश्र जी एवं वर्तमान कुलपति महोदय प्रोफेसर रजनीश शुक्ल जी, महात्मा गांधी अंतरराष्ट्रीय हिंदी विश्वद्यालय, उनके प्रति हृदय से आभार व्यक्त करती हूँ जिनकी छत्रछाया, मार्गदर्शक के रूप में मेरे ऊपर बनी रही। विश्वविद्यालय शिक्षण परिवेश के अंतर्गत समय - समय पर विभिन्न पक्षों पर परामर्श हेतु गाँधी एवं शांति अध्ययन विभाग के आदरणीय डॉ. नृपेन्द्र प्रसाद मोदी (विभागाध्यक्ष) डॉ. धूपनाथ प्रसाद (सहायक प्राध्यापक) डॉ. राकेश मिश्र (सहायक प्राध्यापक) एवं डॉ. नितीश राय (सहायक प्राध्यापक) मानव विज्ञान विभाग, डॉ. संजय तिवारी (सहायक प्राध्यापक) हिंदी शिक्षण अधिगम केंद्र, सहज रूप से उपलब्ध रहे, इसलिए आप सभी के प्रति अन्तःकरण से धन्यवाद ज्ञापित करती हूँ। जीवन के सम्पूर्ण प्रांगण में लौकिक एवं अलौकिक रूप से मददगार सभी वरिष्ठजनों का मार्गदर्शन मुझे मेरे लेखन एवं अध्ययन के दौरान प्राप्त होता रहा इसलिए उनकी सहयोगी भूमिका हेतु मनोयोग से आभार व्यक्त करती हूं। विश्वविद्यालयीन परिसर में विभिन्न विभागों के विद्वतजनों के साथ मेरे सहपाठियों के प्रति भी मैं कृतज्ञता व्यक्त करती हूँ जिन्होंने सम्बंधित विषय की स्पष्टता एवं विश्लेषण से जुड़े विभिन्न पक्षों पर समयानुसार

चर्चा एवं परिचर्चा करके वाद - विवाद से इत्तर एक नवीन संवाद को स्थापित करने में मुझे मदद प्रदान की।

आत्मिक जगत के सबल स्वरुप को निरंतर संबल प्रदान करने में अपनी प्रत्यक्ष एवं अप्रत्यक्ष भूमिका निभाने में दक्ष जननी एवं जन्मभूमि के प्रति हृदय से आभारी हूँ जिन्होंने मुझे इस कार्य की पूर्णता हेतु शुभाशीष प्रदान किया है। परम पूज्य कुल देवता एवं पूजनीय माता जी श्रीमती बिमला शुक्ला एवं पिता श्री एस. एन. शुक्ला जी के प्रति मन, वचन, कर्म से ऋणी हूँ जिनकी साहित्य साधना एवं माँ सरस्वती की आराधना का प्रतिफल मुझे धरोहर स्वरुप आशीर्वाद के रूप में प्राप्त हो सका है, मैं उनके प्रति धन्यता के भाव से सादर प्रणाम करती हूँ। यह बात बिल्कुल सही है कि दैहिक, दैविक एवं भौतिक ताप, राम राज्य में नहीं होते हैं लेकिन इस कार्य के आरंभ से पूर्णता तक की यात्रा में जो भी समस्याएं प्रकट हुईं उनके निराकरण में मेरे जीवन के अत्यधिक समीप रहकर भाई गगन शुक्ला एवं बड़ी बहन श्रीमती ऋतू गर्ग जी के साथ शौर्य एवं शिवी की सहयोगी भूमिका को मैं अपने जीवन में कभी नही भुला पाऊँगी।

"विद्या ददाति विनयम ...." की पृष्ठभूमि को अपने जीवन की थाती बनाकर व्यावहारिक जगत में कार्य कर रहीं - आदरणीया दादी जानकी जी, मुख्य प्रशासिका (ब्रह्माकुमारी संस्था) की कृपा दृष्टि जब मेरी मौलिक रचना - "श्रेष्ठ मनुष्य बनने के उपाय" पर पड़ी तब अलौकिक भ्राता बी.के. निर्वैर जी (महासचिव) ब्रह्माकुमारी संस्था द्वारा प्रदत्त आशीष तथा भ्राता बी.के. करुणा जी (मल्टीमीडिया प्रमुख) ब्रह्माकुमारी संस्था से प्राप्त मंगलकामना ने मुझे धन्यता से भरपूर कर दिया। इस पुस्तक की "आमुख" को समाज के सामने प्रस्तुत करके, डॉ. दीपक गोस्वामी जी, जो सामाजिक संस्कार को पोषित

करने में अपना जीवन संलग्न कर चुके हैं उनके प्रति मेरे मन में एक आदर्श भाव है उसे मैं समादर भाव से उन्हें संप्रेषित करती हूं। ''श्रेष्ठ मनुष्य बनने के उपाय "पुस्तक की सार्थकता उस समय बढ़ गई जब डह्. रविंद्र सिंह जी द्वारा इस पुस्तक का रहस्योद्‌घाटन ''प्राक्कथन'' के माध्यम से संपन्न किया गया, मैं उनके प्रति अंतर्मन से आभार व्यक्त करती हूं।

मानवीय विकास संस्था के अध्यक्ष एवं सामाजिक चिन्तक एवं विचारक श्री एस.डी. देवलालीकर जी, जिन्होंने मानवीय संरचना को एक नए स्वरूप में ढ़ालकर मनुष्यता के भीतर उस समय प्राण फूंक दिया जब उनकी लेखनी ने ''श्रेष्ठ मनुष्य बनने के उपाय'' पर अपने परिपक्व विचारों को इस पुस्तक की ''भूमिका'' के माध्यम से उल्लेखित करके मुझे गौरवान्वित कर दिया, मैं हृदय एवं आत्मा से उन्हें आभार व्यक्त करती हूं। डॉ. अजय शुक्ला जी (व्यवहार वैज्ञानिक) भोपाल, के प्रति भी मैं आभार व्यक्त करती हूँ जिन्होंने मेरे इस कार्य को ''सम्मति'' द्वारा पूर्ण स्वरुप प्रदान कर जीवंतता का समावेश किया। कठिनाई के प्रत्येक क्षण में विघ्नों को दूर कर मार्ग दिखाने वाले भ्राता पानमल जी, मधुबन निवासी, आबू एवं सहयोग में सदा अग्रणी मेरे अनुज अखिल भाई जी का भी मैं विशेष आभार व्यक्त करती हूँ।

अध्यात्म के क्षेत्र में एक प्रेरणास्रोत के रूप में आदरणीया बी.के. मनोरमा दीदी जी (संचालिका, प्रयागराज 'इलाहाबाद' एवं राष्ट्रीय अध्यक्ष, धार्मिक सेवा प्रभाग) एवं एक सच्चे मार्गदर्शक और शुभ भावना संपन्न बी.के. माधुरी दीदी (वर्धा, महाराष्ट्र) तथा शुभचिंतन द्वारा पालना देने में सक्षम, बी.के. सुमित्रा दीदी (इंदौर, मध्य प्रदेश) एवं सहयोग देकर कठिन कार्य को सरल बनाने में निपूर्ण, बी.के.मंजू दीदी (जहांगीर पुरी, दिल्ली) और सदा हितेषी भाव द्वारा हित रक्षक, बी.के. गीता

दीदी (कुंडली, दिल्ली) एवं मेरे कार्य को पूर्ण रूप प्रदान करने में महत्त्वपूर्ण भूमिका के निर्वहन में प्रवीण, परवेश दीदी (गुलाबी बाग, दिल्ली) का भी मैं हृदय से आभार व्यक्त करती हूँ।

परमपिता परमेश्वर की असीम अनुकंपा से सम्पूर्ण सहृदयता के साथ निरंतर विचार एवं भावनाओं के स्वरुप को एकाकार बनाए रखा तथा आत्मा को शक्तिशाली बनाकर मैं यह पुस्तक पूर्ण कर सकी, अतः ईश्वरीय सत्ता के प्रति इस पुस्तक की सम्पूर्णता को समादर भाव से समर्पित करती हूँ।

15, दिसम्बर, **2019**
(प्रजापिता ब्रह्मा जयंती)

मेधावी शुक्ला
(अनुसंधान अध्येता)
गाँधी एवं शांति अध्ययन विभाग
महात्मा गांधी अंतरराष्ट्रीय हिंदी विश्वविद्यालय
(वर्धा) महाराष्ट्र

अनुक्रमणिका

अनुक्रमणिका

अध्याय-1

सयंमित जीवन-शैली की विराट परम्परा और वास्तविक स्वरुप की प्रायोगिक स्थितियां

- आत्मिक शक्तियों की व्यावहारिक उपयोगिता
- मानव उत्थान हेतु अंतर्मन का स्वरुप
- आध्यात्मिक जगत की पृष्ठभूमि
- स्वाध्याय के प्रति गहरी चेतना
- जीव - आत्मा की उपस्थिति का रहस्य
- जीवन की श्रेष्ठता में प्राप्ति की अनुभूति

''सयंमित जीवन-शैली का दार्शनिक स्वरुप प्रेरणात्मक भावों से भरपूर होता है जो सात्विकता के स्वरुप से आत्मिक स्थिति द्वारा जीवन की गहन प्रेरणा प्रदान करने में प्रमुख भूमिका निभाता है।''

सयंमित जीवन-शैली की विराट परम्परा और वास्तविक स्वरुप की प्रायोगिक स्थितियाँ

"जीवन में किसी भी श्रेष्ठ व्यवहार के आत्मसात करने के परिदृश्य में जिस प्रयास की आवश्यकता होती है उसमें व्यक्ति के द्वारा जीवन लक्ष्य बनाने के पश्चात् स्थूल प्राप्तियों के मानसिक दबाव से मुक्त होने का साहसिक प्रयास महत्वपूर्ण पक्ष होता है। व्यक्तिगत निष्ठा का अनुभूतिगत स्वरुप सूक्ष्म दृष्टि से जीवन की वृहद् संकल्पना को साकार करने की अनुभूति से जुड़ा व्यावहारिक तथ्य होता है जिसमें जीवन के उमंग - उत्साह की स्थितियां सदैव विद्यमान रहती हैं। सयंमित जीवन - शैली का दार्शनिक स्वरुप प्रेरणात्मक भावों से भरपूर होता है जो सात्विकता के स्वरुप से आत्मिक स्थिति द्वारा जीवन को गहन प्रेरणा प्रदान करने में प्रमुख भूमिका निभाता है।"

आत्मिक शक्तियों की व्यावहारिक उपयोगिता

स्वयं को महान बनाने की इच्छा शक्ति तथा जो महानता का इतिहास बना गए उनके प्रति श्रद्धा का भाव व्यक्ति को श्रेष्ठ जीवन से नए युग का निर्माण करने में मददगार होता है। एक व्यक्ति सयंमित जीवन शैली के द्वारा अपनी कर्मेन्द्रियों से सकारात्मक चिंतन की ओर गतिशील होता है और उसका यह प्रयास उसे समर्थ चिंतन की ओर ले जाता है जिससे एक दिन वह मनुष्य अपने महान चिंतन द्वारा श्रेष्ठ जीवन का निर्माण कर लेता है। जीवन की विराट स्थितियों में जीव आत्मा की उपस्थिति मानव को सदा इस सात्विकता का बोध कराती रहती है जिसमें श्रेष्ठ, शुभ एवं महान विचार का आभामंडल विद्यमान रहता है। स्वयं के प्रति श्रेष्ठता का दृष्टिकोंण व्यक्ति के चेतन, अवचेतन एवं अचेतन मन को पूर्णतया जागृत कर देता है जिससे व्यक्ति को जीवन लक्ष्य, उमंग - उत्साह एवं जीवन

दर्शन की प्राप्ति होती है और वह इस आत्मिक श्रेष्ठता से जीवन की दिव्यता की ओर अग्रसर हो जाता है। जीवन में स्व-कल्याण से मानव आत्माओं का कल्याण आत्मिक जागृत्ति का परिणाम हैं क्योंकि सर्वप्रथम स्वयं को गुण एवं शक्ति से सम्पन्न करना अनिवार्य होता है तब आत्मा को आधार, उद्धार, अनुभवी एवं उदाहरण मूर्त स्वरुप में स्वीकार किया जाता है। व्यक्तिगत रूप से मनुष्य स्वयं के व्यवहार में उच्चता की वास्तविक उपयोगिता को अनुभव करता है और धीरे-धीरे उपराम होते हुए व्यावहारिक स्थितियों को धारण करके वैराग्य की ओर नैसर्गिक रूप से उन्मुख हो जाता है। स्वयं के आचरण से आत्मिक उच्वता का उतरदायित्व जब सम्पूर्ण उर्जावान होकर व्यक्ति निर्वहन कर लेता है तब वह उन्नतिशील हो जाने की सच्चाई को पूर्णतया उपयोगी बना देता है।

मानव की स्वाभाविक प्रवृतियों के अंतर्गत यह भाव सदा नीहित रहता है कि वह ऊँचा उठने के साथ आगे बढ़ना भी चाहता है जिसके लिए हृदय के भाव की निर्मलता से मस्तिष्क के विचारों की स्पष्टता हेतु व्यक्ति सप्त चक्र जागरण के लिए अथक पुरुषार्थ करता रहता है।

● मानव उत्थान हेतु अंतर्मन का स्वरुप

स्वयं की आदत एवं स्वभाव के परिष्कार हेतु आंतरिक हिम्मत का एक कदम व्यक्तिगत जीवन के व्यापक परिदृश्य को परिवर्तित कर देता है। श्रेष्ठ जीवन की प्राप्ति को अपने सुखद अनुभव से सिंचित करते हुए बड़ी सफलता अर्जित कर लेना संयमित जीवन शैली का अनुपम उदाहरण है जिसके लिए परम्परागत स्वरुप की प्रायोगिक स्थितियां प्रमुख रूप से जिम्मेदार घटक होती हैं। निजी जीवन में आत्मा का उत्थान हो जाना इस बात का जीवंत प्रमाण है, जिसमें व्यक्तिगत जीवन की श्रेष्ठता पुष्पित एवं पल्लवित होती है और मानव उत्थान हेतु अंतर्मन

का स्वरुप सम्पूर्ण उज्ज्वलता के साथ कल्याणकारी कार्यों में समर्पित हो जाता है। मन वचन एवं कर्म की पवित्रता जहाँ अंतर्मन की शक्तिशाली स्थिति को प्रकट करती है वहीं किसी सामान्य अथवा विशेष परिस्थिति में की गयी मानव उत्थान की व्यावहारिक पहल का विधिवत क्रियान्वयन उस समयावधि के लिए एक यादगार पल एवं क्षण बन जाता हैं क्योंकि समय, संकल्प, सम्बन्ध एवं स्वप्न की पवित्रता का विशेष ध्यान रखा गया है। जीवन में सत्य, प्रेम एवं अहिंसा के धर्म पर गतिशील रहते हुए इंसानियत को बचाए रखने में अपना योगदान देना और मानवता की सेवा को जीवन का उद्देश्य बनाकर उसे संचित कर लेने की प्रवृति कई जन्मों के पुण्य का परिणाम है। मनुष्य जीवन की श्रेष्ठता ही व्यक्ति को इस सात्विक परिवेश के लिए अभिप्रेरित करती है जिसकी परिणिति पुण्य के मार्ग का अनुगमन है जो मानव जीवन का श्रेष्ठतम विकल्प होता है। यह सच है कि व्यक्तिगत जीवन में किए जाने वाले व्यवहार को हम एक खज़ाने के रूप में स्वीकार कर लेंगे तो पुण्य के मार्ग का अनुगमन करना आसान हो जाएगा। जीवन में महानता की दिव्यता हासिल करने के लिए स्वयं को सदा यह विश्वास दिलाना होगा कि वर्तमान जीवन में उपजने वाले पवित्र भाव एवं विचार केवल पुण्य का श्रेष्ठतम प्रतिफल ही हैं।

● आध्यात्मिक जगत की पृष्ठभूमि

सामाजिक व्यवस्थाओं का अतीत एवं वर्तमान का विश्लेषण कई बार व्यक्ति को एक गहरे चिंतन के लिए बाध्य कर देता है जिसमें अहिंसक जीवन - शैली को बनाये रखने हेतु भूतकाल के तात्कालिक उदाहरण प्रकट होते हैं जो सयंमित जीवन- शैली के जीवंत प्रमाण माने जाते हैं। धार्मिक जगत की गतिशीलता में जब साधक के द्वारा यह अभिव्यक्ति मुखरित होती है कि - 'असतो मा सद्गमय' अर्थात् हे माँ मुझे 'असत्य से सत्य की

ओर.. ले चलो' 'तमसो मा ज्योतिर्गमय... अर्थात् हे माँ मुझे 'अंधकार से प्रकाश की ओर...' ले चलो तथा 'मृत्यों माँ अमृतमगमय...' अर्थात् हे माँ मुझे मृत्यु से अमरत्व की ओर ...ले चलो अर्थात् 'सत्य - प्रकाश एवं अमरता आत्मा की उच्च अवस्था' हैं जिसकी निरंतर प्राप्ति की अनुभूति आत्मा का आध्यात्मिक परिदृश्य है जिस ओर... बढ़ चलने का अनुग्रह प्रार्थना में नीहित है। आध्यात्मिक जगत की पृष्ठभूमि में लौकिक व्यवहार का रूपांतरण अर्थात् अलौकिक स्थितियों की व्यावहारिकता ही पनपती है जिसमें सुनिश्चित परिवर्तन का आभामंडल कार्यरत रहता है जो अन्ततः यह अभिमत प्रदान करता है कि "सत्य, प्रकाश एवं अमरत्व की ओर..." गतिशील हो जाने के लिए प्रयास की पूर्णता आखिर कहाँ जाकर स्थिर होगी।

राजयोग के द्वारा एक मनुष्यात्मा को परमात्म अनुभूति की सुखद स्थितियों में परिवर्तित होते हुए अनुभव किया जा सकता है क्योंकि यहाँ पुरुषार्थ की सुखद-अवस्था प्राप्ति स्वरुप अर्थात् देवत्व का धारणात्मक पक्ष निर्मित हो जाता है जिसे आत्मा के साथ सर्व मानव आत्माओं के द्वारा भी महान अनुभूति के रूप में स्वीकार किया जाता है।

● स्वाध्याय के प्रति गहरी चेतना

सयंमित जीवन - शैली की विराट परम्परा को जीवन के वास्तविक स्वरुप की प्रायोगिक स्थितियों में नियम - सयंम, जप - तप, ध्यान - धारणा, स्वाध्याय - सत्य, अहिंसा - प्रेम तथा मौन - राजयोग के श्रेष्ठ स्वरूपों द्वारा अनुकरण के साथ - साथ अनुसरण करते हुए अनुभव करना साधक एवं साधना का उच्च फलितार्थ होता है। मनुष्य का वृहद् पक्ष स्वयं को साधने की क्रिया से होता हुआ साध्य तक पहुंचना है जिसमें साधन की पवित्रता को अक्षुण्य बनाये रखने का भाव एवं व्यवहार पक्ष नीहित होता है।

सयंमित जीवन – शैली की विराट परम्परा का मूल्यांकन उन स्थितियों में अनिवार्य हो जाता है जहाँ मानव जाति के अहिंसक स्वरूप में परिवर्तित होने के सत्य को स्वीकार कर लिया जाता है। जब धार्मिक आख्यान के संदर्भ को उल्लेखित करते हुए कई बार यह अभिव्यक्त किया जाता कि धर्मगत आचरण का सामाजिक दबाव व्यक्ति को सयंमित बनाने में सहायक सिद्ध हो सकता है। मानव के कल्याण में आध्यात्मिक परिवेश से की गयी विवेचना जहाँ एक ओर मनुष्य के समक्ष सयंम को अपनाने के लिए मनोवैज्ञानिक तरीके से अभिप्रेरित करती हैं वहीं राजयोग द्वारा आत्मा के दार्शनिक पक्षों को सत्यता के प्रामाणिक स्वरुप में स्पष्ट करते हुए अनुभूतिगत स्थितियों हेतु प्रस्तुत किया जाता है। आत्मिक शक्ति द्वारा मानवीय क्रिया विधियों में आमूल परिवर्तन स्वाध्याय के प्रति गहरी चेतनता का आधार है जिसमें सामाजिक पक्षधरता के साथ-साथ मनोवैज्ञानिक चिंतन का विशेष महत्व होता है क्योंकि मानव की इस उच्च स्थिति में ही दर्शन का बोध सम्मिलित रहता है जिसे स्व – परिवर्तन के विभिन्न आयाम से सम्बद्ध किया जाता है।

• जीव-आत्मा की उपस्थिति का रहस्य

वर्तमान परिवेश के आधुनिक परिप्रेक्ष्य में सयंमित जीवन – शैली की विराट परम्परा के व्यावहारिक स्वरुप को स्थापित करने के लिए सम्पूर्ण 'अहिंसक जीवन' का विधिवत विश्लेषण करना आवश्यक हो जाता है जिसमें वास्तविक 'सयंमित' स्वरुप की प्रायोगिक स्थितियां सम्मिलित रहती हैं। वैज्ञानिक युग- धर्म के अवलंबन से चेतना का अनुप्राणित होना संभव हो सकता है क्योंकि 'जीव-आत्मा' की उपस्थिति को विज्ञान ने भी स्वीकार करते हुए विभिन्न प्रमाण प्रदान किये हैं। सामाजिक क्षेत्र के अंतर्गत कार्यरत मनोवैज्ञानिक इस सत्य के साथ विभिन्न अवधारणाओं को प्रतिपादित करते हुए सकारात्मक चिंतन पर बल देने लगे हैं। अब प्रश्न उठता है कि क्या एक मनुष्य के लिए यह संभव होगा कि वह सकारात्मक एवं

नकारात्मक, सत्य एवं असत्य, दिन एवं रात, अच्छाई एवं बुराई, निस्वार्थ एवं स्वार्थ, परहित एवं स्वहित, कल्याण एवं अकल्याण, सद्व्यवहार एवं दुर्व्यवहार, अहिंसा एवं हिंसा, संबंध एवं अलगाव, विनम्रता एवं अहंकार तथा आत्मा एवं शरीर के मध्य निरंतर भिन्नता की अनुभूतियों को स्वीकार करते हुए गतिशील हो सके।

जीवन के धार्मिक पक्ष और उसके उजले स्वरुप पर दृष्टि पड़ते ही व्यक्ति को यह आभास हो जाता है हृदय से की गयी प्रार्थना मनुष्य की निर्मलता का प्रमाण है जो उसे बलशाली अर्थात् सक्षम बनाने में मददगार होती है। अन्तःकरण से भाव की गरिमा को विचारगत स्थितियों में प्रकट करते ही विवेक सम्मत निर्णय जागृत हो जाता है जो व्यक्ति को चिंतनशील प्रवृतियों की ओर अग्रसर कर देता है। मानव जाति का सकारात्मक चिंतन के लिए उद्वेलित हो जाना तथा स्व चेतना से चेतनता की विराटता तक पहुँचने के लिए प्रयत्नरत रहना" सकारात्मक जीवन से सार्थक जीवन की ओर ....“गतिशीलता की श्रेष्ठ परिणिति है जो स्व-उन्नति का व्यावहारिक उदाहरण बनकर मनुष्यता को स्थापित करने में मददगार होती है। जीवन का 'सयंम' जब विरोधाभासी स्थितियों से निकलकर 'सकारात्मकता' की दिशा में अग्रसर होता है तब व्यक्तिगत रुप से नैतिक बने रहने की मुश्किलों का समाधान निकलना सुनिश्चित हो पाता है। मानव व्यवहार में नियम पर चलते रहने के लिए सकारात्मक जीवन-शैली को अपनाना आवश्यक है उसी प्रकार संयमित जीवन-शैली के व्यावहारिक बोध हेतु सार्थक जीवन की ओर अग्रसर होना महत्वपूर्ण है।

• जीवन की श्रेष्ठता में प्राप्ति की अनुभूति

मानवीय चिंतन की पराकाष्ठा ने सदैव इस रहस्य को खोजने का प्रयत्न किया है जिसके अंतर्गत सयंमित जीवन-शैली की विराट परम्परा का निर्वहन किया जा सके और इस वास्तविक स्वरूप की प्रायोगिक स्थितियों को जीवन के व्यवहार में

अपनाया जाना सुनिश्चित हो जाए। जीवन में किसी भी श्रेष्ठ व्यवहार को आत्मसात करने के परिदृश्य में जिस प्रयास की आवश्यकता होती है उसमें व्यक्ति के द्वारा जीवन लक्ष्य बनाने के पश्चात् स्थूल प्राप्तियों के मानसिक दबाव से मुक्त होने का साहसिक प्रयास महत्वपूर्ण पक्ष होता है। व्यक्तिगत निष्ठा का अनुभूतिगत स्वरुप सूक्ष्म दृष्टि से जीवन की वृहद् संकल्पना को साकार करने की अनुभूति से जुड़ा व्यावहारिक तथ्य होता है जिसमें जीवन के उमंग-उत्साह की स्थितियां सदैव विद्यमान रहती हैं। सयंमित जीवन-शैली का दार्शनिक स्वरुप प्रेरणात्मक भावों से भरपूर होता है जो सात्विकता के स्वरुप से आत्मिक स्थिति द्वारा जीवन की गहन प्रेरणा प्रदान करने में प्रमुख भूमिका निभाता है। इस प्रकार सयंमित जीवन-शैली की विराट परम्परा को सकारात्मक दृष्टिकोंण के निर्माण से श्रेष्ठ जीवन की प्राप्ति के रूप में स्वीकार करते हुए स्वयं को जीवन की सार्थकता से आत्मिक सुख शांति की अनुभूति को जीवन की व्यावहारिकता तक प्रत्यक्ष एवं अप्रत्यक्ष रूप से सम्बद्ध किया जा सकता है।

अध्याय-2

अहिंसक जीवन-शैली का पारमार्थिक भाव एवं मानव धर्म निष्ठा का अनुपम उपहार

- मानवीय चेतना का समृद्धशाली पक्ष
- संस्कारों के उन्नयन की जवाबदेही
- मानव धर्म निष्ठा का स्वरुप
- सद्भाव की जागृति का आधार
- मानव व्यवहार की गरिमा

"मानव का मानव बने रहना
मानव की विजय का प्रतीक है
जबकि मानव का महामानव बन जाना
जीवन की उपलब्धि है
तथा मानव धर्म निष्ठा का प्रतिपालन
अहिंसक जीवन - शैली का अनुपम उदाहरण है।"

अहिंसक जीवन - शैली का पारमार्थिक भाव एवं मानव धर्म निष्ठा का अनुपम उपहार

"अहिंसक जीवन - शैली के लिए पुरुषार्थ की ऊंचाई जब" समर्पित अवस्था से सम्पूर्ण अवस्था की ओर" दिखाई देने लगती है तब जीवन में सिद्धांत के निर्माण से स्वयं को परिणाम तक उपलब्धि के साथ पहुँचाने का प्रयास किया जाना चाहिए। जब मानव द्वारा स्वयं को सम्पूर्ण बनाने की प्रक्रिया से आबद्ध किया जाता है तब स्वयं की योग्यताओं को सम्पूर्ण सामर्थ्य लगाकर प्राप्त करने की इच्छा शक्ति से अभिप्रेरणा की अनुभूति होना सहज हो जाता है जो व्यक्ति को सम्पूर्ण बनाने में सहयोगी बन जाती है। मानव धर्म निष्ठा का वृहद स्वरुप व्यक्ति में उद्यमशीलता के गुणों से सुसज्जित मन को सृजन से साहसी बनाकर प्रबंधकीय क्रिया विधि हेतु प्रेरणा प्रदान करता है जिससे वह मानवीय व्यवहार की गरिमा को बनाये रखने में सफल हो सके।"

• मानवीय चेतना का समृद्धशाली पक्ष

व्यक्तिगत जीवन में स्वयं के प्रति अपनाई जाने वाली सजगता एवं सतर्कता आत्मा को सजाने एवं संवारने में सदा मददगार होती है। मानवीय चेतना का गौरवमयी स्वरुप उस समय समृद्धशाली बन जाता है जब वह स्वयं के उत्थान एवं कल्याण में भागीदारी करने की नीयत से कार्य करना आरंभ करता है। स्वयं को ऊँचा उठाने के लिए आत्मा की सर्वाधिक महत्वपूर्ण शक्ति मन से किए जाने वाले संवाद को अत्यधिक गहराई से समझने की आवश्यकता होती है जिससे बुद्धि के प्रति एक सकारात्मक दृष्टिकोण का निर्माण हो जाए और मनुष्य की बुद्धि, मन को सही निर्णय लेने के लिए उपयुक्त मार्ग दर्शन एवं परामर्श दें सकें। मानवीय चेतना का

समृद्धशाली पक्ष इतना बेहतरीन होता है कि वह मन और बुद्धि के बीच हुए श्रेष्ठ तालमेल को स्वीकार करते हुए अपने पवित्र संस्कारों से आभार व्यक्त कर देता है। मानवीय चेतना में जब मानव धर्म के प्रति निष्ठा का स्वरुप विकसित होता है तब श्रेष्ठ चिंतन के प्रति एक सार्थक दायित्व बोध उमड़ता है जो इस बात की अनुभूति कराता है कि यह मनुष्य जीवन श्रेष्ठता की ओर बढ़ जाने के लिए ही प्राप्त हुआ है। अब प्रश्न उठता है कि जीवन के व्यापक परिदृश्य में स्वयं के प्रति इतना अधिक चेतना से युक्त होकर कार्य व्यवहार किया जा सकता है और यदि हाँ तो कैसे? किसी भी व्यक्ति के जीवन में चेतना का परिष्कार नैसर्गिक रूप से होता है जिसे सद्भाव की जगृत्ति के आधार पर स्वीकार करते हुए अनुभव किया जा सकता है।

व्यक्ति के द्वारा स्वयं पर कार्य करना उसकी निजी स्वतंत्रता का परिणाम होता है क्योंकि मानव व्यवहार की गरिमा सर्वप्रथम स्वयं से संचालित होती है जिसका व्यावहारिक स्वरुप पारमार्थिक अहिंसा के रूप में परिलक्षित होता है जो आत्मा की पवित्रता को बनाए रखने में श्रेष्ठ, शुभ एवं पवित्र विचार को महत्व प्रदान करता है।

● संस्कारों के उन्नयन की जवाबदेही

जीवन की गतिशीलता में जब स्वयं की कर्म कहानी को परिष्कृत करने की स्थितियां निर्मित होती हैं तब मन, बुद्धि एवं संस्कार के बीच जो द्वंद उत्पन्न होता है वह व्यक्ति को अनेक प्रकार की उलझन में डाल देता है। यदि व्यक्ति स्वयं को परिवर्तन के लिए अन्तःकरण से तैयार कर लेता है और वह धीरे- धीरे आत्मबल के प्रति निष्ठावान हो जाता है तब उसे अहसास होता है कि उसने स्वयं के परिष्कार के लिए किस प्रकार से निजी योगदान दिया है। सामान्य जीवन में स्वयं के द्वारा सर्व मानव आत्माओं को विचार एवं भावनाओं से सुख देने की प्रवृत्ति विकसित कर लेना अहिंसक जीवन का श्रेष्ठतम परिणाम होता है। स्वयं के लिए सदा विचार एवं

भावना की पवित्रता को बनाए रखकर अपने आप से व्यवहार करना पारमार्थिक अहिंसा अर्थात् सूक्ष्म पवित्रता से स्वयं का संरक्षण एवं परिमार्जन करने के समान होता है। मनुष्य जीवन में स्वयं के प्रति सम्मान अर्जित करने के लिए व्यक्ति को अपने संस्कारों को श्रेष्ठता के शिखर पर पहुँचाना आवश्यक होता है और इसका आरंभ पूर्व में परिवर्तन एवं परिवर्धन की प्रक्रिया द्वारा सुनिश्चित होता है। स्वयं का मूल्यांकन जब व्यक्ति सकारात्मक दृष्टिकोंण से करने का प्रयास करता है तब उसे पता चलता है कि आत्मा की शक्तियों एवं गुणों के रहस्य कितने गहरे हैं तथा वह मनुष्य से इसी जीवन में श्रेष्ठतम एवं महानतम कार्यों का संपादन अत्यंत कुशलता से करवा सकते हैं। व्यक्ति जब जीवन को प्रभु की अनुपम धरोहर मानकर स्वीकार कर लेता है तब वह स्वयं के सम्मान की गरिमा एवं स्वयं से अनेकानेक आत्माओं के प्रति शुभकामना एवं शुभभावना के दृष्टिकोंण को विकसित कर पाता है। स्वयं के मंगल स्वरुप की अभिव्यक्ति पूजनीय संस्कारों के उत्कर्ष द्वारा पूर्णता को प्राप्त होती है जो अतीत के सन्दर्भों में महामानव के स्वरुप द्वारा आज भी दृष्टिगोचर होते हैं जिनके परिदृश्य में स्वयं के संस्कारगत उन्नयन की जवाबदेही सन्निहित रहती है।

• मानव धर्म निष्ठा का स्वरुप

जीवन की व्यापकता के लिए स्वयं को सम्पूर्ण बना लेने की इच्छा शक्ति जब व्यक्ति के अन्दर उत्पन्न हो जाती है तब वह श्रेष्ठता के प्रति समर्पित होने के लिए भगीरथ पुरुषार्थ करना आरंभ कर देता है। स्वयं की मूलभूत प्रवृतियों में सुधार करते हुए औपचारिक व्यवहार की आवश्यकता का आंकलन कर अनौपचारिक संबंधो के प्रति विश्वसनीयता को बनाये रखना अहिंसक जीवन-शैली का प्रत्यक्ष प्रमाण होता है। सामान्य तौर पर अपनत्व एवं अन्य सम्बंधो के मध्य अनौपचारिक एवं

औपचारिक व्यवहार का प्रचलन होता है लेकिन दोनों ही संबंधो को निभाते हुए मिश्रित व्यवहार की कल्पना धीर-धीरे साकार होने लगती है।

मानवीय आचरण की विभिन्न स्थितियों में विश्लेषण करने पर ज्ञात होता है निरंतर अपनों के साथ अनौपचारिक व्यवहार करते हुए अधिक मिठास की अनुभूति होती है लेकिन यह भी प्रकट भाव उठता है कि कुछ स्थान पर तो अनौपचारिक ही होना चाहिए अर्थात् सभी स्थितियों में एक ही व्यवहार की स्वीकृति नहीं मिल पाती है और धीरे-धीरे मनमुटाव बढ़ता चला जाता है।

अब यदि जीवन के व्यवहार में अन्य लोगों अर्थात् स्वजनों एवम् परिजनों के अतिरिक्त शेष मनुष्यों से व्यवहार की स्थितियां घटित होती हैं तब अंतःकरण में बचाव पक्ष के भाव उत्पन्न होते हैं जो समय प्रति समय यह अभिव्यक्ति करवाते हैं कि आप बुरा मत मानना मेरे कहने का तात्पर्य वह नहीं है जो आप समझ रहे हैं। किसी व्यक्ति द्वारा व्यवहार करने पर अर्थात् संबंधो के उतार-चढ़ाव की स्थितियों में बुरा मानना या बुरा लगना एक ऐसी सच्चाई है जो स्वयं के भाव एवं कुभाव को वैसे ही अनुभूति कराती है जैसे कहा गया सत्य था क्योंकि सत्य को आवरण अथवा दूसरे तथ्यों एवं मतों से ढ़कने पर सब कुछ कड़वी सच्चाई के रूप में बाहर आ जाता है जिससे व्यक्ति को हृदय में गहरा आघात लगता है जो अंततः मस्तिष्क में बदला लेने एवं क्षमा कर देने के विचार से संचित हो जाता है और अंततः जीवन की प्रतिकूलता एवं अनुकूलता के समय प्रकट होता है।

•सद्भाव की जागृति का आधार

सामाजिक जीवन के व्यवहार में अहिंसक जीवन-शैली को अपनाने का अर्थ है मंसा, संकल्प, संबंध एवं स्वप्न में सर्व को सुख पंहुचाना अर्थात् आत्मा द्वारा ज्ञानेन्द्रियों एवं कर्मेन्द्रियों पर

पूर्णतया नियंत्रण स्थापित कर लेना ताकि व्यवहार शुभ एवं शुभाशीष भावों से भर उठे। स्वयं को 'मानव धर्म निष्ठा' के लिए अर्पित कर देना जीवन की वह उच्च अवस्था है जिसके अंतर्गत व्यक्ति की भेद दृष्टि में बच्चा, स्त्री, पुरुष, जवान एवं बुजुर्ग को मिलने अथवा दिये जाने वाले दुःख हिंसा की शारीरिक और मानसिक यातनाओं की स्थितियां कभी भी निर्मित नहीं होती हैं। जीवन के विराट भावों में सब मानव हैं तथा सभी के भीतर भावनाएं एवं विचार हैं अतः मानव धर्म निष्ठा के प्रति सदा न्याय संगत व्यवहार का प्रस्तुतिकरण करना चाहिये जिससे स्वयं के सम्पर्क एवं संबंध में आने वाले व्यक्तियों को सुख-दुःख की अनुभूति हो सके। अहिंसा परमो धर्मः अर्थात् अहिंसा सबसे श्रेष्ठ धर्म है क्योंकि 'अहिंसा' मानवीय व्यवहार की उच्च परिणिति है जो प्राणी जगत के अंदर सद्भाव की जागृति का प्रमुख आधार होती है। मनुष्यता के प्रति श्रेष्ठ व्यवहार का प्रस्तुतिकरण धर्म को आचरण से जोड़ने की सुखद स्थिति है जिसमें धारणा पक्ष की व्यावहारिकता यह बताती है कि धर्म से श्रेष्ठता का जीवंत संबंध होता है जो उसे पवित्र सिद्धांत की ओर अभिमुखित कर देता है।

जीवन में प्रज्ञावान होना सही विवेकशीलता का परिचायक है उसके बावजूद भी सामाजिक उन्नयन का परिणाम उस स्थान पर बौना हो जाता है जहां मानव के साथ व्यावहारिक संबंधो की स्थितियां बन्धनों की जकड़न में हिंसात्मक परिदृश्य के समतुल्य घटित हो जाती है। यदि व्यवहारगत हिंसा का स्वरुप विकृति से जुड़ जाए और उस मनुष्य के विभिन्न रूप में रोकने का प्रयास करते हुए कहना पड़े कि पीड़ित पक्षकार बच्चा, स्त्री, पुरुष, जवान एवं बुजुर्ग हैं इसलिए दुःख मत दो, इस संबोधन के अतिरिक्त वह आघात सहने वाला मनुष्य है इसलिए दुःख देना अनुचित है इसका प्रयोग करने का अर्थ है कि इंसानियत को पुनर्जीवित करने का प्रयास करना प्रासंगिक है। मानवीय संबंधो के मध्य कितना कठिन हो जाता है कि अहिंसक जीवन-शैली को

अपनाया जाए क्योंकि यह मानव धर्म निष्ठा का अनुपम उपहार है और मनुष्य की मनुष्यता को बचाने में मददगार भाव है जो व्यवहार की दुहाई से पुनः संरक्षित किया जा सकता है।

व्यक्तिगत जीवन की प्रक्रिया में प्रयास एवं पश्चाताप से उपजे संताप के साथ अहिंसक जीवन-शैली के लिए कार्य करना कठिन होता है जबकि मानव धर्म के प्रति निष्ठा जागृत करके अपने मनुष्य धर्म के निर्वहन को स्वीकृति प्रदान की जा सकती है। मानव का मानव बने रहना मानव की विजय का प्रतीक है जबकि मानव का महामानव बन जाना जीवन की उपलब्धि है तथा मानव धर्म निष्ठा का प्रतिपालन अहिंसक जीवन - शैली का अनुपम उदाहरण है।

• मानव व्यवहार की गरिमा

धार्मिक जगत के कई प्रमाण अब सोलह कला सम्पूर्ण तथा सम्पूर्ण निर्विकारी भावों के साथ मर्यादा पुरुषोत्तम के रूप में होना स्वाभाविक स्वरुप होता है जिसमें चेतना के सुप्त, जागृत, गतिशील एवं श्रेष्ठ चिंतन के जीवंत प्रमाण दृष्टिगोचर होते हैं। अहिंसक जीवन-शैली के लिए पुरुषार्थ की ऊंचाई जब "सम्पूर्ण अवस्था से समर्पित अवस्था की ओर ..." दिखाई देने लगती है तब जीवन में सिद्धांत के निर्माण से स्वयं को परिणाम तक उपलब्धि के साथ पहुँचाने का प्रयास किया जाना चाहिए। जब मानव द्वारा स्वयं को सम्पूर्ण बनाने की प्रक्रिया से आबद्ध किया जाता है तब स्वयं की योग्यताओं को सम्पूर्ण सामर्थ्य लगाकर प्राप्त करने की इच्छा शक्ति से अभिप्रेरणा की अनुभूति होना सहज हो जाता है जो व्यक्ति को सम्पूर्ण बनाने में सहयोगी बन जाती है।

मानव धर्म निष्ठा का वृहद स्वरुप व्यक्ति में उद्यमशीलता के गुणों से सुसज्जित मन को सृजन से साहसी बनाकर प्रबंधकीय

क्रिया विधि हेतु प्रेरणा प्रदान करता है जिससे वह मानवीय व्यवहार की गरिमा को बनाये रखने में सफल हो सके। इस प्रकार अहिंसक जीवन-शैली का व्यावहारिक पक्ष जीवन में सम्पूर्णता की उपलब्धि से सम्पन्नता की प्राप्ति के लिए कार्यरत रहता है जिसमें आत्मिक सुख, शांति एवं आनदं समाहित रहते हैं क्योंकि मानव धर्म को बनाये रखने में समर्पणता की गहन अवस्था से आत्मिक उत्कर्ष की स्थिति तक पहुंचा जा सकता है जो मानवता को स्थापित करने में स्वयं की खोज परमात्मा की प्राप्ति तथा जीवन मुक्ति तक प्रयास करने में स्वयं को समर्पित करते हैं।

अध्याय-3

मानव जीवन में श्रेष्ठता की स्वीकारोक्ति तथा परम्परा स्वरुप एवं प्रयोग का व्यावहारिक संस्करण

- बेहतर कार्य - व्यवहार से आंतरिक संतुष्टि
- मानव द्वारा उत्तम को अपनाने की निष्ठा
- धर्म - कर्म से जुड़े सिद्धांत
- लोक व्यवहार की परिकल्पना
- पुण्यों की पहल का परिणाम

"मानव जीवन में श्रेष्ठता की स्वीकारोक्ति के लिए जिस परम्परागत धर्म की आवश्यकता होती है उसमें मानव मस्तिष्क की कल्पनाशक्ति द्वारा नवाचार के लिए ईमानदारी पूर्ण प्रयास है "

मानव जीवन में श्रेष्ठता की स्वीकारोक्ति तथा परम्परा स्वरुप एवं प्रयोग का व्यावहारिक संस्करण

"जीवन में श्रेष्ठता का वरण करने के लिए "पुण्य आत्मा से देव आत्मा की ओर" गतिशील होने पर श्रेष्ठ संस्कारों के बीजारोपण की शक्तिशाली संकल्पना को मर्यादित स्वभाव, श्रेष्ठ प्रवृति एवं विराट दृष्टिकोण से पवित्र बनाने की आवश्यकता होती है। मनुष्य जब कर्मों की गुह्य गति की सुखदायी परिणिति को श्रेष्ठ कर्म, अकर्म एवं सुकर्म से सम्बद्ध कर देता है तब आत्मा के उच्च स्वरूपों की गहन अनुभूति से गुजरना आत्मिक स्मृति, श्रेष्ठ स्थिति और श्रेष्ठ अवस्था का प्रमाण होता है। एक सत्य जो मानव के लिए चुनौती का स्वरुप धारण कर लेता है कि आखिर पुण्य आत्मा के निर्माण की वास्तविक प्रक्रिया क्या है तो इसके प्रत्युत्तर में आत्मा के द्वारा सर्व आत्माओं के लिए सदा शुभ भावना, पवित्र भाषना एवं श्रेष्ठ कामना को व्यवहार में अवतरित करने का महान जीवन दर्शन सम्मिलित रहता है।"

- **बेहतर कार्य-व्यवहार से आंतरिक संतुष्टि**

स्वयं के सन्दर्भ में जब व्यक्ति अपने सम्पूर्ण व्यक्तित्व का आंकलन करते हुए अच्छाई को अपनाने पर बल देता है तब उसे सच्चाई को जीवन का मुख्य केन्द्रीय भाव बनाना पड़ता है। मनुष्य के अन्तःकरण का भाव श्रेष्ठता की स्वीकारोक्ति से जुड़ा होने के कारण व्यक्ति के पास सच्चाई को व्यावहारिकता की कसौटी पर आत्मसात करना पूर्णतया आवश्यक होता है। यदि मनुष्य आत्मा को सम्पूर्ण बनने की अच्छाई को धारण करना है तो उस व्यक्ति को सच्चाई से स्वयं के द्वारा किए गए, त्याग का

भी त्याग करना होगा। अच्छाई की ओर बढ़ते कदम सत्य के स्वयं सिद्ध स्वरुप से पूर्णतः परिचित रहते हैं जिसमें सांच को आंच नहीं से लेकर सत्य की विजय अंत में होती है जैसी उच्च स्थितियां विद्यमान रहती हैं जो श्रेष्ठता के आगमन का सदा आह्वान करती हैं। व्यक्ति अपने दैनिक कार्य व्यवहार में पूर्व से अच्छी स्थिति में जब स्वयं को देखता है तब वह आंतरिक संतुष्टि के दौर से गुजरता है तथा जीवन में गुणात्मक परिवर्तन के व्यावहारिक परिणाम उसे परिलक्षित होने लगते है। जीवन के सिद्धांत एवं व्यवहार का विरोधाभास व्यक्ति को इस सत्य के लिए तत्पर करता है कि वह आत्मिक संतुष्टता के व्यवहार पक्ष को स्वीकार करते हुए सदा स्वयं के व्यावहारिक कार्यों का निर्धारण करें ताकि श्रेष्ठता का वरण करना आसान हो जाए। स्वयं के जीवन को महान बनाने के लिए निमित्त, निर्माण एवं निर्मल हो जाना क्योंकि यह स्थिति सत्यता को कार्य व्यवहार में स्पष्ट करते हुए संतुष्टि को प्रमाणित करती है। सामाजिक परिदृश्य में लोक व्यवहार की परिकल्पना को मूर्त रूप प्रदान करने में किसी व्यक्ति विशेष की भूमिका इतनी प्रेरणादायी होती है कि वहां व्यक्ति तो एक होता है लेकिन व्यक्तित्व अनेक हो जाते हैं जो स्वयं के साथ सर्व को संतुष्ट करने का आधार बन जाते हैं।

● मानव द्वारा उत्तम को अपनाने की निष्ठा

जीवन में उत्तम स्थितियों के प्रति मानव द्वारा निष्ठा अभिव्यक्त करने का आशय है कि जीव-आत्मा ने श्रेष्ठता से ओत-प्रोत अपने मौलिक गुणों एवं शक्तियों को उनके नैसर्गिक स्वरुप में स्थापित होने का निश्चय कर लिया है। आत्म जगत की उच्च अवस्था से सम्बंधित अनुभूतियाँ व्यक्ति को यह अहसास कराती हैं कि किसी भी परिस्थिति में आत्मा श्रेष्ठता के प्रति आस्थावान रहती है क्योंकि यही उसका मूलभूत गुण धर्म है जो ईश्वरीय सत्ता से सम्बद्ध होता है। स्वयं के जीवन में

घटित और फलित कर्म के परिणाम को जब व्यक्ति साक्षी भाव से देखता है तब वह कर्मातीत अर्थात् कर्म के बंधन एवं संबंध से उपराम होकर श्रेष्ठ कर्म के प्रति निष्ठा व्यक्त करता है। जीवन में उत्तम कार्य के व्यावहारिक संस्करण यह स्पष्ट करते हैं कि व्यक्ति को श्रेष्ठता से सम्बंधित विराट परम्परा, स्वरुप और प्रयोग की परिधि से होकर गतिशील होना आवश्यक है। स्वयं के जीवन में जब व्यक्ति को जीवन दर्शन के साथ उमंग उत्साह तथा जीवन लक्ष्य की प्राप्ति हो जाती है उस समय चेतन, अवचेतन एवं अचेतन मन के प्रति आस्था निर्मित होती है। जीवन को देव तुल्य बनाने में निपुण आत्माएं मंसा से निराकारी, वाचा से निरहंकारी और कर्मणा से निर्विकारी होकर स्वयं को श्रेष्ठ, शुभ एवं पवित्र विचार से भरपूर रखती हैं। मानव द्वारा आत्मिक जगत के भीतर सम्पूर्ण शक्ति से कारण एवं परिणाम की खोज, एक दिन व्यक्ति से यह व्यक्त करा देती है कि आखिर एक मनुष्य श्रेष्ठता पर आस्था पूर्ण व्यवहार को क्या स्वरुप में परिवर्तित कर सकता है ? सृष्टि में जीव आत्मा द्वारा अपने आध्यात्मिक पुरुषार्थ से स्वयं को सकारात्मक चिंतन और समर्थ चिंतन से महान चिंतन तक पहुँचाना उनकी श्रेष्ठता पर आस्था का व्यावहारिक स्वरूप है जो आज भी जीवन्तता से सर्व के लिए प्रेरणा का स्रोत बना हुआ है।

• धर्म-कर्म से जुड़े सिद्धांत

सम्पूर्ण जीवन काल में स्वयं को अच्छा बनाने की स्थितियां कई बार व्यक्ति के समक्ष उत्पन्न होती है और प्रायः प्रत्यक्ष एवं अप्रत्यक्ष रूप से मनुष्य को स्वयं की अच्छाई एवं सच्चाई के प्रति आकर्षित भी करती हैं। स्वयं को अच्छा बनाने के परिदृश्य में स्वयं का एक तुलनात्मक अध्ययन व्यक्ति को आश्चर्यचकित स्थिति में परिवर्तित कर देता है जिसके अंतर्गत सत्य और असत्य का ज्ञान होते हुए भी व्यक्ति सत्य की स्वीकारोक्ति को

निजी गुण में परिवर्तित नहीं कर पाता है। धर्म-कर्म से जुड़े सिद्धांत व्यक्ति को लौकिकता निभाने हेतु बल प्रदान करते हैं जिससे जीवन की निजता त्याग के लिए तत्पर हो जाती है लेकिन स्वयं के अच्छे संस्कार व्यक्ति को कई बार श्रेष्ठता का वरण करने में सहयोगी बनते हैं तो अनेक स्थितियों में बुरे संस्कारों से असफलता भी प्राप्त होती है। जब एक व्यक्ति स्वयं को आध्यात्मिक जगत के भीतर ले जाने का प्रयास करता है तब उसे ज्ञात होता है की पुरुषार्थ की महत्ता क्या है? और स्वयं को आलौकिक बनाते समय वैराग्य की आवश्यकता क्यों होती है? मनुष्य स्वयं के उत्थान के लिए श्रेष्ठता का वरण करना चाहता है और वह अपनी क्षमता के अनुसार प्रयत्नशील भी रहता है जिसके अंतर्गत स्वयं को राजयोगी बनाने की प्रक्रिया से गुजरना गहन मौन का परिणाम होता है जिसमें पारलौकिकता की पराकाष्ठा अनहद नाद की ओर अभिमुखित कर देती है।

मानव जीवन काल में धर्म की परम्पराओं के साथ कर्म के विभिन्न स्वरूपों का अध्ययन निरंतर करना होता है जिससे स्वयं को श्रेष्ठ बनाने की प्रायोगिकता को व्यावहारिक जीवन से जोड़ा जा सके। एक मनुष्य के द्वारा स्वयं के लिए धार्मिक व्यवस्था से कुछ स्थूल प्राप्त करने की उत्कंठा रखना इस बात का प्रमाण है कि उसने स्वयं को त्याग-तपस्या के प्रति निष्ठावान बना लिया है और आवश्यकता पड़ने पर निजी जीवन के प्रति निष्ठुरता का अनुपालन करके महत्वाकांक्षा के मोती को हासिल करने की स्थितियां निर्मित की जा सकती हैं। किसी नियम के प्रति कठोरता का भाव स्वयं को सयंमित बनाने में कितना योगदान दे सकेगा यह चिंतन का विषय हो सकता है लेकिन आध्यात्मिक जगत में पुरुषार्थ का सबल पक्ष जप एवं तप के द्वारा आत्मा की शक्तियों को बलवान बनाने में सहयोगी अवश्य बन जाता है। जीवन में अलौकिकता का प्रवेश मनुष्यता को उच्च कोटि के सम्मान से

भरपूर कर देता हैं जिससे व्यक्ति ध्यान के साथ धारणा का अवलंबन करते हुए स्वाध्याय से बेहद के वैराग्य को प्राप्त कर लेता है। मानव जीवन में श्रेष्ठता का वरण आत्मा का वह स्वर्णिम स्वरुप है जिसमें व्यक्तिगत चेतना से राजयोगी अवस्था को प्राप्त करके सत्य, प्रेम एवं अहिंसा को पुष्पित और पल्लवित किया जाता है। आत्मिक जगत के उजले पक्ष व्यक्ति को गुण एवं शक्ति संपन्न बना देते है जिससे वह मौन स्वरुप रहते हुए श्रेष्ठता का वरण अत्यंत सहज, सरल एवं विनम्र भाव से स्वीकार कर लेता है।

• लोक व्यवहार की परिकल्पना

मनुष्य होने के नाते अंतर्मन से ऊँचा उठने, आगे बढ़ने,बड़ा सोचने, खुश रहने कार्य के प्रति समर्पण, निःस्वार्थ भाव से मदद करने इत्यादि मनोभावों का जीवन में विशेष महत्व होता है जो समय-समय पर सभी मानव आत्माओं के भीतर मस्तिष्क एवं हृदय में उत्पन्न भी होते रहते है। मानव जीवन में सब कुछ श्रेष्ठ अर्थात् उत्तम रूप से संपन्न हो जाए यह मनोभाव होने के बावजूद भी एक मनुष्य बेहतर क्यों नहीं कर पाता है? यह अंतरद्वंद चिंतन के बड़े पक्ष पर काबिज होकर बैठा होता है। धर्मपरायणता व्यक्ति को कुछ ऐसे मानदंड स्थापित करने के लिए प्रेरणा प्रदान करती है जिसमें व्यक्ति श्रेष्ठता के प्रति समर्पित होकर कर्मगत व्यवहार को संपन्न करता है जिससे त्याग-तपस्या की निरंतरता के साथ लोक-व्यवहार की परिकल्पना साकार हो जाती है।

सामान्य जीवन में स्वयं को श्रेष्ठता के उच्च आयाम पर विराजित करने हेतु अध्यात्म का अवलंबन करना कठिन होता है क्योंकि आध्यात्मिक परिवेश के प्रति स्पष्ट जागृति मनुष्य आत्माओं को नहीं होती है। एक व्यक्ति अध्यात्म को समझने के लिए जब चेष्टा करता है तब उसे ज्ञात होता है कि पुरुषार्थ के

द्वारा- 'पुण्य आत्मा से देव आत्मा की ओर...' प्रस्थान किया जा सकता है जहाँ से त्याग का भी त्याग संभव होते हुए सहजता से वैराग्य की ऊँची स्थिति को प्राप्त किया जा सकता है। जब हम श्रेष्ठता के प्रति नतमस्तक हो जाते हैं तो राजयोग से आत्मिक शक्तियों एवं गुणों को विकसित करते हुए अन्तर्मुखी स्वरुप से पारलौकिक संबंधो की संरचना को बेहद के विराट स्वरुप में प्राप्त किया जा सकता है। जीवन के व्यवहार में श्रेष्ठता को वरण करने में निपुण आत्माओं की संख्या का स्वरुप भले ही अल्पसंख्यक क्यों न हो परन्तु असंभव जैसी स्थितियां नहीं हैं।

लोक व्यवहार के व्यावहारिक उदाहरणों में विभिन्न विरोधाभासी परिस्थितियों ने अपनी प्रतिकूलताओं के द्वारा कई बार मनुष्य के पुरुषार्थ की ऊंचाईयों के महल पर घात-प्रतिघात किया होगा लेकिन सफलता से उपलब्धि प्राप्त करने का परिणाम सुखद ही बना रहा। जीवन में अदूम्य इच्छा शक्ति के साथ कुछ अनूठा करने की जीजिविषा व्यक्ति को स्वयं की अनुकूलता के नवीन मानदंड को स्थापित करने में मददगार सिद्ध होती है और शेष स्वयं के पुण्यों का व्यावहारिक पक्ष संचित कर्म के रूप में फलितार्थ हो जाता है।

● पुण्यों की पहल का परिणाम

श्रेष्ठता को व्यावहारिक जगत में अपनाने की संकल्पना जब स्वयं की मूलभूत परम्परा, स्वरुप एवं प्रयोग को जीवन के सिद्धांत एवं व्यवहार पक्ष के सन्दर्भ में स्वीकार कर लेते हैं उस समय पुण्यों की पहल का परिणाम आत्मा को आनंदित कर देता है। जीवन में श्रेष्ठता का वरण करने के लिए "पुण्य आत्मा से देव आत्मा की ओर.." गतिशील होने पर श्रेष्ठ संस्कारों के बीजारोपण की शक्तिशाली संकल्पना को मर्यादित स्वभाव, श्रेष्ठ प्रवृति एवं विराट दृष्टिकोण से पवित्र बनाने की आवश्यकता होती है। मनुष्य जब कर्मों की गुह्य गति की सुखदायी परिणिति को श्रेष्ठ कर्म, अकर्म एवं सुकर्म से सम्बद्ध कर

देता है तब आत्मा के उच्च स्वरूपों की गहन अनुभूति से गुजरना आत्मिक स्मृति, श्रेष्ठ स्थिति और श्रेष्ठ अवस्था का प्रमाण होता है। एक सत्य जो मानव के लिए चुनौती का स्वरुप धारण कर लेता है कि आखिर पुण्य आत्मा के निर्माण की वास्तविक प्रक्रिया क्या है तो इसके प्रत्युत्तर में आत्मा के द्वारा सर्व आत्माओं के लिए सदा शुभ भावना, पवित्र भाषना एवं श्रेष्ठ कामना को व्यवहार में अवतरित करने का महान जीवन दर्शन सम्मिलित रहता है।

जीवन में श्रेष्ठता का वरण मानवता की उच्चता का परिणाम है जो मनुष्य को देव आत्मा के रूप में रूपांतरित करके गौरवशाली निधि का निर्माणकर्ता बन जाता है। स्वयं के जीवन से राजयोग का प्रस्फुटन आत्मा के उत्कर्ष को दिव्य गुणों, शक्तियों एवं खजानों से सुसज्जित कर देता है जो अन्ततः जीवन के व्यवहार से शिक्षा, अनुभव, सक्षमता, कल्पनाशक्ति, सृजनात्मकता, नवाचार एवं ईमानदारी जैसे जीवन मूल्यों के रूप में परिलक्षित होता है। इस प्रकार मानव जीवन में श्रेष्ठता की स्वीकारोक्ति के लिए जिस परम्परागत धर्म की अवश्यकता होती है उसमें मानव मस्तिष्क की कल्पनाशक्ति द्वारा सृजनात्मक गतिविधि से नवाचार के लिए ईमानदारी पूर्ण प्रयास है जो उसे संवेदनशील हृदय के भावनात्मक स्वरुप से धारणा के पक्षों को नियमित स्वाध्याय द्वारा आत्मसात करने की आध्यात्मिक अनुभूति प्रदान करते हैं। आत्मा की उच्चता ही मनुष्य को जीवन की उस व्यावहारिकता से जोड़ देती है जहाँ वह राजयोग के प्रयोग से मानवीय व्यवहार की सहजता, सरलता एवं विनम्रता द्वारा स्वयं को संकल्पित करते हुए सम्पूर्ण पवित्रता की प्रेरणा प्राप्त कर जीवन में श्रेष्ठता की स्वीकारोक्ति का अधिकारी बन जाता है।

अध्याय-4

श्रेष्ठ सामाजिक संरचना का व्यवहार पक्ष और राजयोग का महत्वपूर्ण योगदान

- उत्कृष्टता की स्मृत्ति से सम्पूर्णता की प्राप्ति
- स्वयं के वास्तविक स्वरुप की अनुभूति
- सामाजिक उज्ज्वलता का स्वरुप
- मानवीय मूल्यों से युक्त जीवन - शैली
- सामाजिक श्रेष्ठता का व्यवहार पक्ष

''राजयोग आत्मा की वह स्थिति है जिसमें
पराभौतिक रूप के सूक्ष्म स्वरुप
का श्रेष्ठतम आभास होता है
जो आत्मा को परमात्म - अनुभूतियों की ओर
ले जाता है जहाँ से संस्कारगत परिवर्तन
की अवस्था का भाग्योदय होता है।''

श्रेष्ठ सामाजिक संरचना का व्यवहार पक्ष और राजयोग का महत्वपूर्ण योगदान

"मनुष्य जीवन का सुखदायी पक्ष उस अवस्था से आरम्भ हो जाता है जहाँ से व्यक्ति आध्यात्मिक पुरुषार्थ करने लगता है क्योंकि इस प्रयास में 'आत्मा का अध्ययन' किया जाता है जो देह में रहते हुए इससे मुक्त रहने के अभ्यास से स्वमेव जुड़ जाता है। स्वयं के जीवन में अलौकिकता का समावेश मनुष्यता का परम सौभाग्यशाली स्वरुप है क्योंकि यही वह अवस्था है जहाँ से सामाजिक जीवन की श्रेष्ठता का व्यवहार पक्ष उजागर होता है जो व्यक्ति के अभौतिक जगत को प्रमाणित करता है। जब प्राणी मात्र के भीतर अलौकिक जन्म की भासना स्थायी तौर पर स्वीकार कर ली जाती है तब मन-बुद्धि का संतुलित स्वरुप कार्य करने लगता है और व्यक्ति सर्व के प्रति अहिंसात्मक दृष्टिकोण को अपनाने की स्थिति में आ जाता है। जब धर्म, 'मानव बोध' का स्पष्टीकरण कराता है तब अध्यात्म की ओर मनुष्य अग्रसर हो जाता है और आत्मिक सम्बन्धों की संरचना से स्वयं को जोड़कर जीवन के उत्थान की दिशा में अग्रसर हो जाता है। मानवीय 'परिष्कार' का यथार्थ राजयोग को उन स्थितियों में स्वीकार करता है जबकि उसके द्वारा 'धर्म-कर्म' को अधिकतम स्तर पर स्वयं के कल्याण हेतु उपयोग करना होता है।'

•उत्कृष्टता की स्मृत्ति से सम्पूर्णता की प्राप्ति

स्वयं के प्रति उच्च दृष्टि व्यक्ति को इस बात की अनुभूति कराती है कि आत्मा ने पुरुषार्थ से समझने, सीखने एवं अनुभव करने की आधारभूत गतिविधि को पूर्ण कर लिया है। जीवन में केवल उत्कृष्टता की स्मृत्ति से व्यक्ति स्वयं को इतनी ऊँची स्थित्ति में स्थापित कर लेता है जिससे वह सम्पूर्णता की प्राप्ति

सहज ही उपलब्धि के रूप में अर्जित कर सके। श्रेष्ठ सामाजिक संरचना का व्यवहार पक्ष व्यक्ति को सदा स्वयं की श्रेष्ठता को बनाए रखने के लिए उत्कृष्टता की स्थित्ति हेतु सचेत करता रहता है। जीव-जगत की आंतरिक अभिलाषा स्वयं को पूर्णता की प्राप्ति से संबद्ध रखती है जिसके लिए वह कई जन्मों से प्रयासरत रहते हुए सम्पूर्ण बन जाने के लिए त्याग, तपस्या एवं सेवा का अनुकरण भी करती है। व्यक्ति द्वारा आत्मा के स्वभावगत आचरण का सम्मान करना और उसके विकास के मूल स्वरूप हेतु प्रतिबद्धता व्यक्त करना उत्कृष्टता की स्मृत्ति से सम्पूर्णता की प्राप्ति का वृहद् प्रमाण होता है। जीवन के व्यापक परिदृश्य में जब स्वयं के उत्थान की स्थित्ति निर्मित होती है तब मनुष्य के समर्पित भाव का उल्लेख व्यवहार में परिलक्षित होने लगता है। यदि व्यक्ति के भीतर स्वयं को सम्पूर्ण बनाने की लगन है तो वह अपने लक्ष्य के प्रति समर्पण के जीवन मूल्य को अपनाते हुए पुरुषार्थ के प्रति निष्ठावान रहता है। जीवन का दार्शनिक बोध व्यक्ति को उमंग उत्साह की सद्प्रेरणा प्रदान करता है जिससे निर्धारित लक्षण धारण करके उर्ध्वगामी चिंतन की स्थित्ति से सम्पूर्णता को प्राप्त किया जा सकता है।

स्वयं के द्वारा बुद्धि का समर्पण आत्मा के स्वमान की रक्षा करता है जिससे स्व-विकास के मार्ग को प्रशस्त करना आसान हो जाता है। आत्मिक समृद्धि के विभिन्न आयाम सूक्ष्म प्राप्ति को समर्पणता के संदर्भ में रेखांकित करते हैं जिन्हें चिन्तन की उच्चता से सदा गहरा लगाव होता है।

• स्वयं के वास्तविक स्वरुप की अनुभूति

व्यक्ति अपने जीवन में श्रेष्ठ अवस्था का मालिक बनकर जीना चाहता है और इस गुणात्मकता के लिए स्वयं को परिष्कृत करने की ललक उसे सम्पूर्ण व्यक्तित्व के निर्माण हेतु प्रेरित करती है। जीवन की उत्कृष्टता को व्यवहार में लाने पर ज्ञात

होता है कि स्वयं को गुण एवं शक्ति संपन्न बनाना आत्मा की पवित्र अवस्था से जुड़ा महत्वपूर्ण प्रसंग है। स्वयं के उत्कर्ष में गुणात्मकता का समावेश व्यक्तिगत परिष्कार का श्रेष्ठतम उदाहरण है जिसमें राजयोग का प्रत्यक्ष एवं अप्रत्यक्ष योगदान होता है जीवन में आत्म स्थिति की उच्च अवस्था के द्वारा जब परमात्म सत्ता से संबंध स्थापित कर लिया जाता है तब आत्म स्वरुप की निरन्तरता सदा के लिए कायम हो जाती है। स्वयं का परिष्कार चेतना का वह श्रेष्ठ स्तर होता है जहां से व्यक्ति सम्पूर्णता की अनुभूति पूर्णरूपेण समर्पित भाव से करने लगता है और आत्मिक गुणवत्ता को परिपक्वत्ता से बनाए रखता है। जीवन में नियम-संयम, जप-तप, ध्यान-धारणा, स्वाध्याय-सत्य, प्रेम-अहिंसा, राजयोग एवं मौन से जुड़ी साधना का प्रयोग एक साधक अपने साध्य तक पहुँचने हेतु करता है। स्वयं के वास्तविक स्वरुप की अनुभूति आत्मा को सम्पूर्ण बनाने के संदर्भ में होने से यह अहसास होता है कि दीर्घकाल के पुरुषार्थ के पश्चात् अभी सम्पूर्णता शेष है तो वहां समर्पित हो जाना बेहतर विकल्प के रूप में दिखाई देता है। जीवन दर्शन के प्रति निष्ठा व्यक्ति को धर्म-कर्म के सिद्धांत एवं व्यवहार से संबद्ध कर देती है जिसमें स्वयं की सम्पूर्णता का पक्ष मुख्य आधार होता है। मानव जब स्वयं के वास्तविक स्वरुप की अनुभूति से आत्म दर्शन को जीवन के साक्षात्कार से अभिभूत पाता है तो वह अध्यात्म पुरुषार्थ की ओर गतिशील हो जाता है। आत्म उन्नति के शिखर को परमात्म दर्शन की धन्यता से स्वीकार करते हुए जब आत्मा राजयोग-मौन को अंगीकार कर लेती है तब स्वयं के सत्य स्वरुप की अनुभूति सुनिश्चित हो जाती है।

•सामाजिक उज्ज्वलता का स्वरुप

मानव जीवन में सतोप्रधान व्यवस्था की उपस्थिति और उसका स्थायित्व उच्च कोटि की सामाजिक संरचना के अंतर्गत

परिलक्षित होता है जिसमें मानवता से युक्त श्रेष्ठता अपने उज्जवल स्वरुप में विद्यमान रहती है। एक मनुष्य के द्वारा पवित्र कल्पनाओं का आभा मंडल स्वयं के उत्थान का कारक बन जाता है और धीरे-धीरे आस-पास के वातावरण को सुगन्धित कर देता है क्योंकि पवित्रता के प्रति गहन निष्ठा ने व्यक्ति से ऊँचा प्रयास करवाने के साथ आनंददायी उपलब्धि तक पहुँचने की प्रेरणा प्रदान कर दी है। सम्पूर्ण समाज की श्रेष्ठता का दायित्व उस समाज के प्रत्येक व्यक्ति पर होता है जो अपनी कर्म कहानी को स्वयं सजाने एवं संवारने के प्रति कर्तव्य बोध से भरपूर रहते हैं। बाह्य दृष्टि से विचार करने पर यह ज्ञात होता है कि 'श्रेष्ठ सामाजिक संरचना' केवल भाव एवं विचार पक्ष का स्वरुप है जिसे मानवीय कल्पना के उदाहरण द्वारा समझा जा सकता है।

इस धरती पर स्वर्ग और नर्क की व्यावहारिकता के लिए भला क्या स्थान हो सकता है क्योंकि बड़े बुजुर्गों की लोक व्यापी गाथा में स्वयं के भूतकाल की आस्था तथा वर्तमान के प्रति भयानक असंतोष जिसे उन्होंने नर्क की संज्ञा से निरुपित कर दिया तथा भविष्य में मृत्यु उपरांत स्वर्ग प्राप्त होने की विश्वसनीय स्थितियों पर अविश्वसनीय बयान युवा पीढ़ी के लिए डरावने सपने की भांति प्रतीत होती है। स्वयं को जानने एवं मानने के पश्चात् आत्मा के बोध की स्थितियां मानव जाति को यह बताने में सक्षम हो जाती हैं कि इस लोक एवं परलोक की कहानी का राज क्या है क्योंकि मनुष्य द्वारा अपने जीवन की उत्पति के मूल कारणों पर खोज पूर्ण हो जाती है तथा वह आत्मा के अस्तित्व और स्थायित्व को स्वीकार कर लेता है। जीवन के नियमन-संयमन के प्रति निष्ठापूर्ण व्यवहार ने आज भौगोलिक सीमाओं से परे जाकर स्व-कल्याण से सर्व आत्माओं के कल्याण के अनेकानेक व्यावहारिक प्रमाण प्रदान करने में महारथ हासिल कर ली है जिससे 'श्रेष्ठ सामाजिक संरचना' की यथार्थता को स्वीकार

करना स्वयं सिद्ध स्वरुप में सहज हो जाता है।

• मानवीय मूल्यों से युक्त जीवन-शैली

संवेदनशील व्यवहार के प्रति 'मानवीय मूल्यगत निष्ठा' का गहरा प्रभाव होता है जो मनुष्य को व्यक्तिगत जीवन के आचरण से प्राप्त होता है क्योंकि अन्तःकरण से उपजे जीवन मूल्य श्रेष्ठ जीवन शैली के जीवंत प्रमाण होते हैं। व्यक्ति, परिवार और समाज की स्थितियों में श्रेष्ठ सामाजिक संरचना का निर्माण होना संस्कारगत व्यवस्था का परिणाम होता है जो मनुष्य को उसकी मनुष्यता बनाये रखने में महत्वपूर्ण भूमिका निभाता है। जीवन की गतिशील प्रक्रिया में सम्पूर्ण आदर्शवादी व्यवहार की कल्पना अत्यंत सुखद प्रतीत होती है लेकिन एक दूसरे व्यक्तियों को सदा सुख पहुँचाने की यथार्थता व्यावहारिकता की कसौटी पर खरी उतरती हुई अनुभव नहीं होती है। सामान्य जीवन में व्यक्ति स्वयं की अनंत कामनाओं को पूर्ण करता है परन्तु वह इस कार्य में सफल नहीं हो पाने के कारण केवल निजी जीवन की आवश्यकता और कुछ इच्छाओं की पूर्ति होने पर स्वयं को संतुष्ट मान लेता है तथा लोभ के परिदृश्य में जाकर भयानक दुःख से बचने के उपाय वह खोजता रहता है। मानव जीवन का मानसिक द्वंद कई बार उसे बताता है कि जिन भौतिक इच्छाओं के मध्य पूर्णता एवं अपूर्णता का बोध स्वयं के सुख एवं दुःख का कारक बना हुआ है यही क्रोध पर नियंत्रण स्थापित करने नहीं देता है।

एक ओर मनुष्य स्वयं के धर्म-कर्म को ठीक करते - करते लोभ एवं मोह जैसे अति सूक्ष्म मनोविकार से मुक्त होने के प्रयास करता रहता है वहीं अहंकार जैसे अचानक प्रकट हो जाने में सिद्धहस्त भयानक मनोरोग व्यक्ति को ईर्ष्या-द्वेष से घेर लेते हैं जो व्यक्ति को आलस्य एवं अलबेलेपन की मृत्युशय्या पर धकेल देने में निपुण होते हैं। इस सत्य की जानकारी व्यक्ति को

प्रायः रहती है जिसमें श्रेष्ठ सामाजिक संरचना में मानवीय मूल्यों से युक्त जीवन-शैली की बात शामिल होती है तभी तो व्यक्ति धर्म के मर्म को समझने के अपने प्रयास में निरंतर संलग्न रहता है। लौकिक जीवन की सफलता में भौतिक संसार के दबाव को दीर्घ काल तक अपनी आत्मा पर लेकर चलना और उससे स्वयं की संतुष्टता की बाट जोहना किसी मनुष्य के संवेदनशील कर्म को रेखांकित करता है। धर्म के प्रति एक गहरी निष्ठा क्या आदि काल से ही भय एवं प्रेम के कारण कर्म को श्रेष्ठ बनाने के लिए कार्य करती है ?

अथवा एक मनुष्य होने के कारण मनुष्यता का धर्म सर्व को सुख पहुँचाने से जुड़ा होता है इसलिए श्रेष्ठ सामाजिक संरचना के निर्माण में मानवीय मूल्यों से युक्त जीवन-शैली की उपादेयता बढ़ जाती है।

• सामाजिक श्रेष्ठता का व्यवहार पक्ष

व्यक्तिगत जीवन से लेकर सामाजिक जीवन के धवल स्वरुप का मूल्यांकन मनःस्थिति में प्रायः मनुष्य के धर्म-कर्म को आपसी सुख-दुःख से सम्बंधित बन्धनों की ओर ले जाता है। जीवन का वृहद् पक्ष मानवता को धर्म के उस मर्म तक पहुँचाने का कार्य करता है जहाँ से जीवन की कठोरता का अंत हो जाता है और व्यक्तिगत जीवन में संबंधो की सरिता प्रवाहित होने लगती है। इस मनुष्य जीवन का सुखदायी पक्ष उस अवस्था से आरम्भ हो जाता है जहाँ से व्यक्ति आध्यात्मिक पुरुषार्थ करने लगता है क्योंकि इस प्रयास में 'आत्मा का अध्ययन' किया जाता है जो देह में रहते हुए इससे मुक्त रहने के अभ्यास से स्वमेव जुड़ जाता है। स्वयं के जीवन में अलौकिकता का समावेश मनुष्यता का परम सौभाग्यशाली स्वरुप है क्योंकि यही वह अवस्था है जहाँ से सामाजिक जीवन की श्रेष्ठता का व्यवहार पक्ष उजागर होता है जो व्यक्ति के अभौतिक जगत को प्रमाणित करता है। जब प्राणी मात्र के भीतर अलौकिक जन्म

की भासना स्थायी तौर पर स्वीकार कर ली जाती है तब मन-बुद्धि का संतुलित स्वरुप कार्य करने लगता है और व्यक्ति सर्व के प्रति अहिंसात्मक दृष्टिकोण को अपनाने की स्थिति में आ जाता है। जब धर्म, 'मानव बोध' का स्पष्टीकरण कराता है तब अध्यात्म की ओर मनुष्य अग्रसर हो जाता है और आत्मिक सम्बन्धों की संरचना से स्वयं को जोड़कर जीवन के उत्थान की दिशा में अग्रसर हो जाता है। मानवीय 'परिष्कार' का यथार्थ राजयोग को उन स्थितियों में स्वीकार करता है जबकि उसके द्वारा 'धर्म-कर्म' को अधिकतम स्तर पर स्वयं के कल्याण हेतु उपयोग करना होता है।

'आध्यात्मिक-पुरुषार्थ' के द्वारा आत्मा की अनुभूतियों से स्वयं की स्मृति एवं स्थिति को ऊंचाई पर पहुँचाने के उच्चतम प्रयोग व्यावहारिक जीवन में किया जाना आवश्यक होता है ताकि 'श्रेष्ठ सामाजिक संरचना' में भागीदारी का स्थायित्व प्राप्त हो सके। सतोप्रधान व्यवस्था का अंग बन जाना जगत के मनुष्यों का वह पुरुषार्थ है जिसे व्यक्ति अंततः 'मोक्ष' की प्राप्ति के लिए स्वयं को सम्पूर्ण समर्पण के रूप में अर्पित कर देता है। मनुष्य की व्यक्तिगत मान्यता जन्म-मरण के चक्र से मुक्त होकर भगवत प्राप्ति होती है क्योंकि स्वयं की शक्ति का आत्म पक्ष व्यक्ति को कई बार जन्म लेकर कर्मों की गुह्य गति से सुखः दुःख की प्राप्ति करना सामान्यतः वह नहीं चाहता है। आध्यात्मिक जगत का अति सबल अर्थात् श्रेष्ठ भाव राजयोग है जिसमें आत्मा का संबंध परमात्मा से जोड़कर आत्मा दिव्य गुणों,शक्तियों एवं खज़ानों से भर जाती है। राजयोग आत्मा की वह स्थिति है जिसमें पारलौकिक तत्व के बोध के साथ पराभौतिक रूप के सूक्ष्म स्वरुप का श्रेष्ठतम आभाष होता है जो आत्मा को परमात्म-अनुभूतियों की ओर ले जाता है जहाँ से संस्कारगत परिवर्तन की अवस्था का भाग्योदय होता है जो अंततः आत्मा को 'श्रेष्ठ सामाजिक संरचना' के योगदान का अधिकारी बना देता है।

अध्याय-5

मानव उत्थान का नैसर्गिक स्वरुप एवं सकारात्मक जीवन की प्रासंगिकता का यथार्थ बोध

- सकारात्मक जीवन में पुरुषार्थ की यथार्थता
- दृष्टिकोंण की नवीनता का नैसर्गिक भाव
- सहज विकास की सुखद स्थितियां
- सार्थक जीवन का संतुष्टिगत स्वरूप
- अहिंसक जीवन में समर्पण का आनंद

"मानव उत्थान की अवस्था सदा से ही विराटता से युक्त रही है जिसमें आत्मा के उच्च मूल्यों का परिपालन होता है जिसके अंतर्गत अहिंसक जीवन-शैली विकसित करने हेतु धर्म, अध्यात्म एवं राजयोग जैसी सूक्ष्म विवेचनाएँ कार्यरत रहती हैं।"

मानव उत्थान का नैसर्गिक स्वरुप एवं सकारात्मक जीवन की प्रासंगिकता का यथार्थ बोध

"जीवन के प्रसंग में धर्म के कर्म से, अध्यात्म के पुरुषार्थ से तथा राजयोग के ध्यान से स्वयं की संबद्धता को सदाकाल के लिए बनाकर रखना मनुष्य के उत्थान पक्ष के लिए एक वृहद चुनौती भरा स्वरूप होता है। सृष्टि पर अहिंसक जीवन शैली के रहस्य को जिन मनुष्य आत्माओं ने व्यावहारिक जीवन के साथ अपना लिया उन मानव आत्माओं का जीवन तो सार्थक हुआ तथा वे सभी परम आदरणीय स्वरूप में जगत के लिए प्रेरणा स्रोत बन गए। अहिंसक जीवन का निर्माण सामाजिक परिवर्तन का ऐसा उपागम है जो धीरे- धीरे व्यक्ति को सम्पूर्ण बनाने हेतु मानसिक रूप से जागृत करता है और एक दिन मनुष्य स्वयं के अस्तित्व को स्वीकार करते हुए अपने अहम को समाप्त करके समर्पण के भाव जगत को आत्मसात कर लेता है। मानव उत्थान के संदर्भ में सकारात्मक जीवन की प्रासंगिकता व्यापक परिदृश्य से ओत-प्रोत है जिसमें आत्म उन्नति का सार तत्व समाविष्ट होता है जो स्व-कल्याण की सीमा से परे जाकर सर्व कल्याण हेतु अपने जीवन के समर्पण से जुड़ा होता है।"

• सकारात्मक जीवन में पुरुषार्थ की यथार्थता

मनुष्य के द्वारा स्वयं के साथ सर्व आत्माओं के प्रति शुभ भाव से भरपूर रहने की स्थित्ति आत्मा के सशक्तिकरण का परिणाम होता है। किसी भी परिस्थिति में सकारात्मक बने रहने की सलाह व्यक्ति को प्राप्त होने का अर्थ है कि स्वयं के जीवन की स्थित्ति पुण्य से संपन्न है। यदि जीवन में सकारात्मक स्वरुप

से स्वयं को परिवर्तित करने की प्रक्रिया के द्वारा एक नए बदलाव की सत्यता अनुभव में आती है तो यह सकारात्मक जीवन की व्यावहारिकता से पूर्णतः जुड़ी रहती है। व्यक्तिगत परिवेश के अंतर्गत सम-दृष्टि को विकसित करने की प्रवृत्ति अंतर्मन को इतना समर्थ बना देती है कि सकारात्मक जीवन का आनंद सहजता से परिलक्षित होने लगता है। स्वयं की उपयोगिता को पुरुषार्थ की यथार्थता से कल्याणकारी स्वरुप प्रदान कर देने में आत्मिक कुशलता का मंगलकारी पक्ष सदा विद्यमान रहता है। जीवन की ऊँचाई का संदर्भ एतिहासिक पृष्ठभूमि में ईमानदारी के गुण मूल्य से सुसज्जित रहता है जिसमें आत्मा की पवित्रता का प्रसंग संबद्ध होने से मानव के उत्थान की व्यापकता चहुँ ओर दृष्टिगोचर होने लगती है। गतिशील जीवन का उद्देश्य सकारात्मकता के परिदृश्य से होकर गुजरता है और व्यक्तित्व की सार्थकता को सिद्ध करने के संदर्भ एवं प्रसंग की व्याख्या का अनुमोदन सम्पूर्ण निष्ठा से व्यक्त कर देता है। सकारात्मक जीवन के प्रति अनुराग व्यक्ति को किसी भी मनोदशा में सार्थक जीवन के लिए पुरुषार्थ करने हेतु प्रेरणा प्रदान करता है। मानव के द्वारा स्वयं को विकसित करने की प्रक्रिया में श्रेष्ठ संकल्प एवं विकल्प की उपस्थित्ति व्यक्ति को सकारात्मक जीवन के प्रति अपनी जिम्मेदारी को स्पष्ट करती है। जीवन का विराट पक्ष व्यक्ति को स्वयं तथा जगत में उसके योगदान को जवाबदेही के संदर्भ एवं प्रसंग में निरुपित भी करता है।

● दृष्टिकोंण की नवीनता का नैसर्गिक भाव

स्वयं के प्रति उच्चता का भाव एक व्यक्तित्व की गरिमा को इतना निखार देता है कि वह सम्पूर्ण सृष्टि के प्रति अपने दृष्टिकोंण में सकारात्मकता से सुसज्जित हो जाता है। जब नव दृष्टि का नैसर्गिक बोध मानवता को शिखर पर स्थापित करने की चेष्टा

करता है तब सकारात्मक जीवन में पुरुषार्थ की यथार्थता के लिए बड़ी गुढ़ता से जतन किए जाते हैं। व्यक्ति की आंतरिक दृष्टि स्व-मूल्यांकन से वर्तमान जीवन की अच्छाई को उपयोगी बनाने में इसलिए जुट जाती है ताकि स्वयं के सात्विक अस्तित्व को निर्मित करने में मदद प्राप्त हो सके। जीवन में ज्ञान एवं तत्व मीमांसा आत्मा को शुद्धता और मुक्ति के प्रसंग से जोड़ते हैं क्योंकि यह व्यक्ति के लिए स्वयं के दृष्टिकोंण की नवीनता का वह नैसर्गिक भाव होता है जिसमें सार्थकता स्वमेव प्रतिबिम्बित हो जाती है। स्वयं के सकारात्मक जीवन को स्वीकार करते हुए सम्मानित कर देना अपने दृष्टिकोंण का वह उजला पक्ष है जहाँ जीवन की सार्थकता नैसर्गिक रूप से गौरवान्वित होती है। मानव जीवन व्यवहार में जब सकारात्मक उर्जा अपनी वास्तविकता के साथ कार्यरत होती है तब व्यक्ति को यह अहसास होने लगता है कि आत्मिक जगत में गुण एवं शक्ति मौलिक स्वरुप में नीहित हैं। वर्तमान जीवन में उपलब्ध सकारात्मकता पूर्णतः नैसर्गिक होती है और वह निजी स्तर पर उपयोगी को सिद्ध करने के लिए तत्पर रहती है। व्यक्ति के जीवन का ऐसा सुखद संयोग जिसमें वह एक ओर स्वयं को सकारात्मक जीवन की सम्पूर्णता से समृद्ध करता है वहीं दूसरी ओर समाजोपयोगी बन जाने के सुख को संरक्षित कर लेने की इच्छा शक्ति भी रखता है। स्वयं की अंतर्निहित सकारात्मकता को सर्व के भीतर ढूंढने का शुभ-भाव व्यक्ति को इतने गहरे स्तर पर अभिप्रेरित कर देता है कि व्यक्ति जीवन की सार्थकता तक पहुँच जाता है। आत्मिक जगत की मौलिकता के परिदृश्य में सकारात्मक जीवन का यथार्थ सन्निहित रहता है जो व्यक्ति को समयानुसार यह बताता है कि आखिर जीवन की सार्थकता के कितने उपयोगी परिणाम होते हैं।

• सहज विकास की सुखद स्थितियां

जीवन की विविधता का एक वृहद पक्ष सहज विकास होता

है जिसमें किसी मानदंड की आवश्यकता नहीं होती बल्कि यह समय एवं परिस्थितियों के प्रवाह में धीरे-धीरे, क्रमबद्ध अथवा अनायास किसी स्वरूप में ढल जाने की अवस्था होती है। बाल हृदय की गहराईयों में छिपी हुई समाज की 'भावी सुंदर कल्पनाओं' को निखारने के लिए सकारात्मक दृष्टिकोंण की आवश्यकता होती है। गतिशील जीवन का उद्देश्य अत्यधिक विशाल होता है जिसमें परिपक्वता से युक्त स्थितियां पूर्णता से सुदृढ़ता की ओर गतिमान होती हैं। "मानव का दानव होना उसकी हार है, मानव का महामानव होना उसका चमत्कार है, मनुष्य का मानव होना उसकी जीत है।" डॉ. राधा कृष्णन द्वारा रचित यह कथ्य पूर्णतया सत्य प्रतीत होता है क्योंकि मानव को किसी भी स्थिति में दानवीय प्रवृतियों का गुलाम नहीं होना चाहिए जो उसकी हार का प्रतीक है जबकि मानव का महामानव होना एक अपवाद स्वरूप है जो किसी चमत्कार के बराबर है लेकिन मनुष्य को सम्पूर्णता के साथ मानव बने रहना चाहिए जो मनुष्य की विजय का प्रमाण है।

महामना विनोवा भावे जी ने अपने महान ग्रंथ 'स्थित प्रज्ञ दर्शन' में इस तथ्य एवं सत्य को रेखांकित करते हुए लिखा है कि आत्मा का सहज स्थिति में अपनी मूलभूत प्रवृतियों के साथ सहजता एवं सरलता से युक्त रहना ही 'स्थितप्रज्ञता' का सूचक है। इस अवस्था के अतिरिक्त कुछ घटित होने अथवा करने की स्थिति में आत्मा अपने स्वरूप से विचलित होती है शेष स्थिति में वह श्रेष्ठता से युक्त अपने वास्तविक अर्थात् स्थित प्रज्ञ अवस्था में विराजमान रहती है। किसी मनुष्य के द्वारा अपने जीवन काल में अहिंसक जीवन-शैली के साथ जीवन पूर्ण कर लेना एक 'राजयोगी जीवन' का पर्याय है जो आत्मा के स्वाभाविक गुणों से सम्बद्ध पक्ष होता है। कई बार यह प्राकृतिक रूप से तथा अधिकांश स्थितियों में इसके अभ्यास से इस उच्चता को प्राप्त किया जा सकता है। अधिकांशतः कर्मयोगी

मानव जीवन के नियमन एवं संयमन के साथ जप और तप के प्रति समर्पित रहे तथा उन्होंने ध्यान एवं धारणा जैसे श्रेष्ठतम मूल्यों का अनुसरण करते हुए स्वाध्याय को अपने जीवन का आधार बनाकर 'सत्य, प्रेम–अहिंसा' के पथ पर गतिशील होकर मौन साधना से राजयोग के शिखर को प्राप्त कर लिया जो उनके जीवन की सहजता, सरलता एवं विनम्रता के फलितार्थ स्वरुप समाज के लिए पथ अनुगमन का कारण बन गई।

● सार्थक जीवन का संतुष्टिगत स्वरूप

स्वयं के जीवन में स्वाभाविक परिवर्तन के साथ - साथ जब अहिंसक–जीवन के प्रति विशिष्ट दृष्टिकोंण को अपनाने की बात प्रकट होती है तब व्यक्तिगत स्तर पर सकारात्मकता का बोध होता है। मानव उत्थान के सन्दर्भ में सकारात्मक प्रयास की श्रृंखला के अनेक उदाहरण समाज में घटित होते हैं परन्तु आत्मिक जगत से स्वयं की सार्थकता के लिए मनोयोग से पुरुषार्थ करना जीवन की संतुष्टि का कारक बन जाता है। राजयोग आत्मा के उत्थान का प्रेरणात्मक पक्ष है जो निरंतर सार्थक हो जाने के लिए मददगार भूमिका का निर्वहन करता है और आत्मा अपने सक्षम साधनों अर्थात् मन, वचन, कर्म के साथ समय, संकल्प, संबंध एवं स्वप्न की पवित्रता से हर क्षण को उपयोगी बनाकर गतिशील रहने का पुरुषार्थ करती रहती है। अहिंसक जीवन शैली अत्यंत सूक्ष्म जगत की अवधारणा है जिसे सृष्टि पर अनेक महान आत्माओं ने उदाहरण स्वरूप जीया है जो वर्तमान पीढ़ी के लिए अथवा समाज को सही दिशा प्रदान करने में अभिप्रेरणात्मक आभा मंडल का कार्य करता है। अंतर्मन को स्थूलता से अनासक्त भाव में ले जाना गीता का महान उपदेश है और स्वयं को सूक्ष्म पुरुषार्थ से परिष्कृत करना जीवन की सार्थकता का व्यावहारिक स्वरुप है जिसे निरंतर अभ्यास से प्राप्त किया जा सकता है। जीवन की

भौतिकता को प्राप्त कर लेने में सिद्धस्त 'मानव' स्वयं को इस लौकिकता से संबंध जोड़कर आखिर संतुष्ट होने का दावा करते हुए धर्म-कर्म की संवेदनशीलता को स्वीकार कर ही लेता है। कई बार व्यक्तिगत जीवन का मूल्यांकन करने पर 'अंतर्दृष्टि एवं बाह्य दृष्टि' के प्रति विरोधाभास की स्थितियां बनती हैं और स्वयं के जीवन की लौकिकता उसे अलौकिक जीवन की ओर बढ़ जाने के लिए सहयोगी भी बन जाती है।

भौतिक जगत का एकत्रीकरण व्यक्ति को कई वर्षों का सकारात्मक कर्म मालूम पड़ता है लेकिन अभौतिक जगत की सार्थकता से अनभिज्ञता मनुष्य को 'अध्यात्म' से अलग कर देती है और स्वयं के होने का आत्मिक बोध वह प्रायः नहीं कर पाता है।

मनुष्य जीवन का आध्यात्मिक पक्ष व्यक्ति को आत्मा के अध्ययन की सही दिशा प्रदान करता है जिससे वह लौकिक जीवन की प्राप्ति से साक्षी भाव रखते हुए भौतिकता के दबाव से स्वयं को अतीत, आगत एवं अनंत काल के विकल्पों से मुक्त करके आलौकिक पुरुषार्थ की 'संकल्पगत' स्थिति को स्वीकार कर पाता है। धर्मगत व्यवस्था ने व्यक्ति को जीवन की सकारात्मकता से जोड़कर कर्म करने का आधार प्रदान किया लेकिन आध्यात्मिक अवधारणा के द्वारा मनुष्य को सार्थकता निभाने का अवसर प्राप्त हुआ जिसने स्वयं के कल्याण हेतु कार्य करने का बीड़ा उठाया जो आत्मा के अध्ययन से संभव हो सका। सामान्य जीवन में 'आत्मा' पर प्रत्यक्ष एवं अप्रत्यक्ष रूप से कार्य करने की स्थितियां अहिंसक जीवन-शैली के प्रति गहरी आस्था को जन्म देती हैं जो व्यक्ति के चिंतन में चेतना को विकसित करने पर बल प्रदान करता है और यही स्थिति मनुष्य को सार्थकता प्रदान करती है। राजयोग से आत्मिक भाव के स्थायित्व को बल मिलता है तथा पारलौकिक तत्व की जीवन में प्रधानता 'आत्मिक सशक्तिकरण' का प्रमाण बनकर पराभौतिक शक्तिओं की अनुभूति कराती हैं जो

मनुष्य जीवन के आत्मिक संतोष का कारण बनता है।

- **अहिंसक जीवन में समर्पण का आनंद**

जीवन के प्रसंग में धर्म के कर्म से, अध्यात्म के पुरुषार्थ से तथा राजयोग के ध्यान से स्वयं की संबद्धता को सदाकाल के लिए बनाकर रखना मनुष्य के उत्थान पक्ष के लिए एक वृहद चुनौती भरा स्वरूप होता है। सृष्टि पर अहिंसक जीवन शैली के रहस्य को जिन मनुष्य आत्माओं ने व्यावहारिक जीवन के साथ अपना लिया उन मानव आत्माओं का जीवन तो सार्थक हुआ तथा वे सभी परम आदरणीय स्वरूप में जगत के लिए प्रेरणा स्रोत बन गए। जीवन के प्रति प्रायः सभी मनुष्य आत्माएं अपना सम्पूर्ण लौकिक, अलौकिक एवं पारलौकिक शक्तिशाली स्वरुप सौंपती है लेकिन इनके उपयुक्त समन्वय के अभाव से वह निराशा एवं हताशा के भंवर जाल में उलझ जाती हैं। स्वयं से भौतिकता निभाने के कारण वह उसे अपना मान कर व्यवहार करते हुए मैं, मेरा एवं मैंने ही किया अथवा मेरे द्वारा पूर्णता के बोध से ग्रसित होकर अहम से जीवन जीना अधिकतम अभ्यास में आ जाता है और वह लौकिक संसार में 'स्व' अर्थात् 'मैं' कुछ और नहीं की संकुचित स्थिति व्यक्ति को अलौकिक समझ,सीख एवं अनुभव से वंचित कर देती है। एक मनुष्य होने के नाते सकारात्मक जीवन और सार्थक जीवन से अनजान बन कर रहना व्यक्ति अपनी नीयति मान लेता है तथा मुझ शरीर के भीतर आत्मा की स्वीकारोक्ति को नकारते हुए स्वयं को सम्पूर्णता की अवस्था तथा समर्पित अवस्था के आनंद से हटाने की 'जिद' (हठधर्मिता) व्यक्ति को अनंत भौतिकता तक सीमित कर देती है।

स्वयं को समर्पित अवस्था के लिए तत्पर करने का अर्थ निमित्त भाव की स्थिति का अनुपालन होता है जो व्यक्ति को कर्म के दबाव से मुक्त कर देता है जिसमें मनुष्य को उपराम हो

जाने में मदद प्राप्त होती है। अहिंसक जीवन का निर्माण सामाजिक परिवर्तन का ऐसा उपागम है जो धीरे- धीरे व्यक्ति को सम्पूर्ण बनाने हेतु मानसिक रूप से जागृत करता है और एक दिन मनुष्य स्वयं के अस्तित्व को स्वीकार करते हुए अपने अहम को समाप्त करके समर्पण के भाव जगत को आत्मसात कर लेता है।

मानव उत्थान के संदर्भ में सकारात्मक जीवन की प्रासंगिकता व्यापक परिदृश्य से ओत-प्रोत है जिसमें आत्म उन्नति का सार तत्व समाविष्ट होता है जो स्व-कल्याण की सीमा से परे जाकर सर्व कल्याण हेतु अपने जीवन के समर्पण से जुड़ा होता है। अहिंसक जीवन-शैली मानवीय मनोदशा का श्रेष्ठतम भाव है जो 'दातापन' की विचारधारा से गहराई तक सबंध रखता है क्योंकि मानवीय भाव का उच्चावचन व्यक्तिगत जीवन की स्थिति को कई बार प्राप्ति के रूप में विश्लेषित करता है जो अनंत संकुचित स्वरुप का परिचायक बन जाता है। सामाजिक जगत में मानव उत्थान की अवस्था सदा से ही विराटता से युक्त रही है जिसमें आत्मा के उच्च मूल्यों का परिपालन होता है जिसके अंतर्गत अहिंसक जीवन शैली विकसित करने हेतु धर्म, अध्यात्म एवं राजयोग जैसी सूक्ष्म विवेचनाएँ कार्यरत रहती हैं जिसकी परिणिति जीव जगत के मध्य सुख, शांति एवं आनंद के रूप में परिलक्षित होती है।

अध्याय-6

समाज में शांति, अहिंसा एवं पवित्रता की स्थापना में धर्म, अध्यात्म और राजयोग की भूमिका

- आत्म दृष्टि से आध्यात्मिक उन्नति
- शांति एवं अहिंसा की स्थापना
- धर्मगत आचरण के कर्मगत उदाहरण
- आध्यात्मिक जगत की सूक्ष्म अवधारणा
- राजयोग की मौलिकता से आत्मिक विकास
- विश्व कल्याण का मंगलकारी स्वरुप

"समाज में शांति एवम् अहिंसा की स्थापना हेतु मानव जाति द्वारा हृदय और मस्तिष्क से धर्म के आचरण को स्वीकृत करते हुए अध्यात्म से आत्मिक विकास तथा राजयोग से आत्मा को शक्ति एवम् गुण संपन्न बनाकर सामाजिक सद्भाव का साम्राज्य निर्मित किया जा सकता है।"

समाज में शांति, अहिंसा एवं पवित्रता की स्थापना में धर्म, अध्यात्म और राजयोग की भूमिका

"आध्यात्मिक जगत की सूक्ष्म अवधारणा ने आत्मा के उन्नयन का पुरुषार्थ, आत्मा की श्रेष्ठता के लिए आत्म परिष्कार के स्वरुप में पुरुषार्थ करके आत्मसात कर लिया है जिससे मंसा, वाचा एवं कर्मणा की पवित्रता को व्यावहारिक जगत में अक्षुण्य बनाए रखना आसान हो जाता है। स्वयं के कल्याण (आत्मिक उत्थान) की परिभाषा आध्यात्मिक जगत में इतनी बड़ी होती है कि उसमें विश्व कल्याण का मंगलकारी कार्य स्वयंमेव समाहित रहता है जो समाज में शांति एवं अहिंसा को बनाये रखने में प्रत्यक्ष एवं अप्रत्यक्ष रूप से मददगार सिद्ध होता है। एक मनुष्य होने के नाते स्वयं के जीवन में धर्म से जुड़े कर्म की व्याख्या लौकिक जगत के पोषण में सहायक होती है क्योंकि धर्म से सम्बंधित आचरण व्यक्ति के हृदय एवं मस्तिष्क में भावना की प्रधानता के साथ जुड़े होते है। राजयोग की मौलिकता अर्थात् 'आत्मा एवं परमात्मा के एकाकार स्वरुप' से आत्मिक विकास की सुनिश्चितता होती है जो स्वयं की आत्मिक अनुभूति पर पूर्णतया आधारित होती है क्योंकि यहाँ आत्मा के गुण एवं शक्ति का ही चिंतन किया जाता है। आत्मा से सम्बंधित गतिविधि के प्रति चेतना का विकास आध्यात्मिक जगत का अलौकिक स्वरुप है जो आत्मा द्वारा अपनी चेतनता को स्वीकार करके वास्तविक स्वरुप में विद्यमान हो जाती है जिसे अतीन्द्रिय सुख के रूप में अनुभव किया जा सकता है।"

- **आत्म दृष्टि से आध्यात्मिक उन्नति**

प्रस्तुत आलेख में मानव जीवन के सर्वाधिक संवेदनशील पक्षों को मानवता हेतु उजागर किया जाना आवश्यक है जिससे 'वसुधैव

कुटुम्बकम' की विराट अभिव्यक्ति से जुड़ी सत्यता का भावनात्मक स्वरुप जीवन के व्यवहार में परिणित हो सकें। सामाजिक जीवन में शांति एवं अहिंसा की स्थापना के परिदृश्य में - 'सम्पूर्ण विश्व एक परिवार है' का मूल भाव सन्निहित है जो जीवन की गतिशीलता के मध्य आज ओझल सा हो गया है। जीवन में 'सर्व -धर्म समभाव' का अभिप्राय केवल धर्म -कर्म से सम्बद्ध प्रतीत होता है जबकि 'सर्वे -भवन्तु सुखिनः.....' का संदर्भ अध्यात्म और पुरुषार्थ से अनुप्राणित होता है तथा एक अंतिम आशा के रूप में 'वसुधैव कुटुंबकम' का वृहद भावार्थ 'राजयोग से उपजे गहरे मौन' को प्रतिबिम्बित करता है। यहां अत्यंत सूक्ष्म रूप से इस सत्य को प्रतिपादित करने का प्रयास किया गया है जिससे समाज में शांति एवं अहिंसा की स्थापना को निर्धारित करने में धर्म, अध्यात्म और राजयोग की स्पष्ट भूमिका का विश्लेषण किया जा सके। यदि मानव स्वभाव द्वारा सहजता से राजयोग की मौलिकता को आत्मिक कल्याण हेतु स्वीकार कर लिया जाए तो आध्यात्मिक जगत की सूक्ष्म अवधारणा का बोध उसे धर्मगत आचरण के कर्मगत उदाहरण से जीवन को गतिशील रखने की प्रक्रिया में स्थायी रूप से संलग्न करने में मददगार बन जाता है।

जीवन के प्रति धर्म एवं कर्म की स्वीकारोक्ति व्यक्ति को 'भक्ति-मार्ग' के उच्च आयाम पर स्थापित करते हुए आत्म दृष्टि की श्रेष्ठ प्रक्रिया के लिए मनुष्य को अध्यात्म तथा पुरुषार्थ द्वारा ' ज्ञान-मार्ग ' की ओर अग्रसर हो जाने के लिए प्रेरित करती है। अतरू आत्मिक विकास से व्यक्ति अपने जीवन में ईश्वरीय सत्ता की अनुभूति से अभिभूत होकर राजयोग और मौन के 'पवित्र-मार्ग' की ओर गतिशील होता है जो सामाजिक 'शांति एवं अहिंसा ' की स्थापना में अपनी महत्वपूर्ण भूमिका निभाने में सक्षम हो जाता है।

● शांति एवं अहिंसा की स्थापना

सृष्टि के आरंभ से ही सामाजिक जीवन की विभिन्न स्थितियों में प्राणी मात्र के मध्य आपसी संबंधो के विभिन्न आयाम निर्मित रहने के कारण एक मनुष्य दूसरे मनुष्य से लोक–व्यवहार करते हुए गतिशील था। जीवन का आरंभिक काल न्यूनतम आवश्यताओं के साथ पूर्णता के प्रति संतोषजनक परिवेश से होता हुआ सदा की भांति व्यतीत हो जाना एक सहज स्थिति का परिचायक है जिसमें आपसी संघर्ष के लिए कोई स्थान शेष नहीं रह जाता है। मनुष्य ने जब जीवन की इच्छाओं के लिए अपनी आन्तरिक क्षमताओं का प्रयोग किया उस समय बाह्य जगत के प्रति विस्तारवादी दृष्टिकोंण को अपनाना अनिवार्य स्थिति बन गयी जिसकी परिणिति सब कुछ समेटने के लिए तत्परता से कार्यरत होने लगी। व्यक्तिवादी मनरू स्थिति के अंतर्गत 'मैं' और 'मेरा' का तार्किक प्रस्तुतिकरण 'स्व–नाम–धन्य' से भरपूर होने के कारण सम्पूर्ण व्यवहार केवल व्यक्ति, घटना, विचार एवम् भावना तक सीमित हो गया जिसमें संकीर्ण मानसिकता की स्थितियां एक दूसरे को आहत करने का प्रमुख कारण बन कर रह गयीं। समाज में सभी मनुष्य सर्व के कल्याण हेतु मनन एवम् चिंतन करने लगे तथा एक दूसरे के सुख–दुःख में भागीदारी निभायें, जिससे सामाजिक सद्भाव का जन्म हो जाए और यह व्यवहार समाज के व्यक्तियों के लिए सदा स्वीकार्य भाव में संपन्न हो सके। यह स्थिति सात्विक परिकल्पना का परिणाम है जीवन के विविध पक्ष अपने आप में सब कुछ प्रगट करने के लिए पर्याप्त होते हैं लेकिन मानवीय कर्तव्य निष्ठा धर्मगत व्यवहार के लिए सदा से ही आशान्वित रहती है जिससे अधिकार एवम् कर्तव्य का संतुलन बना रहना सुनिश्चित हो जाता है। एक मनुष्य समाज में रहते हुए इस बात को समझता है कि मुझे क्या करना है?

क्या नहीं करना है? और वह स्वयं की 'समझ' के अनुसार सत्य एवं असत्य का आंकलन करते हुए जीवन पर्यंत अपने व्यवहार को नियंत्रित करता रहता है। कई बार सामाजिक दबाव की समाज शास्त्रीय स्थितियां मानवीय आचरण को निर्धारित करती हैं जिसमें धर्म सम्मत 'आचार-व्यवहार' की मर्यादाएं कार्यरत रहती हैं जो जीवन के 'धारणा' पक्ष को क्रियान्वित करने में मददगार सिद्ध होती हैं। एक सामाजिक व्यवस्था में स्थूल संसाधनों की पूर्ति के पश्चात् सूक्ष्म श्रेष्ठ व्यवहार की आवश्यकता होती है जिससे समाज व्यवस्थित रूप से गतिशील हो सके। समाज में शांति एवं अहिंसा की स्थापना जब सामान्य मानवीय प्रयास से पूर्णता को प्राप्त नहीं हो पाती है तब धर्म पक्ष की आवश्यकता अच्छे कर्म की प्रासंगिकता के रूप में अनिवार्य हो जाती है।

● धर्मगत आचरण के कर्मगत उदाहरण

मनुष्यगत आचरण की सामाजिक स्वीकारोक्ति उन स्थितियों में व्यक्ति के द्वारा घटित हो जाती है जिस समय व्यक्ति धर्म - कर्म की व्यावहारिकता को भक्ति-भाव के साथ जीवन के व्यवहार में मानवीय आस्था के साथ प्रकट कर देता है। यदि हम जीव-जगत के संबंधो की बात करें तो हमें यह ज्ञात हो जाएगा की कैसे समाज के भीतर विभिन्न धर्म और उनसे उपजे सम्प्रदाय जो किसी निश्चित विषय-वस्तु के अंतर्गत कल्याणकारी कार्यो में संलगन हैं। राम चरित मानस की एक चौपाई धर्मगत विभिन्नताओं के पश्चात् भी सामाजिक समरूपता को एकाकार करने में मददगार सिद्ध होती है जिसके अंतर्गत 'नदिया एक घाट बहुतेरे ......' जैसे सत्य का स्वरुप विद्यमान है। मानवजाति के द्वारा 'सामाजिक शांति एवं अहिंसा' की स्थितियों को बनाये रखने हेतु 'धर्म के मर्म' को गहरे स्तर पर स्वीकार करना होगा जिससे समाज में धर्मगत आचरण के कर्मगत उदाहरण मर्मगत

स्वरुप में स्थापित हो सकें। सामाजिक परिवेश में मानव द्वारा रचित स्वरुप जब कर्तव्य एवम् अधिकार के सामंजस्य को बोध के स्तर से व्यवहार के क्रियान्वयन तक स्थानान्तरित कर देते है तब धर्म सम्मत आस्था पर किसी भी प्रकार का कुठाराघात नहीं होता है। स्व कल्याण की दिशा में किये गए कार्यों का लेखा-जोखा भले ही बाह्य स्वरूप में प्रगट नहीं होता लेकिन आतंरिक समझ को सीखने के अभ्यास से जोड़ने की मनःस्थिति व्यक्ति को नवीन अनुभवों की ओर अग्रसित करने में मददगार होती है। जीवन के जागृत परिदृश्य को स्वयं की बोधगम्यता के लिए आधार मानकर व्यक्ति इस सत्य को अंगीकार कर लेता है कि इस नश्वर शरीर में आत्मा विराजित है जिसे विज्ञान जगत ने 'जीव-आत्मा' के रूप में स्वीकार कर लिया है। आत्मिक विकास के अनुक्रम में निज जीवन के प्रति आशान्वित भाव मनुष्य को बढ़ते क्रम के लिए अभिप्रेरित करते हैं जहां से वह आत्मा के संदर्भ को कल्याण के सुखद प्रसंग में परिवर्तित होते हुए अनुभव करने लगता है।

• आध्यात्मिक जगत की सूक्ष्म अवधारणा

भौतिकवाद के मध्य अध्यात्मवाद का पुरुषार्थ जीवन की गतिशीलता में कठिन अवश्य लगता है लेकिन किसी भी युग में इस प्रकार का आत्मिक परिष्कार असंभव नही हुआ है। जीवन में शांति एवम् अहिंसा का मार्ग आत्मा से जुड़ा गहन पक्ष है जिसकी विराटता सामाजिक सौहार्द के रूप में प्रकट होती है क्योंकि आत्म दर्शन की व्याहारिकता आध्यात्मिक जगत की सूक्ष्म अवधारणा से प्रतिपादित होती है। व्यक्तिगत जीवन के पुरुषार्थ में आत्मा के गुण एवम् शक्ति को विकसित करने के लिए आत्मिक शक्ति के प्रति जागृत मनोभाव स्वयं को सक्षम बनाने के निमित्त कार्य करते हुए अग्रसर रहते हैं तब जीवन की मौलिकता आत्मिक उत्कर्ष का कारण बन जाती है।

आत्मिक स्मृति का सर्वाधिक लाभ उस समय आत्मा को प्राप्त होता है जब वह स्वयं की श्रेष्ठ स्थिति से विपरीत परिस्थितियों में भी विजयी बन जाती है और आत्मिकता के भाव को निरंतर बनाये रखते हुए पुरुषार्थ के पवित्र कार्य में अपना सब कुछ अर्पित करने के लिए तत्पर हो जाती है। सामाजिक जीवन के अंतर्गत व्यक्तिगत रुप से मनुष्य के सम्बन्ध में जिन मानवीय संवेदनाओं का जन्म सुनिश्चित होता है उसमें अति सूक्ष्म आध यात्मिक पुरुषार्थ सम्मिलित है जो एक व्यक्ति को उसके वास्तविक स्वरुप से अवगत कराता है।

स्वयं की उपयोगिता को स्व-कल्याण से विश्व-कल्याण के मंगल कार्य में संलग्न कर देने से स्वयं की अवस्था को ऊँचा बनाने की ओर गतिशील किया जा सकता है जो अंततः आत्मा को श्रेष्ठ स्वरुप में रूपांतरित करने में मददगार होता है। सामाजिक शांति एवम् अहिंसा की स्थापना मानवीय विचारधारा का वह सबल पक्ष है जिसमें व्यक्तिगत व्यवहार की उच्चता उसके द्वारा स्वीकृत की गयी धार्मिक व्यवस्था में सम्मिलित रहती है। जीवन की गतिशीलता में आत्मिक कल्याण का भाव पोषित होते हुए आत्मा के गुणात्मक स्वरुप में व्यावहारिक होने की स्थिति के लिए कार्य करना मानव की श्रेष्ठता का प्रमाण है।

स्वयं के व्यक्तिगत अस्तित्व की महत्ता को सदा शक्तिशाली बनाने की चेष्ठा के साथ अंगीकार करने हेतु पुरुषार्थ करना आवश्यक होता है जिसमें आत्मा का संबंध परमात्मा से स्थापित हो जाता है और आत्मा गुण एवम् शक्तियों से सुसज्जित होने लगती है। शरीर और शरीर से जुड़े बन्धनों को निभाने के लिये धर्म की उपादेयता लौकिक जगत के पोषण का पर्याय बनती है जिसकी सहजता मानवीय आचरण का केंद्र बिंदु बन जाती है जिसमें भक्ति-भाव के साथ की गयी साधना अंततरू मनुष्य के संतोष का कारण होती है।

• राजयोग की मौलिकता से आत्मिक विकास

जीवन में आत्मा एवं आत्मा से सम्बंधित गतिविधियों के प्रति चेतना का विकास आध्यात्मिक जगत का आलौकिक स्वरुप है जो मनुष्य को उसके 'आगमन एवं प्रस्थान' के परिदृश्य में छिपे रहस्यों को उजागर करता है जिससे आत्मा अपनी चेतनता को आत्मसात करके अपने वास्तविक स्वरुप में विद्यमान होने के लिए सजग हो जाती है। सामान्यतः मानव द्वारा चेतन मन से धर्म को अपनाते हुए जीवन की पूर्णता तक पहुँचने का प्रयास किया जाता है जिसके अंतर्गत मानवीय भावनाओं की प्रधानता नीहित रहती है। सामाजिक व्यवस्थाओं के भीतर मनुष्य के अंतर्मन में स्वयं की अनुभूति जब स्व संवाद का कारण बन जाती है तब अध्यात्म अर्थात् आत्मिक स्थितियों के लिए कार्य करना और आत्मा के उत्थान हेतु मनन-चिंतन किया जाना श्रेष्ठ पुरुषार्थ का प्रमाण होता है। जीवन की चेतना में सदा यह उथल - पुथल बनी रहती है कि क्या एक मात्र धर्म अथवा अकेला अध्यात्म या केवल राजयोग से जीवन ज्योति की गुणवत्ता को आलोकित करना संभव है? इस सत्य के प्रत्युतर में धर्म की लौकिकता के साथ अध्यात्म के आलौकिक स्वरुप और राजयोग की पारलौकिकता का श्रेष्ठ सामंजस्य आत्मा की उच्चता का आधार है। अतः सृष्टि पर सामाजिक व्यवस्था में शांति एवम् अहिंसा की स्थापना हेतु मानव जाति द्वारा हृदय और मस्तिष्क से धर्म के आचरण को स्वीकृत करते हुए व्यवहार में अध्यात्म की मौलिकता से आत्मिक विकास तथा राजयोग से आत्मा को शक्ति एवम् गुण संपन्न बनाकर सामाजिक सद्भाव का साम्राज्य निर्मित किया जा सकता है।

• विश्व कल्याण का मंगलकारी स्वरुप

सामाजिक जीवन में शांति एवं अहिंसा की स्थापना में व्यक्तिगत व्यवहार का विशेष योगदान होता है जिसमें व्यक्ति,

घटना, विचार एवं भावना की प्रमुख रूप से प्रधानता रहती है। सामान्य जीवन काल में स्वयं की मनः स्थिति द्वारा निर्मित व्यक्ति की आवश्यकता, इच्छा एवं लोभ के मध्य सामंजस्य को सात्विक परिकल्पना द्वारा परिवर्तित करके स्व -कल्याण से सर्व-कल्याण हेतु 'मनन-चिंतन' के वैचारिक धरातल से सहभागिता का निर्माण किया जा सकता है। धर्म सम्मत आचार-विचार की मर्यादा, व्यक्ति के जीवन में धारणा पक्ष का प्रतिपादन 'अच्छे-कर्म' की प्रासंगिकता से आरंभ करती है जिसका सुख आत्म संतुष्टि का कारक बनता है और अन्य आत्माओं को सहजता से 'श्रेष्ठ -कर्म' करने की प्रेरणा प्रदान करता है। स्वयं के व्यवहार नियन्त्रण में सामाजिक दबाव का प्रभाव व्यक्ति को क्या नहीं करना है ? तथा क्या नही करना है ? के आंकलन को जीवन की व्यावहारिकता से आचरण युक्त बनाने में सहायक होता है।

समाज में शांति एवं अहिंसा की स्थापना में धर्मगत आचरण का अत्यधिक महत्व होता है क्योंकि व्यक्ति के द्वारा 'धर्म के मर्म' अर्थात् 'अहिंसा परमो धर्मः ...' को अनुभव करते हुए कर्तव्य बोध एवं दायित्व बोध को स्वीकार कर लिया जाता है। व्यक्ति के द्वारा स्वयं के भीतर आत्मा की स्वीकारोक्ति इस बात का प्रमाण होता है कि व्यक्ति 'आत्मा के सौन्दर्य' को उसके गुण एवं शक्ति से संपन्न स्थिति के रूप में अपनाता है जो सर्व आत्माओं के मध्य 'आत्मिक संबंध' अर्थात् ' वसुधैव कुटुम्बकम' के सुखद परिणाम के रूप में प्रकट होते हैं। आध्यात्मिक जगत की सूक्ष्म अवधारणा ने आत्मा के उन्नयन का पुरुषार्थ, आत्मा की श्रेष्ठता के लिए-आत्म परिष्कार के स्वरुप में पुरुषार्थ करके आत्मसात कर लिया है जिससे- मंसा, वाचा एवं कर्मणा की पवित्रता को व्यावहारिक जगत में अक्षुण्य बनाए रखना आसान हो जाता है। स्वयं के कल्याण (आत्मिक उत्थान) की परिभाषा आध्यात्मिक जगत में इतनी बड़ी होती है कि उसमें विश्व

कल्याण का मंगलकारी कार्य स्वमेव समाहित रहता है जो समाज में शांति एवं अहिंसा को बनाये रखने में प्रत्यक्ष एवं अप्रत्यक्ष रूप से मददगार सिद्ध होता है। एक मनुष्य होने के नाते स्वयं के जीवन में धर्म से जुड़े कर्म की व्याख्या लौकिक जगत के पोषण में सहायक होती है क्योंकि धर्म से सम्बंधित आचरण व्यक्ति के हृदय एवं मस्तिष्क में भावना की प्रधानता के साथ जुड़े होते हैं।

राजयोग की मौलिकता अर्थात् 'आत्मा एवं परमात्मा के एकाकार स्वरुप' से आत्मिक विकास की सुनिश्चितता होती है जो स्वयं की आत्मिक अनुभूति पर पूर्णतया आधारित होती है क्योंकि यहाँ आत्मा के गुण एवं शक्ति का ही चिंतन किया जाता है। आत्मा से सम्बंधित गतिविधि के प्रति चेतना का विकास आध्यात्मिक जगत का अलौकिक स्वरुप है जो आत्मा द्वारा अपनी चेतनता को स्वीकार करके वास्तविक स्वरुप में विद्यमान हो जाता है जिसे अतीन्द्रिय सुख के रूप में अनुभव किया जा सकता है। इस प्रकार 'समाज में शांति एवं अहिंसा की स्थापना' में आत्मा की उच्चता को 'वसुधैव-कुटुम्बकम' के संबंध में स्वीकार करना संभव हो जाता है क्योंकि धर्म की लौकिकता के साथ अध्यात्म की अलौकिकता से जुड़े पक्ष राजयोग की पारलौकिकता के मध्य श्रेष्ठ सामंजस्य बनाने में सफल हो जाते हैं जो मानवीय संवेदनशीलता को 'आत्मा के गुण एवं शक्ति संपन्न' स्वरुप में सामाजिक सद्भाव के लिए सदा ही कार्यरत रहते हैं।

अध्याय-7

अहिंसक जीवन-शैली की व्यावहारिकता और मानव समाज की समरसता का आधार स्तम्भ

- धर्म का सर्वाधिक अनुकरणीय सिद्धांत
- नव समाज की समरसता का स्वरुप
- अंतिम सत्य की मान्यता का दबाव
- सृजन की व्यापक उत्पत्ति का मूल्यांकन
- मानव कल्याण का व्यवहार पक्ष
- जीवन मूल्य से मनुष्यता का निर्माण

"आत्मिक उत्कृष्टता अतंतः
राजयोगी जीवन की आधारशिला होती है
जिसमें अहिंसक जीवन-शैली
पुष्पित और पल्लवित होती है जो
जीवन के सद्व्यवहार से प्रस्फुटित होते हुए
सामाजिक समरसता का आधार बन जाती है।"

अहिंसक जीवन - शैली की व्यावहारिकता और मानव समाज की समरसता का आधार स्तम्भ

"मानव समाज की समरसता एक महत्वपूर्ण प्रस्थान बिंदु है जो जीवन मूल्य को सुरक्षित रखते हुए जीवन पर्यंत मानवीय मूल्यों के संरक्षण को अपनी आराधना का केंद्र बिंदु मानकर गतिशील होने की चेष्टा करते है जिसमें मानव कल्याण का व्यवहार पक्ष सहज रूप से सम्मिलित रहता है। अहिंसक जीवन-शैली मनुष्य को, उसकी मनुष्यता बनाये रखने के लिए सदैव सत्यम-वद के प्रतिज्ञा स्वरुप हो ईमानदारी से क्रियान्वित करने की सीख प्रदान करती है जिसमें धर्म-चर का धारणात्मक पक्ष अनुशासन के प्रति गहन निष्ठा को रेखांकित करता है। अहिंसक जीवन-शैली के प्रत्यक्ष प्रमाण के रूप में जहाँ 'मातृ देव भव': का पूज्य स्वरुप धरती के सहनशील व्यवहार पक्ष को प्रकट करता है वहीं पितृ देव भवः का समर्पण स्वरुप आकाश की छत्रछाया को सदैव बनाये रखने में सहयोग प्रदान करता है जिसकी परिणिति समाज के सम्मुख आचार्य देव भवः के श्रद्धांजलि स्वरुप में श्रेष्ठ संस्कारों का बीजारोपण आज्ञाकारिता के मूल्यों को सृजित कर नए मनुष्य के निर्माण द्वारा संपन्न किया जाता है।"

धर्म का सर्वाधिक अनुकरणीय सिद्धांत

मानव जीवन की उस महान परम्परा को यहां व्यावहारिक रुप से उल्लेखित किया गया है जिसमें वह धर्म के सर्वाधिक अनुकरणीय सिद्धांत से अनुप्राणित होते हुए गतिशील रहता है। मनुष्यता की रक्षा और सामाजिक समरसता के आधार स्तम्भ

के रूप में प्राचीनतम से आधुनिकतम तक वास्तविक रुप से मानव के समीप, मानस को अभिप्रेरित करने हेतु "अहिंसा परमो धर्मः" की विराट स्वीकारोक्ति ही मान्य है। आज एक मनुष्य को अहिंसक जीवन-शैली आत्मसात करते हुए वर्तमान जीवन की विभिन्न चुनौतियों के समाधान के मुख्य कारक समदृश्य सामाजिक समरसता हेतु अपनाना आवश्यक है। अहिंसक जीवन-शैली के प्रति गहरी आस्था विकसित हो जाने पर निजी जीवन की निष्ठा स्वयं के प्रति पवित्र-भाव, भासना, भावना एवं भाषा के विविध अभिव्यक्त स्वरुप से होती है जिसमें स्व कल्याण से सर्व कल्याण का मनोभाव पूर्ण मनोयोग से संप्रेषित होता है। अतः अहिंसक जीवन - शैली को सामाजिक समरसता के लिए एक प्रस्थान बिंदु के रूप में प्रतिपादित किया जाता है जिसके परिदृश्य में एक मनुष्य का पूर्णतया अहिंसक हो जाना जीवन की अनिवार्यता होती है तभी वह सामाजिक समरसता के लिए आधारभूत भूमिका का निर्वहन करने में सक्षम सिद्ध हो सकता है। अहिंसक जीवन-शैली को सामाजिक समरसता के आधार स्वरुप जिन मानदंडों को सम्मिलित किया गया है उनमें मानव समाज की समरसता का स्वरुप, अंतिम सत्य की मान्यता का दबाव, सृजन की व्यापक उत्पत्ति का मूल्यांकन, मानव कल्याण का व्यवहार पक्ष प्रमुख है जो अहिंसक जीवन-शैली की पुनर्स्थापना में विशिष्ट योगदान देते हैं जिससे सामाजिक समरसता का पवित्र-भाव मानव जीवन के व्यवहार पक्ष में क्रियान्वित होना सहज हो सके।

• नव समाज की समरसता का स्वरुप

जीवन की व्यापकता में अधिकार एवं कर्तव्य का स्वरुप सदा से ही वसुधैव कुटुम्बकम की विराट अवधारणा से सम्बद्ध रहा है जिसमें अहिंसक जीवन शैली को सामाजिक समरसता का आधार मानकर निजी जीवन के व्यवहार पक्ष में स्वीकार किया

जाता है। मानव समाज की संरचना और उसकी गतिशीलता में व्यक्ति, व्यवस्था, कार्यपालन एवं न्यायपालन का विशिष्ट योगदान रहा है जिसमें व्यक्तियों के सामूहिक विकास हेतु लघु एवं वृहद् मानदंड अर्थात् नियमों एवं उपनियमों का उल्लेख देश, काल एवं परिस्थिति के अनुसार विवेचित किया गया है। किसी मनुष्य के भीतर आंतरिक अनुशासन के उपबंधों की बात करें तो सृष्टि के विभिन्न धर्मों में से किसी भी धर्म अथवा सम्प्रदाय, पंथ एवं मार्ग का अनुसरण करते हुए जीवन जीने की स्वतंत्रता का अधिकार संविधान में प्रदान कर दिया जाता है लेकिन इस व्यक्तिगत स्वतंत्रता में किसी अन्य मनुष्य को कष्ट, दुःख या पीड़ा की स्थितियां निर्मित नहीं होनी चाहिए इस तथ्यगत सत्य का उल्लेख भी वर्णित रहता है।

मानव स्वभाव की मनोगत पृष्ठभूमि से जुड़े मनोवैज्ञानिक, समाज शास्त्रीय एवं दार्शनिक व्याख्या के सन्दर्भ एवं प्रसंगों के तर्कसंगत स्वरुप के अतिरिक्त कुतर्कों तथा बाध्यकारी विवेचनाओं और उसके अनुपालन के दबाव से मुक्ति हेतु विभिन्न राष्ट्रों के संवैधानिक नियमों में व्यक्तियों को अनुशासित बनाये रखने में वहां की व्यवस्थापिका, कार्यपालिका एवं न्यायपालिका द्वारा अधिकार एवं कर्तव्यों का पक्ष निर्धारित किया जाता है। अहिंसक जीवन शैली मानवीय आचरण का वह सबल पक्ष है जिसमें वह एक मानव की उपस्थिति के अस्तित्व को स्वीकार करता है जो विचार एवं भावनाओं का सृजन करते हुए स्वयं के होने के दावे को अपनी सात्विक गतिविधियों के माध्यम से स्थापित करने का प्रयास करता है। एक व्यक्तित्व का अस्तित्व सामाजिक पृष्ठभूमि में यथार्थ के धरातल पर 'सह –अस्तित्व' की भूमिका में 'सर्व–ध ार्म समभाव' के स्वरुप में होता है तो वह सदा स्वागतेय होता है। जीवन की पावनता जब मनुष्यता के मध्य ' सर्वे भवन्तु सुखिनः......' के व्यावहारिक संस्करण प्रस्तुत करने में सफलता

प्राप्त कर लेती है तब "सामाजिक समरसता" का जीवंत हो जाना पूर्णतरू नैसर्गिक हो जाता है।

● अंतिम सत्य की मान्यता का दबाव

एक मनुष्य अहिंसक जीवन - शैली की गरिमा को सुरक्षित एवं संरक्षित बनाये रखने के लिए भय, प्रेम एवं सामाजिक दबाव के साथ जीवन के दार्शनिक पहलुओं का भी अध्ययन करता है जिससे वह सामाजिक कल्याण एवं विकास के कार्यों में स्वयं की सहभागिता को सुनिश्चित कर सके। समाज में जब अहिंसक जीवन शैली के प्रतिपादन की स्थिति निर्मित होती है तब स्वयं को उच्चता के समीप आंकने का प्रचलन अंततः समाज तक यह सत्य उद्‍घाटित करा देता है कि स्वयं को सर्व अर्थात् सब-कुछ मानकर "अहम ब्रह्मास्मि"... का उद्‍घोष कर देना सामाजिक समरसता को चुनौती देने का पर्याय बन जाता है। मनुष्य द्वारा स्वयं की अभिव्यक्ति चाहे वह मनन- चिंतन एवं अंततः वर्णन के स्वरुप में प्रतिपादित होती है तब व्यक्ति द्वारा स्वयं के सृजन को अंतिम सत्य मानकर उसे बल- पूर्वक प्रचारित-प्रसारित करने से समाज में सामाजिक समरसता का अभाव उत्पन्न हो जाता है। अहिंसक जीवन शैली एक मनुष्य को इस बात की अनुमति कभी प्रदान नहीं करती जिससे व्यक्ति स्वयं को श्रेष्ठ साबित करने के लिए सर्व को भला-बुरा कहते हुए दूसरों की निरंतर आलोचना करता रहे। यदि व्यक्ति के सकारात्मक प्रयास के द्वारा विभिन्न धर्म, सम्प्रदाय एवं पंथ में प्रविष्ट होकर गहन अध्ययन से कुछ सत्य एवं महत्त्वपूर्ण जीवन जीने के पहलू प्राप्त करने के वास्तविक ज्ञान से सदैव स्वयं के स्वमान अर्थात् कर्तव्यनिष्ठ स्वरुप में अभिव्यक्ति प्रदान करने का जीवन पर्यंत प्रयास किया जाना सामाजिक समरसता को पुर्नस्थापित करने का महत्वपूर्ण कारण बन जाता है।

• सृजन की व्यापक उत्पत्ति का मूल्यांकन

अहिंसक जीवन शैली के द्वारा सामाजिक सद्भाव की स्थितियां जब निर्मित होती हैं तब व्यक्तिगत दृष्टिकोंण में समालोचना का भाव, श्रेष्ठ को उठाने का भाव तथा अच्छाई के प्रति आस्था का भाव उत्पन्न करना सामाजिक समरसता को पूर्णता प्रदान करता है। सामाजिक विडंबनाओं की पृष्ठभूमि को उस समय अधिक आघात लगता है जिस समय देश काल एवं परिस्थिति के अनुसार विभिन्न धर्मग्रंथों, आध्यात्मिक ऋचाओं एवं मानव कल्याण हेतु रचित विभिन्न साहित्य के सृजन की व्यापक उत्पति हुई परन्तु जो कुछ लिखा गया वह उस देश काल एवं परिस्थिति के अनुसार निरूस्वार्थ भाव से विवेचित नहीं किया गया फलस्वरुप सामाजिक समरसता का अभाव धीरे- धीरे समाज में निर्मित हो गया। अहिंसक जीवन शैली की व्यापकता को स्वीकार करते हुए एक मनुष्य को श्रेष्ठ संकल्पों की रचना को विकसित करना होगा तब श्रेष्ठ विकल्पों की वृहद् संकल्पना का सृजन संभव हो सकेगा और श्रेष्ठता का व्यावहारिक स्वरुप सामाजिक समरसता के रूप में क्रियान्वित होने की स्थितियों में परिणित हो सकेगीं। व्यावहारिक जगत में 'श्रेष्ठता' के उपयोग को सुनिश्चित करने के लिए राजयोग के अवदान को निजी मानस से संबद्ध कर सर्व मानव आत्माओं के हितार्थ प्रयोग करने की मन:स्थिति व्यक्तिगत स्वरुप की शक्तिशाली भूमिका को सामाजिक समरसता के लिए निर्धारित कर सकती है। अहिंसक जीवन-शैली की आवश्यकता ने जहाँ मानव को मानव से जोड़ने में प्रत्यक्ष एवं अप्रत्यक्ष रूप से मदद प्रदान की है वहीं राजयोग की विराट परम्परा, स्वरुप एवं व्यावहारिक प्रयोग ने सामाजिक समरसता की व्यापक पृष्ठभूमि को मानव कल्याण हेतु सहज रूप से प्रस्तुत किया है।

● मानव कल्याण का व्यवहार पक्ष

राजयोग की प्राचीन परम्परा एक मनुष्यात्मा को स्वयं का साक्षात्कार कराने में सक्षम होती है और अहिंसक जीवन- शैली के प्रति आस्था बनाए रखते हुए जीवन के उजले स्वरुप से आत्मिक ऊंचाई की प्राप्ति को प्रायोगिक रूप से सुनिश्चित करने में मददगार होती है। मानव समाज में समरसता का माधुर्य अहिंसक जीवन-शैली के द्वारा सृजित होता है तथा अहिंसक जीवन शैली की श्रृंखला को पुरुषार्थ की परिणिति में क्रमशः पुण्यात्मा, धर्मात्मा, महात्मा एवं देवत्मा की अवस्था के सन्दर्भ में स्वीकार किया जा सकता है जो आत्मिक उत्थान के परिष्कार द्वारा संभव होता है।

अहिंसक जीवन-शैली के अंतर्गत आत्मानुभूति का पक्ष इतना सबल होता है कि एक मनुष्य स्वयं की श्रेष्ठता के संबल से अपने जीवन को आलोकित करते हुए परमात्मानुभूति की पराकाष्ठा तक पहुँच जाता है। सामाजिक समरसता के आधार स्तम्भ के रूप में समाज द्वारा जब अहिंसक जीवन-शैली को स्वीकार कर लिया जाता है तब इस विशिष्ट शैली के आधार पक्ष को सुदृढ़ करने के लिए राजयोग के अवदान को महत्व प्रदान किया जाता है। राजयोगी जीवन के लिए जिन अनिवार्यताओं की प्रासंगिकता होती है उनमें मुख्य रूप से शुद्ध अन्न, सतसंग, ब्रह्मचर्य एवं दैवीय गुणों की धारणा का प्रबल पक्ष नीहित होता है।आत्मिक उत्कृष्टता अतंतः राजयोगी जीवन की आधारशिला होती है जिसमें अहिंसक जीवन-शैली पुष्पित और पल्लवित होती है जो जीवन के सद्व्यवहार से प्रस्फुटित होते हुए सामाजिक समरसता का आधार बन जाती है।

● जीवन मूल्य से मनुष्यता का निर्माण

अहिंसक-जीवन शैली के व्यापक प्रसंगों से होकर गुजरती है

जिसके अंतर्गत मानव समाज की समरंसता एक महत्वपूर्ण प्रस्थान बिंदु है जो जीवन मूल्य को सुरक्षित रखते हुए जीवन पर्यंत मानवीय मूल्यों के संरक्षण को अपनी आराधना का केंद्र बिंदु मानकर गतिशील होने की चेष्टा करते है जिसमें मानव कल्याण का व्यवहार पक्ष सहज रूप से सम्मिलित रहता है। अहिंसक जीवन-शैली मनुष्य को उसकी मनुष्यता बनाये रखने के लिए सदैव सत्यम-वद के प्रतिज्ञा स्वरुप हो ईमानदारी से क्रियान्वित करने की सीख प्रदान करती है जिसमें धर्म-चर का धारणात्मक पक्ष अनुशासन के प्रति गहन निष्ठा को रेखांकित करता है। अहिंसक जीवन-शैली के प्रत्यक्ष प्रमाण के रूप में जहाँ 'मातृ देव भवः का पूज्य स्वरुप धरती के सहनशील व्यवहार पक्ष को प्रकट करता है वहीं 'पितृ देवों भव': का समर्पण स्वरुप आकाश की छत्रछाया को सदैव बनाये रखने में सहयोग प्रदान करता है जिसकी परिणिति समाज के सम्मुख 'आचार्य देव भव': के श्रद्धांजलि स्वरुप में श्रेष्ठ संस्कारों का बीजारोपण आज्ञाकारिता के मूल्यों को सृजित कर नए मनुष्य के निर्माण द्वारा संपन्न किया जाता है। अतः शेष विराट सामाजिक संरचना को अहिंसक जीवन-शैली के प्रति अंतर्जगत से व्यावहारिक निष्ठा समर्पित करना सामाजिक समरसता को बनाए रखने के लिए अनिवार्य शर्त के रूप में स्वीकार करना होगा तभी मानव समाज द्वारा जीवन मूल्यों का अनुगमन स्व-कल्याण की आरंभिक अवस्था से मानव कल्याण की सम्पूर्णता को सुनिश्चित किया जा सकता है।

अध्याय-8

जीवन की शुचिता का नैतिक धर्म एवं श्रेष्ठ मानव व्यवहार के योगदान की पृष्ठभूमि

- आत्मिक पवित्रता की व्यावहारिकता
- सात्विकता का व्यापक परिवेश
- अंतर्मन की जीवंत अभिप्रेरणा
- स्वयं के प्रति अहिंसक व्यवहार
- जीवन की शुचिता का नैसर्गिक धर्म
- जीवन की सात्विकता का अध्यात्म
- श्रेष्ठ मानव व्यवहार का क्रियमाण

''जीवन की शुचिता का व्यावहारिक पक्ष श्रेष्ठ मानव व्यवहार की वह शक्तिशाली स्थिति होती है जिसके अंतर्गत व्यक्ति अलग-अलग व्यवहारगत स्वरुप में भी आत्मा की पवित्रता के प्रति संवेदनशील रहता हैं''।

जीवन की शुचिता का नैतिक धर्म एवं श्रेष्ठ मानव व्यवहार के योगदान की पृष्ठभूमि

"सृष्टि के प्रत्येक मानव अपने अदम्य साहस एवं इच्छा शक्ति अनुसार सर्व-जन प्रति 'श्रेष्ठ मानवीय व्यवहार' करने का प्रयास स्वयं के स्तर पर निरंतर करता रहता है परन्तु अतीत की घटनाएं, व्यक्ति विशेष द्वारा आपस में किए गए व्यवहार, स्वयं की समझ एवं आत्म शक्ति द्वारा उद्धत मनोबल से वह अपने वर्तमान व्यवहार का चयन कर उसे व्यावहारिक रूप में प्रकट कर पाता है जो उसके कर्मक्षेत्र के दौरान उपजायी गयी पूंजी स्वरुप में, जीवन की शुचिता के साथ श्रेष्ठ मानव व्यवहार का रूप धारण कर प्रत्यक्ष एवं अप्रत्यक्ष विधि से प्रकट होती हैं। एक विवेकवान एवं जागरूक मनुष्य सदैव स्वयं के जीवन में घटित प्रत्येक घटना एवं समस्या का गहन रूप से चिंतन, दृष्यावलोकन तथा समालोचनात्मक अध्ययन करते हुए जीवन लोक में विचरण करता है जो उसके जीवन की निष्पक्षता का जीवंत प्रमाण होता है और यही वास्तविक शक्ति – 'जीवन की शुचिता को श्रेष्ठ मानव व्यवहार' के रूप में अपनाने के लिए सर्व व्यक्तियों को प्रेरणा प्रदान करने में पूर्णतः सहायक होती है। जीवन की शुचिता जब अपने उच्चतम स्वरुप में कार्यरत रहती है तब वह मानवता को 'श्रेष्ठ मानव व्यवहार' द्वारा मानवीय मूल्यों से सुसज्जित करने की श्रृंखला से आबद्ध रहती है जो आत्मा की पवित्रता को अखण्ड स्वरुप में अक्षुण्य बनाये रखने का विशिष्ट आधार होता है।"

- **आत्मिक पवित्रता की व्यावहारिकता**

प्रस्तुत्त आलेख में मानव की सम्पूर्णता के विराट स्वरुप का

यहां अत्यंत ही सात्विक तरीके से वर्णन किया गया है जिसमें जीवन की शुचिता को बनाये रखने के पवित्रतम भाव को अक्षुण्य रखने की निजी जिम्मेदारी से जुड़े कर्तव्य बोध को प्रमुख तथ्य के रूप में प्रकट किया गया है। अंतर्मन की जीवंत अभिप्रेरणा व्यक्तिगत जीवन के भीतर सामान्यतरू नैतिकता के बल को स्थापित कर देती है जिसके परिणाम श्रेष्ठ मानव व्यवहार के रूप में परिलक्षित होते हैं जो आत्मिक पवित्रता का प्रमुख कारक बनकर अपनी महत्वपूर्ण भूमिका सामाजिक जीवन में निष्ठा से निभाते हैं। स्वयं के प्रति अहिंसक व्यवहार की परिकल्पना जब जीवन के धर्म –कर्म से सम्बद्ध होकर आंतरिक एवं बाह्य जगत को सद्व्यवहार की उज्ज्वलता से पोषित करने में सफल हो जाती है तब व्यक्तिगत पुण्यों की पूंजी को स्थायी रूप से स्वीकार कर लिया जाता है। जीवन की शुचिता का नैसर्गिक धर्म मूलतः आत्मा की पवित्रता से सबंधित होता है जो जीवन के मर्म को संवेदनशील अभिव्यक्ति द्वारा मानव कल्याण के लिए समर्पित कर देने की महान परम्परा से सम्बद्ध होकर सदा गतिशील रहता है। आत्मिक पवित्रता के संदर्भ का सूक्ष्म विश्लेषण उन स्थितियों में मुखरित होता है जब जीवन की सात्विकता के अध्यात्म का नवीनतम अध्याय श्रेष्ठ मानव व्यवहार की प्रासंगिकता को बहुआयामी स्वरुप प्रदान करके जीवन की शुचिता को अक्षुण्य बनाये रखने में सफलता प्राप्त कर लेता है।

‘‘मानवीय संवेदनशीलता से सम्बद्ध गरिमा को उसके वास्तविक स्वरुप में स्थापित कर जीवन की शुचिता को श्रेष्ठ मानव व्यवहार के विशिष्ट योगदान से निरुपित करने में जीवन का नैतिक धर्म महत्वपूर्ण भूमिका निभा सकेगा जिससे आत्मिक पवित्रता के स्वरुप की व्यावहारिकता व्यक्तिगत जीवन में सदैव अखंडित बनी रहेगी।’’

● सात्विकता का व्यापक परिवेश

मानवता की संकल्पना और उससे जुड़े यथार्थ का समग्र

स्वरुप जीवन की शुचिता द्वारा चहुँ ओर देदीप्यमान होता है जिसमें श्रेष्ठ मानव व्यवहार की महत्वपूर्ण भूमिका होती है। व्यक्तिगत जीवन के सन्दर्भ में व्यापक अवधारणा और समालोचना की दृष्टि से की गयी व्याख्या इस बात पर बल देती है कि जीवन की शुचिता मानवीय मूल्य की वह वह पराकाष्ठा है जिसमें सात्विकता का विशाल परिवेश विहंगम रूप से परिलक्षित होता है। अब जीवन की सर्वोच्च विचारधारा से प्रवाहित 'श्रेष्ठ मानव व्यवहार' के सम्मुख एक यक्ष प्रश्न उपस्थित होता है जिसमें यह सत्य नीहित होता है। कि व्यवहार की श्रेष्ठता, व्यक्तिगत जीवन की शुचिता को कैसे बनाये रखने में अपना विशिष्ट योगदान देती है? यह एक उच्च चिंतन की महान परिणिति है जिससे अहिंसक जीवन-शैली के निर्माण में सकारात्मक रूप से सदा मदद प्राप्त होती रहती है।

व्यक्तिगत जीवन की व्याख्या में जीवन की शुचिता को उच्चता की श्रेणी में स्वीकार करते हुए विश्लेषित किया जाता है तो ज्ञात होता है कि निजी जीवन का पवित्रतम भाव इसमें समाहित है तथा इसके व्यावहारिक जगत के क्रियान्वयन हेतु मानव व्यवहार का प्रस्तुतिकरण अत्यधिक अनिवार्य पक्ष है जो जीवन की सात्विकता को बनाये रखने हेतु निरन्तर प्रेरणा प्रदान करता रहता है। अतः जीवन की शुचिता को पूर्ण रूपेण समृद्धशाली एवं संबल स्वरुप प्रदान करने में उपलब्धिपूर्ण सफलता तभी प्राप्त हो सकेगी, जब व्यक्ति के द्वारा स्व-मूल्यांकन से दूसरों के समक्ष किये गए व्यवहार को अनुभूति की कसौटी पर उतारकर स्वयं के मानस पटल से निष्पक्षता के मानदंड को अपनाकर एवं संवेदनशीलता के सानिध्य में कर्तव्यों को व्यावहारिक जगत के लिए अंतिम दिशा-निर्देश के रूप में क्रियान्वित कर सकेगा जिससे जीवन की शुचिता को श्रेष्ठ मानव व्यवहार की पूरकता के रूप में सहज ही सामाजिक स्वीकृति प्राप्त हो जाएगी।

अंतर्मन की जीवंत अभिप्रेरणा

एक मनुष्य के रूप में अपने जीवन के प्रांगण को सात्विकता से भरपूर रखने की चाहत धीरे- धीरे व्यक्ति से श्रेष्ठ व्यवहार को जीवन में क्रियान्वित करने के लिए अंतर्मन को अभिप्रेरित कर दिया करती है। जीवन की शुचिता को सुरक्षित रखने का मनोभाव व्यक्ति को सदैव 'सत्यता' के प्रति प्रगाढ़ता के अनुग्रह को संप्रेषित करता है ताकि इस गुण-मूल्य में किसी प्रकार से कभी भी समझौते की गुंजाइश नहीं रह सके। मानव जीवन का अति सूक्ष्म पक्ष जिसमें जीवन की शुचिता को सदा विद्यमान रखने हेतु व्यक्ति द्वारा व्यावहारिक जगत में किया जाने वाला वह श्रेष्ठ व्यवहार है जिसका योगदान जीवन के विभिन्न रहस्यमयी स्वरुप में नीहित होता है क्योंकि इस सात्विकता के कारण ही शेष गुणों एवं शक्तियों का आगमन सुनिश्चित हो पाता है।

जीवन की शुचिता मनुष्य के लिए वह पवित्रतम भाव है जिसकी सात्विकता को पूर्ण सत्यनिष्ठा से आत्मा की मूल संस्कृति के रूप में स्वीकार करते हुए कर्म क्षेत्र की कुशलता को अक्षुण्य बनाये रखने का पुरुषार्थ किया जाता है।

श्रेष्ठ मानव व्यवहार व्यक्तिगत जीवन की अहिंसक कार्य प्रणाली होती है जिसे व्यक्ति लोक व्यवहार द्वारा निभाते हुए जीवन चर्या को सम्पूर्ण तरीके से अनुशासित करने का अधिकतम प्रयास करता रहता है। मानव जीवन में उत्पन्न होने वाली सकारात्मक एवं नकारात्मक स्थितियां कई बार व्यक्ति को विरोधभासी स्थिति में भी लाकर खड़ा कर देतीं हैं लेकिन मानव व्यवहार की उच्चतम गरिमा बनाये रखकर जीवन की शुचिता को आहत होने से बचाया जा सकता है। बाह्य जगत के झंझावात के पश्चात् भी जीवन के अनुक्रम में स्वयं की आंतरिक अभिप्रेरणा सदा इस श्रेष्ठ विकल्प के प्रति निष्ठावान रहती है जिसमें जीवन

की शुचिता को शिखर पर स्थापित करने हेतु श्रेष्ठ मानव व्यवहार से किसी भी स्थिति में कोई समझौता नहीं करने की व्यावहारिक सलाह प्रदान की जाती है जिससे व्यक्ति भविष्य में क्रमशः स्वयं को ऊँचा उठाते हुए श्रेष्ठता के मार्ग पर गतिशील रह सके।

• स्वयं के प्रति अहिंसक व्यवहार

जीवन की शुचिता को स्वयं के संदर्भ में आंकलन करने पर यह ज्ञात होता है कि सामान्यतः व्यक्ति स्वयं की ज्ञानेन्द्रियों एवं कर्मेन्द्रियों से स्वयं के प्रति पवित्र-दृष्टि, श्रवन, वाणी, विचार एवं पवित्र कर्म की व्यावहारिकता को निभाने में सफल नहीं हो पाता है जिसके परिणाम उसे दूसरे व्यक्तियों से व्यवहार करते समय भी आंतरिक पश्चाताप से मन ही मन गुजरना पड़ता है और एक गहरी उदासी अन्तःकरण में घोर निराशा को जन्म देने का कारण बन जाती है। अब यह प्रश्न उठता है कि एक व्यक्ति, अपने जीवन में ज्ञान, योग, धारणा एवं सेवा की गहराई में जाने के बावजूद भी स्वयं एवं सर्व के प्रति न्याय संगत स्थितियों के परिणाम को निर्मित क्यों नहीं कर सका? जिससे आत्मा के पुरुषार्थ की न्यूनतम अपेक्षा से जुड़े हुए सहज पक्षों का तर्क - संगत समाधान की स्थिति व्यावहारिक जीवन में संभव हो पाती।

कई बार धर्म-कर्म की विभिन्न स्थितियों का अनुपालन करते हुए जीवन की मान्यताएं इस सत्य को सम्पूर्ण सत्यता से स्वीकार कर लेती हैं जिसमें निजता के साथ अन्य व्यक्तियों के प्रति सद्व्यवहार की उज्ज्वलता को जीवन के पुण्य से सम्बद्ध करते हुए ग्रहण किया जाता है। मानव जीवन का आध्यात्मिक पुरुषार्थ स्वयं के उत्थान को प्रकट करता है तथा एक तुलनात्मक अध्ययन के मार्ग को इस प्रकार से प्रशस्त करता है जिसमें मनुष्य जीवन के पुण्य का उदय होना तथा क्षीण हो जाना,

व्यक्ति के पुरुषार्थ में किसी भी प्रकार से बाधक अथवा साधक नहीं बनता है। स्वयं के लिए सात्विकता का परिदृश्य आत्मिक उन्नति के प्रति निष्ठावान होता है जिसमें साधक अपनी साधना में 'कार्य-कारण परिणाम' तथा अनजाने में उत्पन्न सूक्ष्म अभिमान से मुक्त हो जाता है और निजी एवं सार्वजानिक जीवन के प्रति सम्पूर्ण अहिंसक भाव से भरा हुआ उसका मन, बुध्दि एवं संस्कार अंततः श्रेष्ठ मानव व्यवहार के रूप में परिलक्षित होने लगता है।

व्यक्तिगत जीवन का पवित्र प्रसंग आत्मा के स्वमान से अनुप्राणित वह उच्च स्वरुप है जिसमें स्वयं के प्रति अहिंसक व्यवहार का परिणाम राजयोग के माध्यम से प्राप्त किया जा सकता है क्योंकि इस प्रक्रिया में आत्मा का संबंध परमात्म सत्ता से अभिभूत होकर श्रेष्ठ मानव व्यवहार के रूप में परिणित होता है जो जीवन की शुचिता को अक्षुण्य बनाए रखने में पूर्णतः सहायक रहता है।

जीवन की शुचिता का नैसर्गिक धर्म

मानवीय स्वभाव की विवेचना का मूल धर्म जीवन की शुचिता से जुड़ा होता है जो व्यक्ति को अनेकानेक बार यह बताने की चेष्टा करता है कि 'स्वयं की पवित्रता' को किसी भी स्थिति में बनाकर रखना है तथा अचानक उत्पन्न हुए व्यवधान की स्थिति में बचाकर भी रखना है क्योंकि स्वयं की रक्षा का यह भाव आत्मा की पवित्रता के नैसर्गिक धर्म का मूलभूत रूप से केंद्र बिंदु होता है। जीवन का श्रेष्ठ धर्म अर्थात् स्वयं की शुचिता को उसके वास्तविक स्वरुप के साथ अक्षुण्य बनाए रहने का 'उच्च-भाव ' व्यक्ति को आत्मिक संतुष्टता प्रदान करता है जो इस बात का प्रमाण होता है कि आत्मा ने अपने निजी गुण-धर्म को जीवन के मर्म से सम्बध्द करके रखा हुआ है। यदि आत्मा स्वयं की पवित्रता को विभिन्न परिस्थितियों के मध्य

अखंड बनाकर रखने में पूर्णतया सफल हो जाती है तब व्यक्तित्व की गरिमा जीवन के व्यवहार में स्वयं के कृतित्व को गौरवान्वित तरीके से स्वीकार करते हुए जीवन के स्थायी अस्तित्व को सामाजिक जीवन में रेखांकित कर पाती है। जीवन की शुचिता का व्यावहारिक पक्ष श्रेष्ठ मानव व्यवहार की वह शक्तिशाली स्थिति होती है जिसके अंतर्गत व्यक्ति अलग - अलग व्यवहारगत स्वरुप में भी आत्मा की पवित्रता के प्रति संवेदनशील रहता है तथा जिस व्यवहार को उसे लोकाचार की दृष्टि से उसे करना पड़ता है वह उसे संबंध बनाने और मानवता के साथ संबंध निभाने की सात्विकता से सदैव जोड़कर ही स्वीकार करने का प्रयास करता है।

आत्मा का वास्तविक धर्म पवित्रता का व्यापक स्वरुप है जो जीवन की शुचिता द्वारा प्रस्फुटित होता है जिसे श्रेष्ठ मानव व्यवहार से जानने एवं मानने का प्रयास किया जाता है परन्तु कभी - कभी मानव व्यवहार की लघुता अथवा न्यूनता की स्थितियों में व्यक्तिगत दोष देने की बजाए आत्मा को कलुषित भाव के साथ कोसने का प्रयास किया जाता है जो उचित नहीं होता है। आत्मिक शुचिता के द्वारा अंततः व्यवहार की गरिमा को संतुलित बनाए रखने की कोशिश अंतिम स्थिति तक आत्मा के द्वारा की जाती है लेकिन मानव की असफलता के पश्चात् पुन रू जीवन की शुचिता के लिए मूल्यांकन एवं परिवर्तन का कार्य आत्मा के माध्यम से आरंभ हो जाना आत्मा के नैसर्गिक धर्म की सुखद परिणिति होती है।

- **जीवन की सात्विकता का अध्यात्म**

मानव जीवन की शुचिता को स्थापित करते हुए स्थायित्व प्रदान करने के लिए निजी प्रयास के द्वारा स्थूल संसाधनों से स्वयं को तथा अन्य व्यक्तियों को खुशी देने का भाव व्यक्ति को अल्पकालीन सुख तो देता है लेकिन दीर्घकालीन अवस्था तक

बनी रहने वाली जीवन की सात्विकता और उससे उपजी शांति एवं संतुष्टि अंतर्मन को विभिन्न रूप से प्रभावित भी करती है सामान्यतरू व्यक्ति द्वारा किया जाने वाला व्यवहार उसके अंतस की शुचिता के विविध आयाम को परिभाषित करते हुए आत्मा की पवित्रता को व्यावहारिक विधि से संप्रेषित भी करता है जिससे जीवन की सात्विकता का अध्यात्म अपने वास्तविक स्वरुप में समाज के सन्मुख मुखरित हो पाता है।

जीवन की शुचिता का सामाजिक पक्ष व्यक्ति को पुण्यों की पहल के लिए अभिप्रेरणा प्रदान करने में मददगार साबित होता है जबकि मनोवैज्ञानिक दृष्टिकोण मनुष्य को महान आत्मा बन जाने के लिए मार्ग दर्शन प्रदान करता है जिससे श्रेष्ठ मानव व्यवहार की संकल्पना को बल प्राप्त हो जाता है और वह स्वयं के उजले स्वरुप की ओर गतिशील होते हुए जीवन दर्शन की सत्यता को स्वीकार करके देव आत्मा की विराटता की दिशा में अग्रसर हो जाता है। व्यक्तिगत जीवन की ऊँचाई का पोषण करने के लिए श्रेष्ठ मानव व्यवहार का आधार सदैव अपनी महत्वपूर्ण भूमिका का निर्वहन करता है जिसमें मनुष्यगत प्रार्थनाएं चहुँ दिशाओं से 'श्रेष्ठता' के आगमन का आह्वान करती हैं जिनका आधारभूत स्वरुप - उच्चकोटि के मनुष्यगत व्यवहार प्रेरणादायी घटनाएं, मौलिक विचार एवं पवित्र भावनाओं का विशिष्ट आभामंडल होता है। इस प्रकार आत्मिक आत्मिक जगत की उत्कंठा का पवित्रतम परिदृश्य इतना विशाल होता है कि आत्मा पुनर्जन्म की प्रक्रिया और उसकी क्रमबद्धता में केवल पवित्र हो जाने की तीव्रतम उत्कंठा से गुजरती है जिसकी सुखद परिणिति आत्म अनुभूति के गहन स्वरुप से होते हुए परमात्म अनुभूति के चरम उत्कर्ष को प्राप्त कर लेने के दुर्लभ संयोग से सृजित होकर जीवन की सात्विकता के अध्यात्म का नवीन अध्याय अर्थात् श्रेष्ठ मानव व्यवहार को व्यावहारिक जीवन में आरंभ कर देती हैं।

● श्रेष्ठ मानव व्यवहार का क्रियमाण

जीवन की शुचिता को बनाए रखने में श्रेष्ठ मानव व्यवहार के योगदान को विभिन्न दृष्टिकोंण से अभिव्यक्त करने का महत्वपूर्ण प्रयास किया गया है जिसमें मनुष्य के द्वारा संजोई गयी स्वयं की सात्विक अवस्था को 'धर्म सम्मत श्रेष्ठ व्यवहार' की उपमा प्रदान की गयी है जो व्यक्ति के द्वारा सम्पूर्ण जीवन काल में समस्त विरोधाभास के पश्चात् भी आत्मिक पवित्रता को अक्षुण्य बनाए रख पाना व्यक्तिगत जीवन की 'सफलता से उपलब्धि' तक के आयाम को सबसे बड़ी चुनौती के रूप में स्वीकार किया गया है। सृष्टि के प्रत्येक मानव अपने अद्म्य साहस एवं इच्छा शक्ति अनुसार सर्व-जन प्रति 'श्रेष्ठ मानवीय व्यवहार' करने का प्रयास स्वयं के स्तर पर निरंतर करता रहता है परन्तु अतीत की घटनाएं, व्यक्ति विशेष द्वारा आपस में किए गए व्यवहार, स्वयं की समझ एवं आत्म शक्ति द्वारा उद्धत मनोबल से वह अपने वर्तमान व्यवहार का चयन कर उसे व्यावहारिक रूप में प्रकट कर पाता है जो उसके कर्मक्षेत्र के दौरान उपजाई गयी पूंजी स्वरुप में, जीवन की शुचिता के साथ श्रेष्ठ मानव व्यवहार का रूप धारण कर प्रत्यक्ष एवं अप्रत्यक्ष विधि से प्रकट होती है। एक विवेकवान एवं जागरूक मनुष्य सदैव स्वयं के जीवन में घटित प्रत्येक घटना एवं समस्या का गहन रूप से चिंतन, दृश्यावलोकन तथा समालोचनात्मक अध्ययन करते हुए जीवन लोक में विचरण करता है जो उसके जीवन की निष्पक्षता का जीवंत प्रमाण होता है और यही वास्तविक शक्ति- 'जीवन की शुचिता को श्रेष्ठ मानव व्यवहार' के रूप में अपनाने के लिए सर्व व्यक्तियों को प्रेरणा प्रदान करने में पूर्णतः सहायक होती है।

जीवन की शुचिता जब अपने उच्चतम स्वरुप में कार्यरत रहती है तब वह मानवता को 'श्रेष्ठ मानव व्यवहार' द्वारा

मानवीय मूल्यों से सुसज्जित करने की श्रृंखला से आबद्ध रहती है जो आत्मा की पवित्रता को अखण्ड स्वरुप में अक्षुण्य बनाये रखने का विशिष्ट आधार होता है। जीवन में व्यक्तियों के प्रति मानव का नैसर्गिक व्यवहार, जीवन पर्यंत सात्विकता को बनाए रखने में महत्ती भूमिका निभाता है जिससे जीवन की शुचिता निष्पक्षता के साथ गतिशील रहते हुए आत्मा की पवित्रता को अक्षुण्य रखने में सफल हो जाती है। सकारात्मक दृष्टिकोंण का निर्वहन आत्मिक उत्थान के श्रेष्ठतम पुरुषार्थ में व्यक्ति को साहस के साथ नैतिक मूल्य को अपनाते हुए सर्वोच्च शिखर की ओर बढ़ जाने के लिए प्रेरित करता है जो मानव जीवन की शुचिता को समृद्धशाली बनाने की प्रक्रिया से सदा जुड़ा रहता है। जीवन की शुचिता मानव आत्मा की पवित्रता से प्रवाहित वह 'सत्व' है जिसे जीव जगत में अनेकानेक मनुष्य आत्माओं ने विविध विधाओं में निपुणता के उच्च आयाम को स्पर्श एवं दीर्घ अवधि तक विराजमान रहते हुए अपने व्यक्तित्व, कृतित्व और अस्तित्व की शंखध्वनी से प्रकृति के अटल नियमों की भांति स्वयं को आलोकित करके सर्व को भी प्रकाशवान किया है जिससे श्रेष्ठ मानव व्यवहार के क्रियमाण को सदा ही जगत में समादर प्राप्त होता रहेगा। अतः मानव जीवन की समग्रता का विशिष्ट अध्ययन जब आत्मिक पवित्रता की सूक्ष्मता के सन्दर्भ में जीवन की शुचिता के विभिन्न प्रसंगों को उसके यथार्थवादी स्वरुप में विश्लेषित करता है तब जीवन की शुचिता अपने उच्च भाव में कार्यरत रहते हुए 'श्रेष्ठ मानव व्यवहार' को उसके गरिमामयी स्वरुप में क्रियान्वित करने की दिशा में पूर्ण उमंग-उत्साह के साथ अग्रसर होती है।

अध्याय-9

मानव जीवन-शैली की गतिशीलता का रहस्य तथा गुणात्मक परिवर्तन हेतु राजयोग की उपयोगिता

- मानवीय संवेदना का व्यापक परिवेश
- मानव धर्म के प्रति चेतना की उत्कृष्टता
- मानव की रक्षा हेतु मानवता का धर्म
- गुणात्मक जीवन - शैली के वास्तविक पर्याय
- आत्मिक परिदृश्य में राजयोग की महत्ता
- जीवात्मा का राजयोग से संबंध
- चेतना के सम्पूर्ण स्वरुप का परिष्कार

'जीवात्मा का राजयोग से एकाकार हो जाना इस बात का प्रमाण है कि आत्मिक परिदृश्य के द्वारा राजयोग की महत्ता को स्वीकृत्ति प्राप्त हो गयी है तथा चेतना की इस उत्कृष्टता को सम्पूर्ण गुणात्मकता के साथ मानव-जीवन शैली की श्रेष्ठता के व्यावहारिक स्वरुप में सहजता से अनुभव किया जा सकता है।''

मानव जीवन-शैली की गतिशीलता का रहस्य तथा गुणात्मक परिवर्तन हेतु राजयोग की उपयोगिता

"मानव जीवन - शैली में पारलौकिक भासना की दिव्यता से आत्म जगत का गुण एवं शक्ति संपन्न बन जाना सुनिश्चित हो जाता है जो आत्मा के लिए गुणात्मक परिवर्तन का आधार स्तम्भ होता है जिससे पवित्र भाव का अभिव्यक्त स्वरुप राजयोग की उपयोगिता को सिद्ध कर देता है। व्यक्तिगत 'जीवन-दर्शन' में विचार पक्ष का बलशाली होना स्वाभाविक प्रक्रिया है लेकिन 'आत्म-दर्शन ' की स्थित्ति में आत्म-अध्ययन से सम्बंधित चिंतन पक्ष चेतना की उत्कृष्टता के लिए निरंतर कार्य करते हैं। श्रेष्ठ जीवन-शैली की व्यापकता चेतना के सम्पूर्ण स्वरुप के परिष्कार को जन्म देने में सिद्धहस्त होती है यह जीवन का व्यवहार पक्ष अव्यक्त स्वरुप से 'परमात्म दर्शन' के माध्यम से प्रकट होता है जिसे सूक्ष्म भासना से अनुभव किया जाना सहज होता है। चेतना की उत्कृष्टता के द्वारा मानव धर्म के प्रति स्वयं के कर्मगत स्वरुप को सुसंस्कृत करते हुए मानवता की रक्षा का कार्य पूर्ण किया जा सकता है।"

- **मानवीय संवेदना का व्यापक परिवेश**

प्रस्तुत्त आलेख में मानव जीवन शैली के उन अति सूक्ष्म पक्षों की यहां विवेचना की गयी है जो नित-नूतन परिवेश में व्यावहारिकता की कसौटी पर पूर्णतया खरी उतरती हैं। स्वयं की गतिशीलता के मध्य जीवन की समालोचनात्मक व्याख्या करने का नैतिक साहस आखिर कैसे जुटाया जाए और गुणात्मक परिवर्तन के उपाय को विचार एवं भाव के स्तर पर

निजता के लिए नियम-संयम के रूप में किस प्रकार लाया जाए? इस व्यवहार को आत्म-सात कर लेने की सहज विधि को विस्तार से व्यक्त करते हुए यह स्पष्ट किया गया है कि एक संवेदनशील मनुष्य का जीवन हम व्यतीत कर सकें, इस श्रेष्ठ मनोभाव की प्राप्ति हो जाए और गर्व से कह सकें कि "बड़े भाग्य मानुष तन पावा ...." यह शुभ भाव स्वयं के जीवन में स्थापित करने के लिए बुद्धि एवं हृदय से अनेकानेक प्रयास करने के पश्चात् भी उस ऊँचाई तक नहीं पहुँचने का पश्चाताप और इस कटु सत्य से उबरने तथा परिवर्तन करने के उपायों पर भी यहां चर्चा की गयी है जिससे व्यक्ति जीवन की व्यथा एवं गहरे संताप से मुक्त हो सके। जीवन के उजले स्वरुप की प्राप्ति हेतु सामान्यतः सभी व्यक्ति स्थूलता एवं सूक्ष्मता से विभिन्न स्थितियों को ठीक करने का प्रयत्न करते हैं लेकिन मानव जीवन शैली में गुणात्मक परिवर्तन के स्थायित्व को ग्रहण नहीं कर पाते हैं। इन विरोधाभासी स्थितियों से बाहर निकलकर चेतना की उत्कृष्टता के संदर्भ में व्यावहारिक विश्लेषण यहां किया गया है जिससे मानवीय चिंतन में श्रेष्ठ जीवन-शैली के प्रति नैसर्गिक श्रद्धा उत्पन्न हो सके। स्वयं को उच्चता के 'भाव जगत' में बनाये रखने हेतु राजयोग की उपयोगिता को इस प्रकार से स्पष्ट किया गया है कि व्यक्तिगत जीवन-बंधन एवं संबंध की वास्तविकता को अलौकिक और अलोकिक स्वरुप से समझते हुए व्यवहार निभाया जा सके तथा कर्म-बंधन एवं संबंध से जुड़े हिसाब-किताब के मानसिक दबाव से मुक्ति की व्यावहारिक स्थित्ति निर्मित्त हो जाए।

अतः आत्मिक परिदृश में चेतना की उत्कृष्टता की व्यावहारिकता उस समय उपयोगी बन जाती है जब चेतना एवं चिंतन का परिष्कृत रूप 'अनहद-नाद की निरंतरता' को प्राप्त कर अहिंसक जीवन-शैली को गौरवान्वित कर देता है जो इस लोक में श्रेष्ठ मानव जीवन के रूप में सदा के लिए पूजनीय

बन, समाज के लिए अनुकरणीय हो जाता है।

- **मानव धर्म के प्रति चेतना की उत्कृष्टता**

जीव जगत के मध्य मानवता का बोध होना और स्वयं को मानव धर्म के प्रति निष्ठावान बनाना चेतना की उच्चता का प्रमाण होता है। मनुष्य की उत्पत्ति से जुड़े पक्ष स्वयं को भाग्यशाली स्वरुप में स्वीकार करते हैं तथा मनुष्यता को बनाये रखने की स्थिति में सफलता प्राप्त कर लेने पर सौभाग्यशाली होने का गौरव महसूस करना 'मानव धर्म' का विशिष्ट लक्षण होता है। जीवन की विविधता में 'मानव धर्म का निर्वहन' गुणात्मकता के साथ संपन्न कर लेना 'चेतना की चेतनता' का सम्मान है जो राजयोग की उपयोगिता को स्वीकार करके आत्मा को गुण एवं शक्ति संपन्न बनाने के प्रति निरंतर आस्थावान रहती है। यदि मानव का सृष्टि पर आगमन हुआ है तो केवल वह स्थूलता के संपर्क, संसर्ग एवं संबंध तक सीमित रह जाए यह स्थित्ति मानवीय गरिमा के अनुकूल नहीं है बल्कि चेतना द्वारा सूक्ष्मता का परिदृश्य मुखर होना आवश्यक होता है जिसमें मन, बुद्धि एवं संस्कार का सकारात्मक परिवर्तन महत्वपूर्ण स्थित्ति होती है।

स्वधर्म की पक्षधरता मानव की रक्षा हेतु मानवता के कर्तव्य को सिद्धांत एवं व्यवहार की कसौटी पर खरा उतरने के लिए बल प्रदान करती है जिससे मानव धर्म के प्रति चेतना की उत्कृष्टता बनी रहे। मानव जीवन-शैली की गतिशीलता में कहाँ और किस प्रकार की स्थिति मनुष्य जीवन के भीतर मानसिक पीड़ा को जन्म दे देती है तथा व्यक्तिगत जीवन दुःखदायी बन जाता है जो सामाजिक स्तर पर भी अन्तर्द्वन्द ही प्रकट करता है। गुणात्मक जीवन-शैली के वास्तविक पर्याय समाधान की प्रवृत्ति की ओर अभिमुखित करते हुए मानव को प्रायः आत्मिक परिदृ

श्य में राजयोग की महत्ता के रहस्य का मानव धर्म के संबंध में स्पष्टीकरण प्रदान करते हैं। जीवात्मा के द्वारा पूर्णरूपेण राजयोग से सहसंबंध स्थापित कर लेना चेतना की उत्कृष्टता का परिणाम है जो मानव धर्म के प्रति आस्था से जिम्मेदारी का निर्वहन करने में निपुण होता है और अन्ततरू मानव जीवन-शैली में गुणात्मक परिवर्तुतन के बीज को राजयोग के माध्यम से रोपित करने में वृहद उपलब्धि का भागीदार बन जाता है।

● मानव की रक्षा हेतु मानवता का धर्म

सम्पूर्ण जीवन काल में मानवता का पाठ पढ़ने और एक दूसरे मनुष्य के साथ उदारता एवं सम्मान का व्यवहार करने के अनेकानेक उदाहरण से अवगत होने के पश्चात् भी शारीरिक तथा मानसिक स्तर पर सदा व्यवहारगत स्वरुप की ऊँचाई के साथ 'मानव की रक्षा का कर्तव्य' एक यक्ष प्रश्न की भांति व्यक्तिगत एवं सामाजिक स्थितियों के लिए अनसुलझी पहेली ही क्यों बना हुआ है? जब एक व्यक्ति आपसी व्यवहार में दूसरे व्यक्ति की अपेक्षाओं पर निरंतर कुठाराघात ही करता रहेगा और अपने लिए सुखद परिणाम की बाट जोहने में जुटा रहेगा तो कैसे और कब वह व्यक्तिगत सुख देने की स्थिति में स्वयं को सक्षम बना सकेगा? यह विचारणीय पक्ष व्यक्ति की दयनीयता का घोतक है जो उसे बार-बार इस बात के लिए बाध्य करता है कि पहले दूसरा व्यक्ति अच्छा व्यवहार करे तब मैं अपनी निजता की पूंजी से अच्छाई एवं सच्चाई से युक्त व्यवहार प्रस्तुत कर सकूँगा, इस मानसिकता की बीमारी से ग्रस्त मानव के लिए कौन मनुष्य जिम्मेदार हैं और कौन से कर्तव्य हेतु उत्तरदायी हैं?

जीवन के स्वधर्म से उत्पन्न स्थित्ति का मूल्यांकन संतुष्टि पूर्ण तरीके से करने पर पता चलता है कि व्यक्ति 'मानव धर्म' की ओर किस स्तर पर प्रवृत्त हो सका है तथा इस भाव एवं व्यवहार जगत में गतिशील रहते हुए 'राष्ट्र धर्म' निभाने की

चेष्टाएं क्या मौलिक अधिकार और कर्तव्य के मध्य एक संतुलन स्थापित कर सकेंगी? मानव की रक्षा हेतु मानवता से युक्त व्यवहार ही भेद दृ दृष्टि से मुक्ति प्रदान कर व्यक्ति की मदद करने में उपलब्धि प्राप्त कर सकते हैं। सामान्य जीवन के अंतर्गत समदृष्टि का विकसित हो जाना मानव जीवन-शैली में गुणात्मक परिवर्तन का आधार होता है जो मानवता के कर्तव्य बोध को व्यवहार में परिवर्तित कर देता है। ज्ञान के व्यापक परिप्रेक्ष्य की जीवन्तता को शक्तिशाली बनाने की आवश्यकता वर्तमान सन्दर्भ में 'राजयोग को प्रासंगिक' बनाती है जिसके माध यम से ज्ञान, गुण एवं शक्ति की सम्पन्नता को 'मानवता' की व्यापकता से सम्बद्ध करके मानव समाज की रक्षा के दायित्व को पूर्ण किया जा सकता है।

• गुणात्मक जीवन-शैली के वास्तविक पर्याय

स्वयं के विकास अनुक्रम में जीवन के विविध पक्षों पर कार्य करना और इस सत्य का परीक्षण करने के लिए सदैव तत्पर रहना कि आखिर मानव की गतिशीलता में गुणात्मकता की स्थिति को कैसे स्वीकार किया जा सकता है? परिवर्तन की प्रकृति को निजता के विरोधाभास स्वरुप में मानकर अस्वीकार कर देने की प्रवृत्ति को बदलना आवश्यक है तभी गुणात्मक जीवन के प्रति मन रू स्थिति में श्रद्धा का विकास सुनिश्चित हो सकता है। मानव जीवन शैली में गुणात्मक परिवर्र्तन के विभिन्न आयाम यह बतातें हैं कि एक श्रेष्ठ विचार को अपनाने के पश्चात् हमारे मस्तिष्क में कई महत्वपूर्ण विचार उत्पन्न होते हैं जिन्हें पुनः स्मृति पटल पर अंकित करने की कोशिश एक नवीन विचार के प्रति 'विशिष्ट अनुग्रह' उत्पन्न कर देती है जो गुणात्मक जीवन शैली के वास्तविक पर्याय का व्यावहारिक उदाहरण होता है।

सामाजिक परिवेश में मानवीय शक्तियों की वृहद् उपयोगिता के विभिन्न परिदृश्य गुणात्मक जीवन-शैली के लिए कार्यरत भी

रहते हैं तथा एक उच्च कोटि के विकल्प स्वरुप भावनात्मक एवं विचारगत स्थिति और अवस्था हेतु उनकी तत्परता भी बनी रहती है। जीवन में गुणात्मक परिवर्तन के लिए राजयोग की उपयोगिता चेतना की उत्कृष्टता को जन्म देती है जो मानवीय चिंतन को जीवन जीने की लालसा तक सीमित नहीं रखती बल्कि सम्पूर्णता के अनेकानेक आयाम से जोड़ने का कार्य भी करती है। मानव का आतंरिक विकास सदा गतिशीलता की स्थिति में कार्यरत रहता है जिसमें व्यावहारिकता की कसौटी पर 'पश्चाताप और परिवर्तन' की स्थितियां कार्य करती हैं जो मानवीय स्वभाव का अभिन्न अंग होती हैं। जीवन में सभी कुछ अच्छा और बहुत अच्छा हो जाए इस तथ्य के गुणात्मक पक्ष ही अहिंसक जीवन-शैली निर्मित करने के प्रमुख कारक बनकर व्यक्तिगत स्तर एवं व्यक्तित्व गठन की प्रक्रिया को तय करते हैं। किसी भी देश काल एवं परिस्थिति के भीतर मानव की 'प्रवृत्तिगत गुणात्मक जीवन-शैली स्वयं को विकसित करने के संदर्भ में कार्यरत रहती है जिसे वह आत्म-निष्ठा के प्रसंग में स्वयं को संतुष्ट करने हेतु अपने इर्द-गिर्द की अनुकूलता एवं प्रतिकूलता के मध्य 'दैहिक, दैविक एवं भौतिक तपिश' में से उबरने का प्रयास करता रहता है।

आत्मिक परिदृश्य में राजयोग की महत्ता

मानव जीवन-शैली में गुणात्मक परिवर्तन को स्थापित करने के लिए राजयोग की उपयोगिता पर विचार-विमर्श करते हुए चेतना की उत्कृष्टता का संज्ञान प्राप्त कर आत्मिक स्वरुप को व्यावहारिक रूप में अपनाना स्वयं की गुणवत्ता का सुखद परिणाम है। एक जीवात्मा होने के नाते धर्म-कर्म के सिद्धांत से जुड़कर उसके प्रति अनुराग से ओत-प्रोत होकर जीवन पद्धतियों में परिवर्तन करने की इच्छा शक्ति आत्मिक उत्थान का महत्वपूर्ण कारक है। सामान्य दृष्टिकोण का विशिष्ट दृष्टिकोंण में बदलाव

मनुष्य के लिए आत्मिक गौरव की सुखद परिणिति होती है जो व्यक्ति को 'अध्यात्म-पुरुषार्थ' की ओर गतिशील हो जाने के लिए प्रेरित करती है और स्वयं को उन्नति के शिखर पर स्थापित करना बुद्धिमत्ता के स्तर पर सुनिश्चित हो जाता है। यदि आत्मिक परिदृश्य में राजयोग की महत्ता को आत्मसात करने का भाव-जगत अपनी विराटता के स्वरुप को अभिव्यक्त करता है तो संवेदनशील मानव के समीप 'राजयोग-मौन' के अतिरिक्त शेष कोई विकल्प नहीं बचता है क्योंकि यह वह प्रक्रिया है जिसके द्वारा आत्मा अपने वास्तविक स्वरुप में स्थित होकर ईश्वरीय सत्ता से संबंध स्थापित करती है। आत्मिक अनुभूतियां और राजयोग की व्यावहारिकता ने सामाजिक स्थित्ति के साथ मनोवैज्ञानिक रूप से भी यह सिद्ध कर दिया है कि जीवन के दार्शनिक बोध के स्वरुप में ढल जाने से व्यक्तिगत स्तर पर होने वाले रोग एवं शोक का मानसिक दबाव लगभग समाप्त हो जाता है।

स्वयं के जीवन का निमित्त भाव निजता के सन्दर्भ एवं प्रसंग की व्याख्या इस तरह से परिवर्तित कर देता है कि व्यक्तित्व में निर्मलता का भाव पक्ष सहजता से निर्माण चित्त की उच्च स्थिति को हृदयंगम करके आनंद की विशालता में स्थानांतरित हो जाता है। आत्मिक परिदृश्य में राजयोग की महत्ता का प्रतिपादन उस अवस्था में उपयोगी बन जाता है जब व्यक्ति के जीवन बंधन से जुड़े, लाभ-हानि, जीवन-मरण, यश-अपयश, के उच्चावचन में भी आत्मा की स्थित्ति 'एक-रस' अर्थात् 'सम-भाव' से युक्त रहती है जो मानव जीवन-शैली की गुणात्मकता का जीवंत उदाहरण है।

- **जीवात्मा का राजयोग से संबंध**

जीवन के वास्तविक अर्थ एवं मान्यता प्राप्त अनर्थ के मध्य का झंझावात व्यक्ति को टूटने तथा विवशता पूर्ण स्थितियों के लिए बाध्य करता है जबकि एक आत्मा का राजयोग से संबंध स्वयं

को समर्थवान के रूप में गढ़ देता है। सम्पूर्ण अहिंसक जीवन की कल्पना का साकार एवं अव्यक्त स्वरुप इतना उच्च होता है कि जीवात्मा पूर्णतया 'मन-वचन - कर्म' की पवित्रता के साथ, 'समय-संकल्प-संबंध एवं स्वप्न' के पवित्रतम भाव को आत्मसात कर लेती है। यदि मानव धर्म के प्रति नैसर्गिक स्वभाव की निष्ठा का पक्ष जुड़ जाए तो चेतना की उत्कृष्टता को मानव की रक्षा का पाठ और मानवता के कर्तव्यबोध से सम्बद्ध जिम्मेदारियां स्वमेव ही पूर्ण हो जाएँगी।

गुणात्मक जीवन-शैली के मूलभूत पर्याय की खोज करने पर पता चलता है कि व्यक्ति के पास राजयोग के अतिरिक्त कोई मार्ग नहीं है क्योंकि मानव अपने जीवन काल में स्थूलता की उत्पत्ति में हर्ष एवं इस भौतिकता की समाप्ति में विषाद को प्रकट करके स्वयं के होने अथवा नहीं होने के गौरव एवं अस्तित्व की उपस्थिति को जाने या अनजाने भाव से प्रकट करता है। स्वयं के जीवन काल में आत्मिक स्वरुप के अंतर्गत स्थित्त होकर राजयोग का व्यावहारिक लाभ प्राप्त किया जा सकता है क्योंकि निराकारी अवस्था के निर्मित्त हो जाने से जीवन की बोझिलता से मुक्त होकर आत्मा को शक्तिशाली बनाना सहज हो जाता है। मानव जीवन-शैली की उपादेयता एक वृहद दृष्टिकोंण को विकसित करने में मददगार होती है लेकिन व्यक्ति एवं वस्तुवाद का दबाव मनुष्य की सुख शांति को छिन्न-भिन्न कर देता है। व्यवहार के स्तर पर अहिंसक जीवन-शैली को अपनाते हुए- गुणात्मक परिवर्तन की आवश्यकता के लिए बौद्धिक एवं भावनात्मक प्रयास किया जाना मानव की स्वभावगत विशेषता होती है। मानव जीवन-शैली को अत्यधिक कुशलता के साथ अपनाते हुए गुण मूलक प्रवृतियों की सहज गतिशीलता का सूक्ष्म परिवेश प्राप्त हो जाना 'जीवात्मा द्वारा राजयोग से संबंध' स्थापित करने से सुनिश्चित हो जाता है।

अतः जीवन में कर्म-बंधन एवं संबंध का लौकिक और अलौकिक स्वरुप प्रत्यक्ष एवं अप्रत्यक्ष रूप से कार्य नहीं करता बल्कि पारलौकिक शक्ति का सानिध्य गुण संपन्न रूप से मनुष्य आत्मा को श्रेष्ठ जीवन - शैली के लिए शक्तिशाली बना देता है।

• चेतना के सम्पूर्ण स्वरुप का परिष्कार

इस प्रकार चेतना की उत्कृष्टता से जुड़े संदर्भित पक्ष की विराटता उनके व्यावहारिक स्वरुप के विश्लेषण को मानव जीवन - शैली में गुणात्मक परिवर्तन की प्रासंगिक पृष्ठभूमि से रेखांकित करती है जिसमें राजयोग की उपयोगिता समाहित रहती है। आत्मिक परिदृश्य में राजयोग की महत्ता को प्रतिपादित करते हुए सिद्धांत की पुष्टि को सुनिश्चित किया गया है जिसमें जीवन की भौतिकता के बंधन से व्यक्ति मुक्त हो जाता है तथा धीरे-धीरे जीवन के अभौतिक संबंध से उपराम होकर अत्यधिक सहजता से पराभौतिक भासना की पवित्र अनुभूतियों के आभामंडल को जीवात्मा द्वारा स्वीकार कर लिया जाता है।

मानव जीवन-शैली में पारलौकिक भासना की दिव्यता से आत्म जगत का गुण एवं शक्ति संपन्न बन जाना सुनिश्चित हो जाता है जो आत्मा के लिए गुणात्मक परिवर्तन का आधार स्तम्भ होता है जिससे पवित्र भाव का अभिव्यक्त स्वरुप राजयोग की उपयोगिता को सिद्ध कर देता है।

व्यक्तिगत 'जीवन-दर्शन' में विचार पक्ष का बलशाली होना स्वाभाविक प्रक्रिया है लेकिन 'आत्म-दर्शन' की स्थित्ति में आत्म-अध्ययन से सम्बंधित चिंतन पक्ष चेतना की उत्कृष्टता के लिए निरंतर कार्य करते हैं। श्रेष्ठ जीवन-शैली की व्यापकता चेतना के सम्पूर्ण स्वरुप के परिष्कार को जन्म देने में सिद्धहस्त होती है यह जीवन का व्यवहार पक्ष अव्यक्त स्वरुप से 'परमात्म दर्शन' के माध्यम से प्रकट होता है जिसे सूक्ष्म भासना

से अनुभव किया जाना सहज होता है। चेतना की उत्कृष्टता के द्वारा मानव धर्म के प्रति स्वयं के कर्मगत स्वरुप को सुसंस्कृत करते हुए मानवता की रक्षा का कार्य पूर्ण किया जा सकता है।

सामाजिक स्तर से लेकर मनोवैज्ञानिक स्तर तक गुणात्मक परिवर्त्तन की आवश्यकता मानव जीवन-शैली में होती है और मनुष्य स्वयं की स्थित्तियों का आंकलन करके जीवन के दार्शनिक एवं आध्यात्मिक परिवेश के अनुसार भी श्रेष्ठ जीवन - शैली के लिए पुरुषार्थ करता रहता है। अतः जीवात्मा का राजयोग से एकाकार हो जाना इस बात का प्रमाण होता है कि आत्मिक परिदृश्य के द्वारा राजयोग की महत्ता को स्वीकृत्ति प्राप्त हो गयी है तथा चेतना की इस उत्कृष्टता को सम्पूर्ण गुणात्मकता के साथ मानव-जीवन शैली की श्रेष्ठता के व्यावहारिक स्वरुप में सहजता से अनुभव किया जा सकता है।

अध्याय-10

सत्कर्म की प्रवृत्ति के अनुसरण का सत्य और मानव जीवन के सर्वांगीण विकास की सुनिश्चितता

- श्रेष्ठता की प्रवृत्ति में रूपांतरण
- जीवन के सर्वांगीण विकास का पक्ष
- मानव के आगमन एवं प्रस्थान का बिंदु
- सत्कर्म की प्रवृत्ति का उत्कृष्ट साधन
- जीवन दर्शन की व्यापकता का बोध
- मानव जीवन में अध्यात्म की स्थित्ति
- आत्मिक उन्नयन हेतु आध्यात्मिक अनुसंधान

"जीवन में आत्मा के अमरत्व की अनुभूति को 'आत्म-स्वरुप' में प्राप्त कर लेना आध्यात्मिक पुरुषार्थ में सत्कर्म की प्रवृत्ति के अनुसरण का उपलब्धिपूर्ण परिणाम है जो मानव जीवन के सर्वांगीण विकास को जगत के सम्मुख पूर्ण विश्वसनीयता से प्रकट करता है जिसमें धर्म, अध्यात्म एवं राजयोग के अनुकरणीय प्रमाण उदाहरण के रूप में प्राप्त होते हैं।"

सत्कर्म की प्रवृत्ति के अनुसरण का सत्य और मानव जीवन के सर्वांगीण विकास की सुनिश्चितता

"सृष्टि में मनुष्य के 'अस्तित्व की स्थिति' को विकसित करने का कार्य 'धर्म-कर्म' के सिद्धांत एवं व्यवहार द्वारा नीतिगत तरीके से संपन्न हो सका क्योंकि इस मार्ग में स्व-कल्याण के सात्विक उपाय सम्मिलित रहते हैं जो व्यक्ति को परहित की ओर ले जाने में अभिप्रेरणा प्रदान करते रहते हैं। जीवन में एक ऐसी परिस्थिति उत्पन्न होती है जब व्यक्ति को 'अध्यात्म -पुरुषार्थ' का सहारा लेना पड़ता है क्योंकि उसे लगता है कि आत्मा के उत्थान के लिए कुछ अलग से प्रयास करना चाहिए तब वह आत्मिक उन्नयन हेतु आध्यात्मिक अनुसंधान करते हुए सत्कर्म की प्रवृत्ति का अनुसरण एवं अनुकरण करने लगता है जो उसके सर्वांगीण विकास से जुड़ा होता है। स्वयं के अस्तित्व की रक्षा, निजी जीवन के विकास का पक्ष एवं आत्मा के उत्थान की स्थिति के पश्चात् स्व-स्वरुप को चरम उत्कर्ष पर देखने की इच्छा शक्ति व्यक्ति को 'राजयोग-मौन' की ओर सहज ही ले आती है जहाँ से 'आत्मा के अमरत्व का अध्ययन' मनुष्य को आनंद की अवस्था में पहुंचा देता है। राजयोग का वैविध्य और मानव जीवन-शैली का सहसंबंध अत्यधिक पवित्र होता है जिसमें धर्म सत्ता का भाव अहिंसक बनने के स्वरुप को भय के कारण नहीं बल्कि आध्यात्मिक शक्तियों की स्वीकृति से प्रेम स्वरुप होकर साधक का साध्य तक पहुँचने का अनुष्ठान है।"

- **श्रेष्ठता की प्रवृत्ति में रूपांतरण**

प्रस्तुत्त आलेख में मानवीय प्रवृत्तियों के उन पक्षों की

विवेचना करने का प्रयास यहां विशेष रुप से किया गया है जिससे मानवता के उच्च शिखर पर पहुँचने का व्यावहारिक स्वरुप, प्रामाणिकता से मुखरित किया जा सके। मनुष्य जीवन की प्राप्ति होना व्यक्ति के लिए एकांगी स्थिति का प्रतीक नहीं, लेकिन इस बहुमूल्य जीवन का सर्वांगीण विकास करने की इच्छा शक्ति में जीवन-दर्शन, जीवन-उत्साह एवं जीव -लक्ष्य का समायोजन बहुआयामी चिन्तन का विराट स्वरुप है। स्वयं को धरती पर विचरण करने की मंसा से उपर उठकर निजी जीवन की मनोवृत्ति से श्रेष्ठ कर्म करने की आत्मिक स्थिति, व्यक्ति को सत्कर्म की प्रवृत्ति का अनुसरण करने के लिए अभिप्रेरित करती है। इस विषय की मौलिकता का स्तर उस समय बढ़ जाता है जब आत्मा के अजर, अमर एवं अविनाशी स्वरुप की अनुभूति पूर्णतया अमरत्व के सन्दर्भ में होती है और जीवन की गतिशीलता जो आत्मा के लिए नित्य, सत्य एवं प्रकाशवान है अर्थात् गुण, शक्ति और जीवन मूल्य की प्राप्ति हेतु पुरुषार्थ की व्यावहारिकता में स्वयं को समर्पित कर देना है। जीवन की सहजता, सरलता एवं विनम्रता का स्वरुप, आत्म ज्ञान के व्यवहार में आने से सुनिश्चित हो जाता हैं जो व्यक्ति को आत्मिक उच्चता की प्राप्ति हेतु सत्कर्म की ओर अभिमुखित करता है। श्रेष्ठता की प्रवृत्ति में रूपांतरण हो जाने के पश्चात् जीवन में पवित्रता का 'अनुसरण होने के साथ-साथ अनुकरण भी' नियमित जीवन की सूक्ष्म स्थितियों में समाविष्ट हो जाता है।

मनुष्य के द्वारा जीवन-दर्शन के अध्यात्म को स्वीकार कर लेना इस सत्य की पुष्टि है जिसमें व्यक्तिगत जीवन में सामाजिक एवं मनोवैज्ञानिक संदर्भो की व्यावहारिक संकल्पना के प्रति गहरी आस्था का प्रमाण प्रस्तुत किया गया है। श्रेष्ठता की अनुभूति का केन्द्रीय भाव मानव जीवन के द्वारा ज्ञानेन्दियों एवं कर्मेन्द्रियों से अच्छा देखना, अच्छा बोलना, अच्छा सुनना, अच्छा सोचना एवं अच्छा कर्म करना है क्योंकि स्वयं के सर्वांगीण विकास हेतु

सत्कर्म की प्रवृति का अनुसरण करने के अतिरिक्त शेष कोई विकल्प नहीं है। आत्मा के द्वारा 'श्रेष्ठ संकल्प एवं श्रेष्ठ विकल्प' को उसकी ऊंचाई से निर्धारित कर लिया जाता है जो जीवन की व्यावहारिकता को सर्वांगीण विकास से सम्बद्ध करके उसे स्वीकारने में अपने विश्वास को व्यक्त करते हुए आत्मा के अमरत्व को 'आत्म स्वरुप' की श्रेष्ठ स्थिति के लिए प्रमुख रूप से उत्तरदायी मानते हैं।

● जीवन के सर्वांगीण विकास का पक्ष

मानव जीवन में उपलब्धियों की प्राप्ति को सर्वोपरि स्वरुप में स्वीकार किया जाता है जो कई बार व्यक्तिगत एवं सामाजिक स्तर पर प्राप्त होती हैं तथा जिन्हें सामान्यतः भौतिकता से जोड़कर देखा जाता है। विकास की प्रक्रिया में संतुलित रूप से जीवन को विकसित करने के मापदंड व्यक्ति के सम्मुख उपस्थित होते हैं और विभिन्न क्षेत्र विशेष का आवश्यकता के अनुसार ज्ञान को प्राप्त करना तथा स्वयं को मध्य में रखकर विधिवत तरीके से जीवन को पूर्ण करना ही व्यक्ति का उद्देश्य बन जाता है जिसके लिए उसके द्वारा यथा शक्ति प्रयास एवं संतुष्टि की स्थितियों का निर्माण किया जाता है। जीवन के सर्वांगीण विकास के पक्ष पर कार्य करने हेतु अपनी क्षमताओं की पहचान तथा उसके क्रमिक विकास में अकादमिक शिक्षा के साथ-साथ जीवन के अन्य पक्षों अर्थात् व्यावहारिक शिक्षा तथा अनुसंधान शिक्षा की पूर्णता के अतिरिक्त एक ऐसी तकनीकी शिक्षा का विकास स्वयं की आवश्यकता, इच्छा एवं मनः स्थिति की अनुकूलता को ध्यान में रखकर ग्रहण करना जिससे स्वयं को व्यावहारिक स्वरुप में आनंद प्रदान किया जा सके।

व्यक्तिगत जीवन की विश्लेषणात्मक शक्ति को स्वीकार करने पर पता चलता है कि किस प्रकार के पुरुषार्थ मनुष्य को स्वयं की संतुष्टता से सर्व की संतुष्टता तक पहुंचाते हैं और व्यक्ति

जीवन के सर्वांगीण विकास के चरम लक्ष्य को प्राप्त करता हुआ स्वयं की व्यक्तिगत, पारिवारिक, सामाजिक, मनोवैज्ञानिक, दार्शनिक, धार्मिक एवं आध्यात्मिक विकास की यात्रा को कुशलता से पूर्ण कर लेता है। अब मनुष्य के सम्मुख एक प्रश्न उपस्थित होता है कि स्वयं के सर्वांगीण विकास की व्यक्तिगत स्थिति क्या सत्कर्म की प्रवृत्ति का अनुसरण करने के लिए अंतः प्रेरणा प्रदान करती है? जीवन दर्शन का अध्यात्म व्यक्ति को मन, बुद्धि एवं संस्कार के परिवर्तन से इतना सशक्त बनाना चाहता है कि व्यक्ति के कर्म, पुरुषार्थ एवं भाग्य का परिष्कार सुनिश्चित हो जाए तथा वह आत्मा की शक्ति को अनुभव कर सके। आध यात्मिक विकास की पूर्णता को प्राप्त करने के लिए मनुष्य सत्कर्म की मूलभूत प्रवृत्तियों के अनुसरण की ओर इसलिए उन्मुख होता है क्योंकि उसे स्वयं के भीतर चेतना, चिन्तन एवं पुण्य का निर्माण करना होता है जिससे वह जीवन के सदगुणों को अपनाते हुए महान आत्मा, धर्मात्मा तथा देवात्मा की श्रेष्ठता से स्वयं को सुशोभित करते हुए स्वयं के जीवन को धन्यता में परिणित कर सके।

जीवन के सर्वांगीण विकास का पक्ष इतना व्यापक होता है कि व्यक्ति के लिए सामाजिक संदर्भों की स्थित्ति इतनी बाध्यकारी हो जाती है कि उसे चेतन, अवचेतन एवं अचेतन मन की गहराई में जाकर स्वयं को सक्षम बनाने के लिए लक्ष्य, उत्साह एवं जीवन दर्शन के यथार्थ को मनोवैज्ञानिक रूप से स्वीकार करना पड़ता है। कई बार बाह्य स्वरुप में ऐसा लगता है कि कुछ विशेष व्यक्ति ही क्यों सकारात्मक, समर्थ एवं महान चिन्तन की ओर प्रवृत्त होते हैं शेष नहीं और चाहकर भी वह ऐसी अवस्थाओं से नहीं गुजरते हैं ? अतः उन्हें श्रेष्ठ, शुभ एवं पवित्र विचार की उच्चता के संबंध में ज्ञान नहीं अथवा धर्मगत भाव और विचार पक्ष पुण्य कर्म के उदित नहीं होने के सत्य को प्रकट करते हैं जो 'पवित्रता' के अभाव को व्यवहार में दर्शा

देता है और पुनरू पुरुषार्थ के शक्तिशाली आयाम को अपनी 'साधना' के द्वारा प्राप्त करके व्यक्ति सत्कर्म की प्रवृत्ति का अनुसरण करने लगता है जो उसके सर्वांगीण विकास का आधार होता है।

मानव के आगमन एवं प्रस्थान का बिंदु

व्यक्तिगत जीवन की कुशलता के प्रति सचेत रहने वाला सामाजिक परिवेश, यदा-कदा सुखद एवं दुरूखद परिस्थितियों में इस सत्य की अभिव्यक्ति को प्रकट करने में निरूसंकोच भाव को अपनाता है और प्रायः यह सम्प्रेषण विशेष महत्व देने की अपेक्षा के साथ किया जाता है कि - अपने इस जीवन काल में इतना कार्य क्यों कर रहे हो? यदि जीवन में सब कुछ एकत्रित भी कर लिया, तो भी सब कुछ यहीं छोड़ कर एक दिन जाना है क्योंकि किसी ने सब कुछ प्राप्त कर भी लिया तो वह भी उससे मुक्त होकर जाता है अर्थात् कर्मजगत का प्रतिफल किसी के लिए स्थायी नहीं है।

सामान्य जीवन के अंतर्गत किया गया कार्य कैसे किसी मनुष्य के लिए 'निष्काम कर्मयोग' बन जाए तथा वह व्यक्ति 'एक योगी की भांति' अपने जीवन को पूरी निष्पक्षता से जीने का प्रयास करे तथा एक दिन इससे अलग होने पर मोह की स्थित्ति निर्मित्त ही न हो अर्थात् पूर्णतः नष्टोमोहा का भाव उसके जीवन के लिए उन्मुक्तता से भरा हर क्षण एवं पल हो जिसे आत्मिक संतुष्टि के रूप में स्वीकार किया जा सके। स्वयं के जीवन में सर्वांगीण विकास का तथ्यगत स्वरुप प्रभावशाली होता है जिसमें आत्मा की कर्मगत पूंजी कार्य करती है तथा यह आभास सदा सत्य स्वरुप में अन्तःकरण में विराजमान रहता है कि स्वयं को 'अवतरित अवस्था से मुक्ति की स्थिति तक' के लिए तत्पर रखना है। जीवन में आत्मा का श्रेष्ठ मनोगत भाव तथा उससे संबद्ध स्थितियां व्यक्ति को सत्कर्म की प्रवृत्ति के

अनुसरण एवं व्यावहारिक जीवन में अनुकरण करते हुए सम्पूर्ण विकास की प्राप्ति के लिए पुरुषार्थ की गुणात्मकता पर एकाग्रता से गतिशील रहने हेतु अभिप्रेरणा प्रदान करते हैं।

स्वयं को ऊँचा उठाने या आगे बढ़ाने के कर्म में प्रवृत्त हो सदा कर्म करने का आनंद इतना असीम होता है कि उसके प्रतिफल पर आत्मा का ध्यान ही नहीं जाता, तब आत्मा बुद्ध एवं शुद्ध स्थिति का अनुभव करती है जिसके लिए उसका आगमन हुआ है। जीवन की विविधता को निजता के परिप्रेक्ष्य में जब व्यक्ति अवलोकन करता है तब उसे ज्ञात होता है कि जीवन जीने की दिशा एवं दशा की क्या स्थिति है क्योंकि यहाँ स्वयं का मूल्यांकन एवं परिवर्तन करना आसान हो जाता है।

किसी भी धर्म की गूढ़ता व्यक्ति को सैद्धान्तिक एवं व्यावहारिक दृष्टि से मदद करती है क्योंकि कर्मजगत के परिवेश में निष्पक्षता से गुणात्मक कार्य हेतु जिस मार्गदर्शन की आवश्यकता होती है वह आत्मा को धर्म के मार्ग पर गतिशील रहकर ही प्राप्त हो पाता है। सर्वांगीण विकास की प्रासंगिकता जीवात्मा के लिए उद्देश्यपूर्ण स्थिति होती है जो जीवन को आध्यात्मिक जगत से संचालित करती है क्योंकि अध्यात्म के साथ पुरुषार्थ का अति सूक्ष्म पक्ष जिसमें 'आत्मिक विकास की सम्पूर्णता' अपने उच्च स्वरुप में कार्यरत रहती है। जीवन की पूर्णता के लिए जब व्यक्ति राजयोग की ओर उन्मुख होता है तब उसे उपराम एवं वैराग्य को स्वीकार करना पड़ता है क्योंकि आत्मा के सुखांत की स्थितियां 'मस्तिष्क के वैचारिक झंझावात से जुड़े बन्धनों तथा हृदय की भावनात्मक पीड़ा से सम्बद्ध संबंधो' को आत्मा से अलग देखती हैं और 'आत्म सत्ता एवं परमात्म सत्ता' के संयोग को एक शक्तिशाली स्वरुप में अभिव्यक्त करती हैं। स्वयं की गहन अनुभूति के साथ आत्मा के अमरत्व का बोध हो जाना वह भी आत्मा के आगमन एवं प्रस्थान के सन्दर्भ में,

जिससे आत्मिक विकास को पूर्णता प्रदान करते हुए सर्वांगीण विकास तक आत्मा को पुरुषार्थ से स्थापित कर देना व्यक्तिगत उत्थान का द्योतक है जिसे 'आत्म -सम्मान' के रूप में गौरव के साथ स्वीकार करना न्याय संगत होगा।

• सत्कर्म की प्रवृत्ति का उत्कृष्ट साधन

मानव जीवन में स्वयं के उत्कर्ष हेतु सत्कर्म की प्रवृत्ति का अनुसरण करना जिसमें 'साधन भी उत्कृष्ट अर्थात् पवित्र हों' क्योंकि निजी जीवन को दिलासा देने की सामान्य आदत व्यक्ति को कार्य संतुष्टता तक सीमित कर देती है। यदि हम अपने कार्य को संतुष्टि के संदर्भ तक मूल्यांकित करते रहे तो यही व्यवहार दूसरों के समान मेरे भी व्यवहार में समाने लगेगा जिसका परिणाम 'कार्य संतोष जनक' है तक स्वयं को सीमांकित कर देने की प्रवृत्ति जीवन पर्यंत बनी रहेगी। जीवन के प्रति अच्छी सोच व्यक्ति के मानस को अच्छा, बेहतर, बहुत अच्छा से आगे बढ़ने में सहायक होती है और वह एक दिन 'उत्कृष्ट सोच' की स्थिति में परिवर्तित हो जाती है जिसका परिणाम 'स्वयं के उत्कर्ष' अर्थात् निजी जीवन की ऊंचाई के रूप से व्यक्ति द्वारा अनुभव किया जाता है। जगत के व्यावहारिक रूप को स्थूलता से जुड़ा मानने के साथ-साथ सूक्ष्मता को भी स्वीकार करना आवश्यक है तथा मानवीय प्रवृत्तियों का अध ययन जिसमें सत्कर्म की प्रवृत्ति के अनुसरण का प्रसंग और व्यक्ति द्वारा उत्कृष्ट साधन अपनाने के लिए सूक्ष्म प्रेरणा मानव को प्रदान करना, आत्मा के प्रति श्रेष्ठ दायित्व बोध का परिणाम है।

मानवीय प्रवृत्तियों पर दानवीय प्रवृत्तियों का सतत दबाव जिसमें सत्य-असत्य का आंतरिक विरोधाभास, मैं - पन की जिद्द का अभिमान युक्त दबाव, पक्षपातपूर्ण रवैया की स्थित्ति, पूर्वाग्रह से

ग्रसित बीमार मानसिकता की पीड़ा तथा किसी भी सत्य के घटने से पूर्व उसकी सफलता एवं असफलता का भय जो अब पूर्वानुमान के रूप में मस्तिष्क को नियंत्रित करके बैठ गया है इत्यादि भावनात्मक एवं वैचारिक समस्याएं, सत्कर्म की प्रवृत्ति का अनुसरण करते हुए उत्कृष्ट साधन अपनाने में बाधा बन जाती हैं।

समाज में रहते हुए जीव-जगत के संबंधों में कुछ समय पश्चात् कहीं कठिनाई उत्पन्न हुई जिससे विधिवत अर्थात् संतुलित सामाजिक व्यवस्था में निराशा निर्मित्त होने के साथ मानव व्यवहार में जीव जंतुओं से सहानुभूति की बजाए हिंसक प्रवृत्ति उन्हें पूर्णतः नष्ट करने में संलग्न हो गई और व्यक्ति खाद्य एवं अखाद्य के अंतराल को समाप्त कर पूर्णतया पशुवत व्यवहार (हिंसा) पर उतारू होकर स्वयं के मनुष्य होने पर स्वयं ही प्रश्न चिह्न लगा बैठा? अहिंसा परमो धर्मः से 'अहिंसक जीवन-शैली' का जन्म हुआ एवं मानव का मानवीय स्वरुप विकसित होने लगा जो धीरे-धीरे कुछ समय पश्चात् स्वार्थी व्यवहार होने के करण मनुष्य ही मनुष्य का शत्रु बन गया। जब मनुष्य ने मनुष्य को ही अपनी मनोविकारी पतित स्थित्ति से समाप्त करना आरम्भ कर दिया तो मानव का 'रक्षक से भक्षक' वाला दानवीय चेहरा सामने आया तथा 'अहिंसक जीव - शैली' की असफलता को समाज ने न केवल देखा बल्कि 'शोषक-शोषण एवं शोषित' की एक लम्बी श्रृंखला" बड़े भाग्य मानुस तन पावा ...'' के सैद्धान्तिक एवं व्यावहारिक पक्ष के प्रति गहरे क्षोभ अर्थात् दीर्घकालीन शारीरिक एवं मानसिक यातना से भरी पीड़ा को झेलने में मजबूर हो गई।

मानव-जीवन शैली एवं 'अहिंसक जीवन-शैली' की दुहाई देने वाला समाज राष्ट्र कवि मैथिलीशरण गुप्त जी के मानवीय पक्ष को जिसमें उन्होंने कहा था " वही मनुष्य है जो मनुष्य के लिए मरे.. "जैसी उच्च विचारधारा को छोड़ - ''वही पशु

प्रवृत्ति है जो आप, आप ही चरे ...'' को अपनाने की प्रवृत्ति की ओर बढ़ते हुए अब आधुनिक जीवन-शैली एवं पाश्चात्य जीवन-शैली के 'मोह पाश' में बंध गया। इतनी विरोधाभासी स्थित्ति में श्रेष्ठ जीवन-शैली के रूप में यदि राजयोग के मूल सिद्धांत एवं व्यवहार को सामाजिक जीवन द्वारा आत्मसात कर लिया जाता है तो पुनरू समाज को सत्कर्म की प्रवृत्ति की ओर लाया जा सकता है। जीवन के आचरण में 'उत्कृष्ट साधन' का प्रयोग करते हुए आत्मा के गुण, शक्ति एवं मूल्य को स्वीकार करके स्वयं को उच्च मानसिक स्थित्ति में स्थापित किया जा सकता है जो जीवन के सत्कर्मों की प्रवृत्ति के मार्ग को अनुसरण करने में मददगार सिद्ध होगा।

● जीवन दर्शन की व्यापकता का बोध

सत्कर्म की प्रवृत्ति को जीवन में विकसित करने के लिए 'सत्य-कर्म' के प्रति अनुराग उत्पन्न करना पड़ता है तब कहीं व्यक्तिगत रूप से व्यक्ति, अनुसरण एवं अनुकरण की भूमिका का निर्वहन कर पाता है। मानव जीवन का सामाजिक पक्ष जहाँ व्यक्ति को धर्म और कर्म के सिद्धांत एवं व्यवहार से परिचित कराता है वहीं मनोवैज्ञानिक अवधारणा मनरूस्थित्ति के विकास को इस प्रकार निर्देशित करती है कि व्यक्ति अध्यात्म एवं पुरुषार्थ को व्यवस्थित करने की चेष्टा करता है जिससे जीवन दर्शन का राजयोगी एवं मौन का स्वरुप प्रकट हो जाता है। भारतीय मनीषी के जीवन दर्शन की विराटता उस समय उजागर होती है जब स्वयं के बोध के लिए स्वयं का समर्पण लोक कल्याण की मंगल कामना से होकर गुजरता है क्योंकि उनके द्वारा जो कुछ समाज के लिए प्रदान किया गया वह सदा के लिए 'वन्दनीय एवं पूजनीय' बन गया।

मानवीय दृष्टिकोंण का संवेदनशील स्वरुप इस समाज में तुलसीदास, रहीमदास, कबीरदास, महाकवि कालिदास एवं संत

रविदास जैसे महान विद्वानों को उत्पन्न करता है जिनकी कर्म कहानी का पठन-पाठन, मनन-चिंतन एवं वर्णन व्यक्ति को जीवन दर्शन की व्यापकता का व्यावहारिक बोध करा देता है। वर्तमान युग में गांधी के अवशेष ढूंढते सामाजिक अनुसंधान आज सत्य, प्रेम एवं अहिंसा की बाट जोहने में लगे हैं तथा रवीन्द्रनाथ टेगौर को 'गीतांजली' के माध्यम से सम्पूर्ण विश्व जानने लगा क्योंकि कवीन्द्र-रवीन्द्र की अमर कृत्ति को साहित्य के लिए नोबेल पुरस्कार प्राप्त होना उनकी सम्पूर्ण कृत्तियों के प्रति समादर भाव का परिणाम है। पश्चिम के विद्वानों में खलील जिब्रान की विश्व प्रसिद्ध पुस्तक 'द प्रोफेट' जिसका हिंदी (संस्करण) अनुवाद के रूप में प्रस्तुत करके काका कालेलकर जी ने 'जीवन सन्देश' को अमरत्व प्रदान कर दिया जिसकी श्रृंखलाबद्ध ईकाई के रूप में 'अंतिम सन्देश' एवं 'हीरे और मोती' मानवता के बोध और ईश्वरीय सत्ता की उपस्थित्ति को अत्यधिक प्रमाणिकता से स्पष्ट करके 'अहिंसक जीवन-शैली' के अनुपम उदाहरण प्रस्तुत्त करते हैं।

विश्व जगत के दर्शन पटल पर विश्वविख्यात जापान के बौद्ध दार्शनिक ' डायसकू इकेदा ' एवं आक्सफोर्ड विश्वविद्यालय से उच्च शिक्षा प्राप्त अंग्रेज इतिहासकार 'जोजफ अर्नाल्ड टायनबी' जैसे विद्वानों ने अपने साहित्य एवं संवाद के माध्यम से मानवीय चिंतन को इतना सशक्त बना दिया कि उनके सहज वार्तालाप के बोध ने जनमानस के मध्य इस महान विचार को संप्रेषित कर दिया जिसमें- 'सृजन के लिए सृजन' को उपयोगी सिद्ध करके उन्होंने महान दार्शनिक चिंतन को एक नवीन आयाम प्रदान किया। समाज में दार्शनिक बोध का एक पक्ष मानवता को स्थापित करने के लिए धर्म-क्षेत्र के द्वारा सत्कर्म की सात्विक मनोवृत्ति को इतने कुशल तरीके से समाज में रोपित करता है कि जगत में उन्हें श्रद्धा से याद किया जाता है

और उनकी मंगलकारी सृजनात्मक निष्ठा से सर्व को प्रेरणा प्राप्त होती है। आत्मिक स्वरूप में- पंडित मदन मोहन मालवीय, जयदयाल गोयनका एवं घनश्याम दास बिड़ला के योगदान को 'अहिंसक जीवन शैली' के निर्माण में शिक्षा, साहित्य एवं धर्म की रक्षा हेतु सदा स्मृत्ति पटल पर समाज उन्हें संजोकर रखेगा।

समाज के मध्य रहते हुए भक्तिकालीन सभ्यता में श्रेष्ठ मानव समाज का उदाहरण इसलिए निर्मित्त हो सका क्योंकि वहां- भक्त प्रहलाद, मीरा का समर्पण एवं सुदामा का चरित्र अपने परम लक्ष्य से ओत-प्रोत रहते हुए आत्मा के साक्षात्कार को परमसत्ता से जोड़कर एकाकार स्वरुप का अनुभव करते थे। जीवन दर्शन की व्यापकता को अपने व्यावहारिक स्वरुप में अंगीकार करके सर्व मानव कल्याण का आधार स्तम्भ बनकर सेवा धर्म के महानाचार्य विनोवा भावे जी ने उपनिषदों का अध ययन, स्थित प्रज्ञ दर्शन, गीता प्रवचन एवं गीताई जैसे महान ग्रंथों की रचना उनकी 'आत्म-दर्शन' एवं अनुभूति की गहन स्थितियों का अभिव्यक्त स्वरुप है जो 'अहिंसक जीवन शैली' में राजयोग के अवदान को सहजता से व्यक्त करती हैं।

वर्तमान व्यवस्था के समक्ष दादी जानकी का जीवन-दर्शन और बोध की व्यावहारिकता उनके भाव, भासना, भावना एवं भाषा की पवित्रता का निर्मल उदाहरण है जो नित नूतन तरीके से राजयोग की परिभाषा को लोक मंगल के लिए सहजता से अभिव्यक्त करती हैं जिसकी सत्य निष्ठा, मैं कौन? (आत्म स्वरुप) एवं मेरा कौन? (परमात्म स्वरुप) का अनुभव सर्व मनुष्य आत्माओं को साक्षात्कार कराने का माध्यम बनता जा रहा है। आत्मा के अमरत्व का मौलिक चिन्तन 'मानव की मानवता' को सुरक्षित एवं संरक्षित रख पाने में मददगार सिद्ध होता है जिसे सत्कर्म की प्रवृत्ति के निरंतर अनुसरण से प्राप्त किया जा सकता है क्योंकि इसमें 'आत्मिक स्वरुप' की स्थित्ति

का व्यावहारिक सिद्धांत सदैव कार्य करता रहता है।

● मानव जीवन में अध्यात्म की स्थिति

स्वयं के सन्दर्भ में स्व-मूल्यांकन की आलोचनात्मक विधि अंतर्मन से इस सत्य को अभिव्यक्त कराती है जिसमें- 'अध्यात्म ही विश्व के सम्पूर्ण मनुष्य आत्माओं का धर्म ' बन जाए तो ' अहिंसक जीवन-शैली' के लिए राजयोग का सबसे बड़ा अवदान सिद्ध हो जायेगा। व्यक्तिगत जीवन को जब सामाजिक जीवन की दृष्टि से देखा जाता है तब इस बात का अहसास रहता है कि सामाजिक विज्ञान से सम्बंधित जितने भी ज्ञान के पक्ष हैं उनको यदि व्यक्ति समझ लेता है तो सर्व समस्याओं का निराकरण संभव हो सकता है लेकिन व्यावहारिक परिवेश में ऐसा क्यों नहीं हो पाता है ? निजी जीवन के साथ सामाजिक जीवन की पृष्ठभूमि व्यक्ति को 'कुटुम्ब से लेकर वसुधैव कुटुम्बकम' तक की विशाल श्रृंखला से अवगत कराती है जिसमें न्यूनतम से आरम्भ होकर अधिकतम की ऊंचाई पर पहुँचने वाले मनुष्य अपनी धर्म-कर्म एवं भक्ति-भाव की कहानी को सर्व मानव आत्माओं तक सहज ही पहुंचा देते हैं।

अब प्रश्न उठता है कि समाज में ऐसे कौन से मनुष्य हैं जो स्वयं के भीतर उत्पन्न सत्कर्म की प्रवृत्ति का अनुसरण और धीरे-धीरे अनुकरण की स्थितियों में स्वयं को स्थापित करने के प्रयास में जुट जाएं तथा स्व-संवाद के द्वारा स्वयं को यह समझाते रहें कि भक्ति का प्रतिफल ही ज्ञान है अर्थात् आत्मा में श्रद्धा का जन्म हो गया और धर्म का यह सिद्धांत है कि- 'श्रद्धावान लभते ज्ञानम'। जीवन में एक समय ऐसा भी आता है कि व्यक्ति अपनी ओर देखने का प्रयास करता है और इतनी सूक्ष्म (पैनी) दृष्टि से देखता है कि जीवन चर्या में अध्यात्म को सम्मिलित कर लेता है तथा आत्मा के उत्थान हेतु पुरुषार्थ के प्रति संवेदनशील हो जाता है। यहाँ एक तर्क यह भी दिया जा

सकता है कि लम्बे समय तक पूजा-पाठ, उपासना, धर्म के प्रति आस्था, कर्म में विश्वास करने के पश्चात् कई बार स्थूल प्राप्ति की गणना करके संतुष्ट हो जाना और जीवन के व्यवहार में गुणात्मक बढ़ोतरी की प्राप्ति नहीं होने के कारण भी मनुष्य अध यात्म अर्थात् आत्मा के अध्ययन की खोज में अध्यात्म के द्वार तक पहुँच गया।

आध्यात्मिक जगत की कार्य प्रणाली एवं आत्मा के संबंध में की जाने वाली विभिन्न विवेचनाएं मानव जीवन के लिए समझने, सीखने एवं अनुभव करने के मार्ग को प्रशस्त करती हैं जिसके परिणाम स्वरुप व्यक्ति आत्मिक स्मृति, स्थिति, अवस्था एवं स्वरुप द्वारा आनंद की स्थिति में परिवर्तित हो जाता है। मानव जीवन का गतिशील व्यवहार तीव्र पुरुषार्थ होने के कारण अपने मस्तिष्क एवं हृदय से जुड़ी शक्तियों अर्थात् बुद्धिमत्ता के तार्किक स्वरूप तथा भावना के सांकेतिक स्वरुप को स्वीकार करते हुए स्वयं को संतुष्ट करने के साथ सर्व को संतुष्ट करने के क्रियाकलाप में संलग्न होता है। स्वयं की गहन खोज का परिणाम व्यक्ति को ज्ञान, योग, धारणा एवं सेवा के विराट स्वरुप द्वारा प्राप्ति तो हो गयी परन्तु यह सभी कुछ स्मृति का प्रमाण बनकर रह गया जिसने अंततः व्यक्तित्व में अभिमान एवं स्वाभिमान के अंतराल को समाप्त कर दिया।

मानव जीवन में सत्कर्म की प्रवृत्ति के अनुसरण की समझ धर्म से प्राप्त हुई तथा श्रेष्ठ कर्म से अध्यात्म तक व्यक्ति पहुँच गया और जीवन के सर्वांगीण विकास की प्रक्रिया को अपनाने के पश्चात् आत्मिक उत्कर्ष को भी प्राप्त कर लिया लेकिन आत्मा के अमरत्व का सन्दर्भ एवं प्रसंग अभी शेष है। आध्यात्मिक अनुसंधान अध्ययन की मन-स्थिति मनुष्य आत्माओं को राजयोग से मौन की ओर ले जाती है जहाँ से 'आत्म-तत्व' को 'ज्ञान-तत्व ' से मुक्ति प्राप्त हो जाती है तथा बुद्धि से जुड़ा मानव मस्तिष्क

'शांति की अवस्था' से गुजरने लगता है और साधक का मौन मनुष्य को 'बोध-तत्व' से जीवन मुक्ति प्रदान कर देता है जिससे हृदय से संबद्ध 'भाव' मौन के स्वरुप में परिणित हो जाता है। अतरू आत्मा के अमरत्व का भाव जगत मनुष्य को स्वयं के 'सर्वांगीण विकास' की प्रक्रिया में ले जाने का कारक बनता है और यह आत्मा की उच्चता व्यक्ति को सत्कर्म की प्रवृत्ति के अनुसरण के लिए चिरन्तर रूप से प्रेरणा प्रदान करती रहती है।

• आत्मिक उन्नयन हेतु आध्यात्मिक अनुसंधान

इस प्रकार मानव जीवन शैली के विकास, उत्थान एवं उत्कर्ष की प्रक्रिया में धर्म, अध्यात्म एवं राजयोग का विशेष योगदान होता है जिसका प्रकट भाव व्यक्ति के कर्म की श्रेष्ठता द्वारा व्यावहारिक जीवन से प्रत्यक्ष एवं अप्रत्यक्ष रूप में सम्पूर्ण मानव समाज तक पहुँचता है। जगत में मनुष्य की उपस्थिति और 'मानव जीवन शैली' की गतिशीलता के उज्जवल स्वरुप को जब व्यक्ति अपने कर्तव्य की स्वीकृत्ति समझकर अंतकरण से अपनाता है तो उसको प्राप्त होने वाले अधिकार स्वतः प्राप्त हो जाते हैं। 'अहिंसक जीवन शैली' की गरिमा किसी मनुष्य से छिपी नहीं है और धर्म के क्षेत्र में इस सत्यता को व्यक्ति के व्यवहार से जोड़कर देखा एवं समझा जाता है इसलिए अहिंसा को ही परम धर्म के रूप में मान्यता प्रदान कर दी गयी। उन्नतिशील प्राणी के रूप में मानव को सम्मान प्राप्त होना व्यक्ति के ' शक्तिशाली मस्तिष्क क्षमता ' एवं 'संवेदनशील हृदय भाव' का परिणाम है जिसमें सोचने, समझने तथा अनुभव करने का गुण विद्यमान होता है।

सृष्टि में मनुष्य के 'अस्तित्व की स्थिति' को विकसित करने का कार्य 'धर्म-कर्म' के सिद्धांत एवं व्यवहार द्वारा नीतिगत तरीके से संपन्न हो सका क्योंकि इस मार्ग में स्व-कल्याण के

सात्विक उपाय सम्मिलित रहते हैं जो व्यक्ति को परहित की ओर ले जाने में अभिप्रेरणा प्रदान करते रहते हैं। जीवन में एक ऐसी परिस्थिति उत्पन्न होती है जब व्यक्ति को 'अध्यात्म -पुरुषार्थ' का सहारा लेना पड़ता है क्योंकि उसे लगता है कि आत्मा के उत्थान के लिए कुछ अलग से प्रयास करना चाहिए तब वह आत्मिक उन्नयन हेतु आध्यात्मिक अनुसंधान करते हुए सत्कर्म की प्रवृत्ति का अनुसरण एवं अनुकरण करने लगता है जो उसके सर्वांगीण विकास से जुड़ा होता है।

स्वयं के अस्तित्व की रक्षा, निजी जीवन के विकास का पक्ष एवं आत्मा के उत्थान की स्थिति के पश्चात् स्व-स्वरुप को चरम उत्कर्ष पर देखने की इच्छा शक्ति व्यक्ति को 'राजयोग-मौन' की ओर सहज ही ले आती है जहाँ से 'आत्मा के अमरत्व का अध्ययन' मनुष्य को आनंद की अवस्था में पहुंचा देता है। राजयोग का वैविध्य और मानव जीवन-शैली का सहसंबंध अत्यधिक पवित्र होता है जिसमें धर्म सत्ता का भाव अहिंसक बनने के स्वरुप को भय के कारण नहीं बल्कि आध्यात्मिक शक्तियों की स्वीकृति से प्रेम स्वरुप होकर साधक का साध्य तक पहुँचने का अनुष्ठान है। सत्कर्म की प्रवृत्ति का अनुसरण किसी भी देश, काल एवं परिस्थिति में किया गया हो, वह उस समय के तपस्वी महान संतों एवं उनके द्वारा रचित पवित्र ग्रन्थों तथा पथ प्रदर्शन के लिए स्थापित श्रेष्ठ पंथों द्वारा इसलिए पूर्णता को प्राप्त हो सका क्योंकि उन्होंने-मन, वचन, कर्म, समय, संकल्प, संबंध एवं स्वप्न की पवित्रता को धर्म, अध्यात्म एवं राजयोग के सामंजस्य से सदैव बना कर रखा।

श्रेष्ठ जीवन शैली का जीवन में आगमन उच्च कोटि के आरंभ का प्रतीक है जो व्यक्ति के सर्वांगीण विकास की सम्भावना को सुनिश्चित हो जाने की स्थिति तक पहुँचाने में मददगार होता है लेकिन पुरुषार्थ की पवित्रता को नैतिक होने की

कठिनाइयों से गुजरना पड़ता है जिसमें उधर्वगामी एवं अधोगामी स्थिति का आंतरिक संघर्ष सबसे बड़ी बाधा के रूप में कार्य करता है। अनुसंधान अध्ययन की पृष्ठभूमि जब अपने उज्जवल स्वरुप में आध्यात्मिक उत्कृष्टता का प्रस्फुटन बन जाती है तब साधक (अध्येता) के लिए-नियम-संयम, जप-तप, ध्यान-धारणा, स्वाध्याय-सत्य, प्रेम-अहिंसा, राजयोग-मौन अर्थात् अन्तर्मुखी हो जाने का व्यावहारिक पुरुषार्थ जीवन के निष्कर्ष के रूप में परिवर्तित हो जाता है। इस प्रकार जीवन में आत्मा के अमरत्व की अनुभूति को 'आत्म- स्वरुप' में प्राप्त कर लेना आध्यात्मिक पुरुषार्थ में सत्कर्म की प्रवृत्ति के अनुसरण का उपलब्धिपूर्ण परिणाम है जो मानव जीवन के सर्वांगीण विकास को जगत के सम्मुख पूर्ण विश्वसनीयता से प्रकट करता है जिसमें धर्म, अध यात्म एवं राजयोग के अनुकरणीय प्रमाण उदाहरण के रूप में प्राप्त होते हैं।

अध्याय-11

मीडिया मीमांसा का गूढ़ार्थ एवं आध्यात्मिक सम्प्रेषण की महत्वपूर्ण भूमिका का दायित्व

- जगत की धारणात्मक गतिशीलता का पक्ष
- सम्प्रेषण आधारित जीवन और मीडिया
- धर्म, अध्यात्म एवं राजयोग का महत्व
- अहिंसक जीवन शैली के प्रति स्वीकृत्ति
- भक्ति-भावना के सानिध्य में अध्यात्म
- लोकतंत्र के लिए शुभ संकेत का प्रमाण

''आध्यात्मिक सम्प्रेषण और मीडिया मीमांसा के गूढ़ार्थ को जब पूर्ण सकारात्मकता के साथ स्वीकार कर लिया जाता है तब

मीडिया में राजयोग की सार्थकता स्वमेव परिलक्षित होने लगती है।"

मीडिया मीमांसा का गूढ़ार्थ एवं आध्यात्मिक सम्प्रेषण की महत्वपूर्ण भूमिका का दायित्व

"सम्प्रेषण आधारित व्यवस्थाएं जब-जब अपने लघु -दृष्टिकोंण से संचालित होती हैं तब-तब केवल जो हो रहा है उसे ही बताने अथवा दिखाने का दावा किया जाता है लेकिन जैसे ही संचार माध्यम अपने दृष्टिकोंण को वृहद् बनाने का प्रयास करते हैं तब-तब समाज में क्या होना चाहिए और क्यों होना चाहिए तथा मानवीय मूल्यों का हमारा सामाजिक इतिहास, धार्मिक इतिहास और उसकी समृद्धि से जुड़े पक्षों को उकेरना मीडिया की जिम्मेदारी एवं जवाबदेही का समाज में श्रेष्ठतम उदाहरण बन जाता है। सम्प्रेषण आधारित जीवन की रफ्तार को स्वीकार करते हुए मीडिया ने आध्यात्मिक सम्प्रेषण के प्रति अपनी निष्ठा को अत्यंत ही समादर भाव से प्रस्तुत्त किया है तथा धर्म, अध्यात्म एवं राजयोग के महत्व को समाज में स्थापित करने का जो बीड़ा उठाया है वह प्रशंसनीय है।"

- **जगत की धारणात्मक गतिशीलता का पक्ष**

प्रस्तुत्त आलेख में अहिंसक जीवन-शैली के व्यावहारिक पक्षों का सामाजिक विश्लेषण करते हुए विशेष रुप से यहां स्पष्ट किया गया है कि जीवन में जब हम स्वयं के सकारात्मक परिवर्तन का स्वरुप गढ़ने का प्रयास करते हैं तब एक मनुष्य होने के नाते हमें यह आभास होता है कि स्वयं के लिए सामाजिक जीवन में शांति, अहिंसा का क्या महत्व है। सामाजिक जीवन को नई दिशा प्रदान करने में धर्म की सम्मति एवं आध

यात्मिक चेतना का कितना महत्व है यह बात राजयोग की उपादेयता से पूर्णतया स्पष्ट हो जाती है। अब प्रश्न उठता है कि एक मनुष्य के लिए समाज में सुख, शांति एवं आनंद को बनाए रखने के लिए अहिंसक जीवन - शैली का किस स्तर पर उपयोग किया जाना अनिवार्य है क्योंकि अहिंसा परमो धर्मः एक कथनीय अभिव्यक्ति के साथ धारणा मूलक विचार भी है जिसे व्यक्ति धर्म कर्म की अभिव्यक्ति से अन्तःकरण को समझने का प्रयास करता है। व्यक्ति अध्यात्म के सहारे अपने स्वमान को जागृत करते हुए इस प्रकार से पुरुषार्थ करता है कि उसका आध्यात्मिक जगत किसी भी स्थिति में आत्मा के स्वमान को अखंड बनाए रख सकें। अहिंसक जीवन-शैली में राजयोग का अवदान अपनी परम्पराओं को इस प्रकार से अक्षुण्य बनाए रखता है ताकि राजयोग के स्वरुप का सही मूल्यांकन करना संभव हो सके। वर्तमान परिवेश में जब हम सम्प्रेषणकर्ता की बात करते हैं तो एक दृष्टि में सब कुछ संप्रेषित कर दिया जाए इस बात का मानसिक तनाव और दबाव सम्प्रेषणकर्तृता के ऊपर सामान्यतः होता है। दैनिक आपा-धापी के बीच जो कुछ घटित हुआ अथवा संभावित परिणाम के पक्ष एवं विपक्ष में वह अपनी बेबाक टिप्पणी से समाज के सम्मुख अतीत, आगत एवं अनंत का ऐसा खाका प्रस्तुत्त करता है जिससे उसकी क्रियाशीलता सामाजिक सक्रियता के सम्मुख अभिव्यक्ति के नित-नूतन आयाम को प्रस्तुत कर सके।

यहां पर इस बात की पुष्टि की गयी है कि मर्यादित सम्प्रेषण सामान्य तौर पर जीवन की विडंबनाओं से मुक्त रहता है और सामाजिक स्वीकृति के संदर्भ में इसे अत्यधिक ऊँचा ओहदा प्राप्त होता है। आध्यात्मिक सम्प्रेषण और मीडिया मीमांसा का गूढ़ार्थ इस बात पर बल देते हैं कि आध्यात्मिक जगत की ऊँचाई मानव जीवन-शैली को उसकी श्रेष्ठता से परिचित कराती है तथा अहिंसक जीवन जीने के लिए निरंतर प्रेरणा

प्रदान करने का कार्य करती है जिससे आध्यात्मिक सम्प्रेषण में श्रेष्ठ जीवन शैली को स्वीकृत करते हुए सामाजिक उत्कृष्टता के प्रसंग में प्रतिपादित किया जा सके। धर्म, अध्यात्म एवं राजयोग के संदर्भ को जब आध्यात्मिक सम्प्रेषण द्वारा समाज में परोसा जाता है तब मीडिया मीमांसा द्वारा धर्म-कर्म की महानता, अध्यात्म-पुरुषार्थ की वास्तविकता एवं राजयोग मौन की उपयोगिता को उसकी स्वाभाविक विशेषताओं के साथ इस प्रकार से विश्लेषित किया जाता है कि आम जन को इस बात की तहकीकात करने की गुंजाईश हो कि-आध्यात्मिक जगत की सम्पूर्ण प्रस्तुतियां क्या मानव जगत की धारणात्मक गतिशीलता को प्रमाणित करती हैं? यदि हाँ तो वह कौन-सी स्मृतियाँ हैं? जिससे मानव-समाज अपनी स्थिति को श्रेष्ठता के पायदान पर पहुंचा सकता है।

● सम्प्रेषण आधारित जीवन और मीडिया

अहिंसक जीवन शैली में राजयोग का अवदान, मानव जीवन शैली की गतिशीलता का एक अनिवार्य पक्ष है जिसे राजयोग, एक ऐसा स्थायित्व प्रदान करता है कि व्यक्तिगत जीवन में अहिंसक जीवन शैली की उपादेयता मनुष्य को विचार एवं भावनाओं तक सीमित नहीं रखती है बल्कि उसे श्रेष्ठ जीवन शैली अपनाने में भी मददगार साबित होती है क्योंकि आत्मिक स्थिति का संबंध परमात्म शक्ति के साथ जुड़ने के कारण अहिंसा के विराट पक्ष पर कार्य करना मनुष्य के लिए आसान हो जाता है। सम्प्रेषण आधारित व्यवस्था में जो कुछ घटित है अथवा अतीत में जो घटा है उसे संदर्भ सहित विश्लेषित करना तथा भविष्य की संभावनाओं को टटोलते हुए जो कुछ भी आकड़ों के माध्यम से भूत एवं वर्तमान के मध्य एक ऐसा सामंजस्य बैठाया जाता है ताकि भविष्य की अनुमानित परिकल्पनाओं को समाज के सम्मुख रखा जा सके। यह बात

सही है कि मनुष्य जीवन की रफ्तार बढ़ी है तथा सूचनाओं का अम्बार मीडिया के द्वारा संप्रेषित भी हुआ है तथा जो कुछ हो रहा है उस सच को अति शीघ्र प्रस्तुत्त करने की होड़ ने मीडिया की बैचेनी को बढ़ावा दिया है तथा मीडिया की स्थित्ति उसकी तनाव ग्रस्त मनःस्थिति के साथ स्वीकार होते हुए अग्रसर हो रही है। जीवन की गतिशीलता में लाभ–हानि, जीवन–मरण, यश–अपयश से जुड़ी घटनाओं का प्रस्तुत्तीकरण अत्यधिक तीव्रता से होने के कारण पाठक एवं दर्शक के मध्य एक द्वंदात्मक स्थिति का निर्माण हो गया है। एक पाठक बनकर स्वयं को यह मौका देना कि जो कुछ मीडिया के द्वारा संप्रेषित किया जा रहा है वह सब कुछ जैसा है वैसा ही स्वीकार कर लिया जाए और अतःकरण में उपजे सवालों के प्रतिउतर में अत्यधिक सोच अथवा चिंतन की बजाए अतिशीघ्र घटनाओं को सुनकर एवं देखकर यह अनुभव किया जाए कि अलग–अलग माध्यमों से एक ही घटना बहुआयामी स्वरुप से जब मन, मस्तिष्क की ओर तीव्रता से आती है तो एक मनुष्य होने के कारण स्वयं के अस्तित्व पर कितने निशान पड़ जाते हैं इसका अंदाजा लगाना बड़ा कठिन होता है।

जीवन की प्रक्रिया में सूचनाओं की तीव्रगति मनुष्य के मन को इस प्रकार से विचलित करती है कि किसी व्यक्ति, घटना, विचार एवं भावना का आहत स्वरुप स्थानीयता के संदर्भ से गुजरता हुआ विश्व परिदृश्य में जब प्रभावशीलता अथवा प्रेरणा की प्रासंगिकता से दो चार होते हुए मानव मन उद्धेलित होता है तब उसे लगता है कि जीवन की रफ्तार में सूचनाओं का दबाव आंकड़ों के रूप में व्यक्तिगत जीवन के लिए कितना आवश्यक हैं? कितना उपयोगी तथा भविष्य की धरोहर के रूप में संकलित की गई सूची अथवा किसी अनुक्रम का उल्लेख अति लघु रिपोर्टिंग के साथ निष्पक्ष टिप्पणी के रूप में अथवा

मौलिक आलेख के रूप में किसी पाठक की स्वीकारोक्ति के संदर्भ में प्रस्तुत्त होता है तब उस विषय से संबधित पुस्तक तथा पुस्तक की सच्चाई एवं गुणात्मकता अध्ययनशील व्यक्तियों के लिए अति महत्वपूर्ण हो जाती है। मानव जीवन के नियमित अनुक्रम में अच्छा, बुरा, आलोचना युक्त किसी खास मुद्दे पर किसी की बेबाक एवं त्वरित टिप्पणी कितनी आकर्षित करती है अथवा वह स्वयं को किसी विषय सामग्री की वास्तविक निर्वचन प्रक्रिया के साथ कितना जोड़ पाती है यह मीडिया के लिए एक चुनौती का विषय हो सकता है।

मीडिया के द्वारा स्वयं को विधिवत तरीके से अनुशासन के विविध पक्षों का ध्यान रखते हुए सूचनाओं की आम-जन को उनकी आवश्यकता एवं इच्छा के अनुरूप पूर्णतः वर्गीकरण समाचारों के साथ जब तथ्यगत एवं कथ्यगत स्थितियों की विवेचना की जाती है तब ऐसा प्रतीत होता है कि एक पाठक एवं दर्शक के रूप में क्या कुछ प्रस्तुत्त किया जाना न्याय संगत होगा? प्रस्तुत्तीकरण की प्रक्रिया में आध्यात्मिक सम्प्रेषण और मीडिया मीमांसा के गूढ़ार्थ को जब पूर्ण सकारात्मकता के साथ स्वीकार कर लिया जाता है तब मीडिया में राजयोग की सार्थकता स्वमेव परिलक्षित होने लगती है जो किसी भी लोकतान्त्रिक समाज के लिए एक चौथें स्तम्भ के रूप में उतनी ही प्रासंगिक होती है जितनी की व्यवस्थापिका, कार्यपालिका एवं न्यायपालिका का स्वरूप समाज में अनिवार्य हस्तक्षेप को सुनिश्चित करता है।

धर्म, अध्यात्म एवं राजयोग का महत्व

सम्प्रेषण आधारित व्यवस्था में मानव जीवन के अंतगर्त अति संवेदनशील व्यवहार का प्रस्तुत्तीकरण मीडिया के लिए एक महत्वपूर्ण अनिवार्यता बन गयी है। मानव जीवन की आवश्यकता का संज्ञान लेकर जब प्रस्तुतीकरण के विविध आयाम के साथ धर्म, अध्यात्म एवं राजयोग के महत्व को नियमित अथवा निर्धारित

दिवस के रूप में अथवा साप्ताहिक प्रस्तुत्तीकरण का स्वरुप वर्तमान मीडिया व्यवस्था में मनुष्य के व्यक्तिगत संतुष्टि का कारक बना हुआ है जिसे धीरे-धीरे सामाजिक व्यवस्थाओं द्वारा स्वीकार किया जाने लगा है। समाज में शांति एवं अहिंसा की स्थितियां सदैव बनी रहें और धर्म अध्यात्म, एवं राजयोग का योगदान निरंतर होता रहे इस अभिलाषा से अभिभूत होकर मीडिया अपने प्रस्तुत्तीकरण में धर्म, अध्यात्म और राजयोग से सम्बंधित कॉलम अथवा पृष्ठ के अंतर्गत विधिवत रूप से प्रस्तुत्त करना चाहता है लेकिन तीव्र गति से होते सामाजिक अवमूल्यन के कारण यह तय करना कई बार मीडिया के सामने चुनौती बन जाती है कि आखिर इस प्रकार के प्रस्तुत्तीकरण के बावजूद भी सकारात्मक परिवर्तन की स्थितियां समाज में क्यों दिखाई नहीं देती हैं इसके बाद भी मीडिया के प्रयास जारी हैं।

अब प्रश्न उठता है कि सम्प्रेषण आधारित व्यवस्था के अंतर्गत धर्म से जुड़े जितने भी कर्मकांड हैं क्या उनके घटित अथवा फलित स्वरुप को जो है, जैसा है, इन समस्त स्थितियों को अगर हूबहु प्रस्तुत्त कर दिया जाता है तो क्या ये समाज में एक नयी दिशा देने में कारगर सिद्ध हो सकती हैं ? मीडिया के द्वारा अध्यात्म के प्रस्तुत्तीकरण के मुद्दे पर केवल यह सोच लिया जाए कि आत्मा का अध्ययन किया जाएगा तब किसी इन्सान के क्रियाकलापों का विश्लेषण आध्यात्मिक सक्रियता के संबंध में होगा क्योंकि इस प्रकार की गतिविधि में पुरुषार्थ का अनुपालन नैसर्गिक रूप से हो जाएगा यह केवल एकपक्षीय मान्यता का प्रतिफल हो सकता है।

मीडिया द्वारा 'स्व-नाम-धन्य' के संबंध में प्रस्तुत्त विचारधाराएं केवल शब्दों का विश्लेषण अथवा किसी वाक्य रचना का मात्र संधि-विच्छेद नहीं है जिसे केवल बाह्य दृष्टि से देख लिया जाए और प्रस्तुत्त कर दिया जाए। जब किसी सच्चाई का सत्यनिष्ठा

के साथ विश्लेषण किया जाता है तब एक मनुष्य को इस बात का बोध होता है कि एक सच केवल शब्दों की संरचना नहीं है बल्कि मनुष्य द्वारा आत्मिक अंतर्दृष्टि की परिणिति है जिसे बोध आधारित व्यवस्था के माध्यम से मानवीय स्मृति एवं आत्मिक स्थित्ति के पश्चात् आत्मा की श्रेष्ठ अवस्था और भविष्य में उच्च स्वरुप की प्रप्ति का एक गहन अनुसंधान है जो धर्म, अध्यात्म एवं राजयोग के महत्व का जीता जागता प्रमाण है।

• अहिंसक जीवन शैली के प्रति स्वीकृत्ति

आध्यात्मिक सम्प्रेषण से जुड़ी प्रचलित मान्यताएं मीडिया मीमांसा के गूढ़ रहस्यों को उद्घाटित करने में सक्षम होती हैं जिसके प्रमाण अहिंसक जीवन शैली के प्रति सामाजिक स्वीकृत्ति के द्वारा समय-समय पर प्राप्त होते रहते हैं। संचार से जुड़ी हुई मानव जीवन की रफ्तार को वर्तमान परिवेश में रोकना असंभव सा प्रतीत होता है लेकिन मानव जीवन शैली की सम्पूर्ण व्यवस्था को देखने के पश्चात् मीडिया द्वारा यह तय किया जाना अधिक उपयोगी प्रतीत होता है जिसमें अल्प विराम, पूर्ण विराम, प्रश्न वाचक स्थितियां तथा आलोचनात्मक मूल्यांकन के साथ सकारात्मक पक्षों को विश्लेषित करने का नजरिया सामाजिक परिदृश्य में अवश्य ही सराहनीय कदम हो सकता है। यदि मीडिया मीमांसा के संदर्भ एवं प्रसंग को आदर के साथ समाज स्वीकार कर लेता है तो सम्प्रेषण आधारित व्यवस्था में इस बात की गुंजाईश होने लगती है कि- 'अहिंसक जीवन शैली' के प्रति सामाजिक आस्था को विकसित करने में मदद की जानी चाहिए।

संचार माध्यम जब किसी सामाजिक मुद्दे के प्रति अपनी पड़ताल आरंभ करते हैं तो उनकी पेशेवर प्रणाली निष्पक्षता के उच्च आयाम पर स्थापित रहती है। मीडिया से जुड़े यथार्थ सत्य के इतने नजदीक होते हैं कि स्वयं की परवाह किए बिना भूत, वर्तमान एवं भविष्य के ओर-छोर पर पहुंचकर विश्राम

करने की कवायत उन्हें एक जिज्ञासु की भांति अन्वेषण के लिए इतना उद्वेलित कर देती है कि वे स्वयं को समर्पित करते हुए सत्य को उसके विभिन्न स्वरुप में प्रस्तुत्त करने में सक्षम सिद्ध हो जाते हैं।

किसी भी लोकतान्त्रिक राष्ट्र में हिंसा के विरुद्ध अपनी पैठ बनाने और अहिंसा को स्थापित करने के लिए जीवन को इस प्रकार से अर्पित कर दिया गया कि दिवस के आरंभ में जो संकल्प लिया वह रात्रि के अंतिम पहर तक परिणाम में बदल गया जिसकी परिणिति दीर्घकालीन स्थितियों तक समाज को हिंसा के वृहद् पक्षों से छुटकारा प्राप्त हो गया और सुबह की रोशनी में समाज ने 'अहिंसक जीवन शैली' के न्यूनतम आयामों को पुष्पित और पल्लवित होते हुए स्वीकार कर लिया।

अहिंसक जीवन शैली के प्रति सामाजिक स्वीकृत्ति आदिकाल से रही है यदि कहीं किसी अनहोनी ने सामाजिक व्यवस्था में जन्म लिया भी है तो वह व्यवस्थागत सम्प्रेषण प्रणाली के दोष के कारण हुआ है क्योंकि जब-जब मीडिया अपने धर्म-कर्म के साथ गतिशील रहा है उसने समाज को अहिंसक जीवन-शैली का आईना ही दिखाया है और समाज ने आभार युक्त स्वीकृति के साथ अत्यंत सहज ढंग से संप्रेषित भी किया है जिसके कई कारण आज भी इतिहास के सुनहरे पन्नों में दर्ज हैं।

- **भक्ति-भावना के सानिध्य में अध्यात्म**

जनसंचार माध्यमों का अधिकाधिक सद्पयोग हो सके इसके लिए मानव समाज के जागरूक नागरिकों द्वारा अपनी कर्तव्यपरायणता से जीवन की तीव्र रफ्तार में भक्ति-भावना की आहूति देने की जिम्मेदारी को पूरी तन्मयता के साथ पूर्ण करना हमारा सामाजिक दायित्व होना चाहिए। कई बार किसी धार्मिक अथवा आध्यात्मिक विचार को एक सामान्य खबर की भांति

जब प्रस्तुत्त कर दिया जाता है तब उस विचार को समाज द्वारा स्वीकार किया जाना कठिन हो जाता है क्योंकि इस प्रस्तुत्तीकरण में भक्ति एवं भावना प्रधान स्थितियों की विवेचना आंकड़ों के संज्ञान एवं तर्कों के विश्लेषण द्वारा अपने कर्म को शीघ्रता से अंजाम तक पहुँचाने में केवल एक मानसिक जद्दोजहद ही कार्य कर पाती है। आध्यात्मिक सम्प्रेषण अपने व्यावहारिक स्वरुप में जनसंचार के अलग-अलग माध्यमों द्वारा आम-जन के नजदीक जब पहुँचता है तब उसमें संतुष्टि एवं सटीक जानकारी वह भी पूर्ण उपयोगिता के साथ प्राप्त होना मुख्य बिंदु होता है।

मीडिया की मीमांसा और उसके गूढ़ार्थ जब अपनी शक्ति के साथ गंभीरता एवं चिंतन परखता को विश्लेषित करते हैं तो कई बार सत्य एवं असत्य के मध्य द्वंदात्मक स्थितियां बन जाती हैं और पाठक एवं दर्शक को यह तय करना मुश्किल हो जाता है कि जिस 'अहिंसक समाज की संरचना' के लिए मीडिया की भूमिका अपने मानदंडों पर कार्य कर रही है वह आखिर कहाँ तक भक्ति-भावना एवं आध्यात्मिक-विचार के प्रस्तुत्तीकरण में सफल हो पाएगा।

• लोकतंत्र के लिए शुभ संकेत का प्रमाण

इस प्रकार सम्प्रेषण आधारित व्यवस्थाएं जब-जब अपने लघु-दृष्टिकोंण से संचालित होती हैं तब-तब केवल जो हो रहा है उसे ही बताने अथवा दिखाने का दावा किया जाता है लेकिन जैसे ही संचार माध्यम अपने दृष्टिकोंण को वृहद् बनाने का प्रयास करते हैं तब-तब समाज में क्या होना चाहिए और क्यों होना चाहिए तथा मानवीय मूल्यों का हमारा सामाजिक इतिहास, धार्मिक इतिहास और उसकी समृद्धि से जुड़े पक्षों को उकेरना मीडिया की जिम्मेदारी एवं जवाबदेही का समाज में श्रेष्ठतम उदाहरण बन जाता है। सम्प्रेषण आधारित जीवन की रफ्तार

को स्वीकार करते हुए मीडिया ने आध्यात्मिक सम्प्रेषण के प्रति अपनी निष्ठा को अत्यंत ही समादर भाव से प्रस्तुत्त किया है तथा धर्म, अध्यात्म एवं राजयोग के महत्व को समाज में स्थापित करने का जो बीड़ा उठाया है वह प्रशंसनीय है।

अहिंसक जीवन शैली के प्रति मीडिया द्वारा आस्था प्रकट करना इस बात का प्रमाण है कि समाज द्वारा जब अहिंसा परमो धर्मः को आदर प्रदान किया जा रहा हो तो उस स्थिति में मीडिया केवल हिंसात्मक गतिविधियों से जुड़े समाचार एवं उसके विश्लेषण तक ही अधिकतम कवरेज को महत्व प्रदान करे यह अब मीडिया और समाज दोनों के लिए चिंता का विषय बन गया है। आध्यात्मिक सम्प्रेषण के द्वारा जन मानस के भीतर भक्ति - भावना एवं अध्यात्मिक विचार का प्रस्फुटन हो जाए इसके लिए मीडिया की कवायत सकारात्मक जीवन के साथ सार्थक जीवन बनाने के प्रति अहिंसक विचार को मानव जीवन शैली से जोड़कर प्रस्तुत्त करना अब धीरे-धीरे मीडिया का धर्म-कर्म बनता जा रहा है यह लोकतंत्र के लिए एक शुभ संकेत का प्रमाण है।

अध्याय-12

मूल्याधारित पत्रकारिता की निष्पक्षता तथा राजयोग के मर्म की सुखद परिणिति

- मानवीय संवेदनशीलता के विभिन्न पक्ष
- जीवन मूल्य द्वारा पत्रकारिता में राजयोग
- श्रेष्ठ जीवन से उपजी व्यावहारिकता
- सृजनात्मक पत्रकारिता का अभ्युदय
- पत्रकारिता के निहितार्थ की निष्पक्षता

"मूल्याधारित पत्रकारिता के संबंध में जितने भी प्रयोग किए गए उसके अंतर्गत जिन मूल्यों का समावेश किया गया उनमें जीवन की शिक्षा, अनुभव, सक्षमता, कल्पना शक्ति सृजनात्मकता, नवाचार एवं ईमानदारी प्रमुख रूप से सम्मिलित है।"

मूल्याधारित पत्रकारिता की निष्पक्षता तथा राजयोग के मर्म की सुखद परिणिति

"जब हम श्रेष्ठ जीवन के परिपक्व स्वरुप का सामाजिक एवं मनोवैज्ञानिक सन्दर्भों में संज्ञान प्राप्त करने की कोशिश करते हैं तब हमें जीवन की व्यावहारिकता का स्पष्ट रूप से ज्ञान हो पाता है। राजयोग के प्रयोग से सृजनात्मक पत्रकारिता का जन्म मूल्याधारित पत्रकारिता को बनाए रखने में व्यावहारिक रूप से सहायक होता है और यह वास्तविकता ही सहज राजयोग के परिणामों को कल्याणकारी स्वरूपों में प्रस्तुत कर देती है। अतः मूल्याधारित पत्रकारिता ने सामाजिक विकास के विभिन्न आयाम को नयी दिशा देने में अपना महत्वपूर्ण योगदान दिया है और जीवन मूल्यों से जुड़े हुए मंगलकारी स्वरुप को सामाजिक उत्थान के लिए स्वभावगत जीवन मूल्यों से सिंचित करने का सदैव प्रयास किया है जो राजयोग के सामंजस्य को जीवन की शुचिता के साथ रेखांकित करते हुए स्वयं को गौरवान्वित करता है।"

• मानवीय संवेदनशीलता के विभिन्न पक्ष

प्रस्तुत्त आलेख में श्रेष्ठ जीवन हेतु एक सृजनात्मक अध्ययन करते हुए यहां विशेष रुप से यह बताने का प्रयास किया गया है कि मानव जीवन में मूल्यों का सृजन एक अलौकिक घटना की परिणिति है जो व्यक्ति को मानवीय संवेदनशीलता के विभिन्न पक्षों से जोड़ने का प्रयास करती है जिससे व्यक्तिगत जीवन की उपादेयता जीवन की सार्थकता में परिवर्तित हो जाती है। जीवन में आध्यात्मिक सम्प्रेषण की आवश्यकता उत्पन्न होने का अर्थ है कि व्यक्ति स्वयं के संबंध में एक जिज्ञासु प्रवृत्ति के रूप में रहकर स्वयं का ही अवलोकन करना चाहता है तथा

इस निरन्तरता के लिए वह मीडिया मीमांसा के गूढ़ रहस्यों की ओर बढ़ते हुए पठन – पाठन, मनन-चिंतन तथा स्वाध्याय से जुड़ कर सत्य, प्रेम एवं अहिंसा के मार्ग पर चलकर राजयोग और मौन के प्रति आस्था व्यक्त करता है। यहां इस सत्य का उल्लेख भी किया गया है कि मूल्याधारित जीवन की व्याख्या में सहज राजयोग की उपस्थिति व्यक्ति को आत्म अभिव्यक्ति हेतु जिस मस्तिष्क एवं हृदय को माध्यम बनाती है वह संचार का प्रथम व्यक्त स्वरुप होता है। मूल्य आधारित जीवन सर्व प्रथम स्वयं से संलाप करता है तथा व्यक्ति को यह बताता है कि उसके लिए जीवन की प्रक्रिया और उसकी गतिशीलता किन व्यवस्थाओं से होकर गुजरती है तथा उसे क्या करना चाहिए एवं क्या नहीं करना चाहिए के बोध से परिचित भी कराती है। सामाजिक जीवन में जब मूल्य आधारित पत्रकारिता और सहज राजयोग के संबंधों को प्रकट करने का प्रयास किया जाता है तब एक सही परिणाम तक पहुंचना मूल्यपरक जीवन में कठिन प्रतीत होने लगता है।

जीवन की स्वार्थपरता 'मैं और 'मेरे' के भेद को इस प्रकार से रेखांकित करती है कि मेरा जीवन और मेरा व्यवसाय, मेरे जीवन के दो अलग अस्तित्व हैं इस सत्य की बार-बार पुष्टि होने के कारण मूल्याधारित जीवन एवं मूल्याधारित पत्रकारिता के मध्य एक द्वन्द खड़ा हो जाता है और व्यक्ति सहज राजयोग को एक अलग तरीके से देखने का प्रयास करने लगता है और वह किसी वास्तविक परिणाम तक नहीं पहुँच पाता है। अहिंसक जीवन-शैली के परिप्रेक्ष्य में जब मूल्य आधारित पत्रकारिता को आंकने का प्रयास किया जाता है तो सहज राजयोग की प्रासंगिकता अपनी सम्पूर्ण अवस्था को प्रतिपादित करती है जिसके प्रतिफल व्यक्तिगत जीवन में किसी मनुष्य की ऊँचाई और मूल्यों से सृजित जीवन, समर्पित अवस्था को प्राप्त करते हुए नैतिक मूल्यों को स्थापित करने में सफल हो जाता है। मूल्याधारित पत्रकारिता और सहज

राजयोग के अंतर्गत अंतर्संबंधों को विश्लेषित करने से यह ज्ञात हो जाता है कि व्यक्ति को स्वयं का जीवन उच्च मूल्यों के साथ गतिशील रखना होगा तथा जीवन की व्यावहारिकता को अपने पेशेवर कार्य कुशलता के साथ सार्वजानिक जीवन की अनिवार्यता एवं उपयोगिता को गति प्रदान करते हुए मूल्यपरक जीवन के साथ न्याय करना होगा ताकि व्यक्तिगत जीवन और सार्वजनिक जीवन की शुचिता को बनाए रखा जा सके।

- **जीवन मूल्य द्वारा पत्रकारिता में राजयोग**

जनसंचार के मध्य कार्य करते हुए स्वयं को आध्यात्मिक सम्प्रेषण का संवाहक बनाने की आंतरिक अभिलाषा जीवन मूल्य को संरक्षित करने के प्रति निष्ठावान रहती है और राजयोग से अंततः सदगति के तमाम प्रयासों को सफल बनाने के निरंतर प्रयास को किसी भी स्थिति में पूर्णता प्रदान करना चाहती है। किसी भी मनुष्य के लिए निजी जीवन और सार्वजानिक जीवन के मध्य श्रेष्ठ सामंजस्य बनाने के लिए राजयोग का बड़ा योगदान होता है क्योंकि राजयोग स्वयं के उत्थान के सम्पूर्ण आयाम व्यक्ति को अनुभव कराता है जिससे एक मनुष्य को उसकी आत्मिक शक्तियों एवं गुणों का ज्ञान सहजता से हो जाता है। व्यक्तिगत जीवन में अभिव्यक्ति की स्वतंत्रता का उपयोग भले ही व्यावहारिक दृष्टि से वाचा के द्वारा प्रतिपादित होता है लेकिन राजयोग का सामंजस्य जीवन की अभिव्यक्ति को मंसा, वाचा, कर्मणा के साथ जोड़कर देखने का प्रयास करता है और आत्मिक दृष्टि से समय, संकल्प, संबंध एवं स्वप्न की पवित्रता व्यक्ति को जीवन मूल्य के संबंध में उस उंचाई पर स्थापित कर देती है कि जो कुछ सृजन किया जा रहा है वह मानव कल्याण के परिप्रेक्ष्य में स्वमेव स्वर्ण अक्षरों में अंकित होता जाएगा।

मूल्याधारित पत्रकारिता के समक्ष उस समय संकट उत्पन्न होता है जब आध्यात्मिक सम्प्रेषण और मीडिया मीमांसा के

गूढ़ार्थ उस सत्य को प्रतिपादित करना चाहते हैं लेकिन सत्य पर पड़े हुए आवरण को उठाने का साहस एवं आवरण हटाने का दुस्साहस वे नहीं कर पाते है। सम्प्रेषण आधारित जीवन की गतिशीलता जब मिशन पत्रकारिता के आयाम से गुजरती है तो वह इतनी शक्तिशाली होती है कि उसे भय एवं प्रेम के संबंधों को अनुशीलन करने में देर नहीं लगती है। एक व्यक्ति किसी भी स्थित्ति में ' अहिंसक जीवन-शैली ' अपनाकर ही रहेगा यह केवल मूल्य आधारित जीवन का स्वरुप नहीं बल्कि सामाजिक दबाव से उपजी वह स्थित्ति है जहाँ मूल्य आधारित पत्रकारिता का सामाजिक दबाव, व्यक्ति को 'श्रेष्ठ जीवन शैली ' अपनाने के लिए बाध्य कर देता है। सामाजिक संतुलन की स्थापना का दायित्व बोध-जब 'मूल्य आध ाारित पत्रकारिता का मिशन' बन जाता है तब सहज राजयोग का परिणाम व्यक्तिगत जीवन मूल्य के माध्यम से समाज में प्रकट होने लगता है और पत्रकारिता अपने स्वाभाविक गुणों के साथ कार्य करने लगती है तथा राजयोग का सामंजस्य व्यक्ति को बार-बार आत्मिक दृष्टिकोंण को विकसित करने और जीवन मूल्यों के साथ जीवन पर्यंत डटे रहने की स्थितियों को आत्मसात कर लेता हैं।

● श्रेष्ठ जीवन से उपजी व्यावहारिकता

मानव जीवन शैली के प्रति मीडिया का सकारात्मक नजरिया जीवन प्रणाली को जब अहिंसक जीवन शैली के रूप में देखने का प्रयास करता है तब वह कहीं न कहीं भविष्य के गर्भ में छिपे और कभी न कभी उथल-पुथल के द्वारा मानवता को तहस-नहस करने की ओर ईशारा करते हुए बस इस बात का संज्ञान लेने की कोशिश करते हैं कि कहीं- 'आधुनिक जीवन और पाश्चात्य जीवन-शैली' का दबाव मनुष्य पर इतना ना पड़ जाए कि 'मर्यादित जीवन शैली' के लिए कोई स्थान शेष ही ना बचे। आध्यात्मिक सम्प्रेषण के द्वारा- 'श्रेष्ठ जीवन शैली' के जितने भी आयाम प्रस्तुत्त किए गए उसमें मीडिया मीमांसा का दखल इतना पैना था कि

मनुष्य जीवन की व्यावहारिकता समाज के सम्मुख धर्म-कर्म के परिष्कार के रूप में अभिमुखित हो सकी और उसने आध यात्मिक जगत में पुरुषार्थ को मानवता के लिए उपयोगी बताया तथा इस बात के प्रमाण प्रस्तुत्त कर दिए कि- 'सहज राजयोग की परिणिति' आत्मा को गहरे मौन की ओर ले जाती है जहाँ से आत्मानुभूति का स्वरुप विकसित होता है।

अब प्रश्न उठता है कि मूल्याधारित पत्रकारिता मानव जीवन के लिए क्या कुछ संप्रेषित कर दे कि सहज राजयोग की परिणिति पूर्णरूपेण मुखरित हो जाए क्योंकि - 'श्रेष्ठ जीवन का संज्ञान' लेने से जिस व्यावहारिकता के प्रकट होने की सम्भावना रहती है उसमें परमात्म शक्तियों का भण्डार सर्व प्रथम आत्मिक मर्यादा को समुन्नत बनाता है जिससे व्यक्ति श्रेष्ठ जीवन की ओर गतिशील हो सके। वर्तमान आपाधापी के युग में मानव जीवन के प्रति संवेदनशील दृष्टिकोंण अपनाने की मानसिकता व्यक्ति को मूल्याधारित पत्रकारिता के लिए अभिप्रेरित करती है जिसमें श्रेष्ठ जीवन का संज्ञान अति महत्वपूर्ण पक्ष होता है। आध्यात्मिक सम्प्रेषण का परिदृश्य मानवता के प्रति इतना अधिक संवेदनशील होता है कि वह मनुष्य द्वारा व्यावहारिक जीवन में किए जाने वाले धर्म से जुड़े कर्तव्य को श्रेष्ठ कर्म द्वारा अंगीकार करने का प्रयास करता है क्योंकि मीडिया सामाजिक मनोविज्ञान की एकांगी प्रस्तुत्ति को स्वीकार नहीं करता, उसे ऐसा लगता है कि जो कुछ वह अहिंसक जीवन शैली के स्वरुप से उसकी परम्परा को विकसित करने के लिए क्या भूत, वर्तमान एवं भविष्य के मध्य इतनी श्रेष्ठ तन्मयता से अपनी भूमिका निभा सकेगा? श्रेष्ठ जीवन के उजले पक्ष मानवता को जीवन की व्यावहारिकता से सदैव जोड़ने का प्रयास करते हैं जिसके परिणाम स्वरुप जीवन मूल्यों का संधारण नैसर्गिक रूप से होता है और जनसंचार के विभिन्न माध्यम स्वयं के भीतर

नैतिक मूल्यों को विकसित करते हुए अपनी कर्म कहानी को आगे बढ़ाते हैं जिससे स्व-उन्नति के साथ समाज को अपने मूल्यांकन का आधारभूत बोध मूल्यानुगत पत्रकारिता के द्वारा कराया जा सके।

• सृजनात्मक पत्रकारिता का अभ्युदय

मूल्याधारित पत्रकारिता के संबंध में जितने भी प्रयोग किए गए उसके अंतर्गत जिन मूल्यों का समावेश किया गया उनमें जीवन की शिक्षा, अनुभव, सक्षमता, कल्पना शक्ति, सृजनात्मकता, नवाचार एवं ईमानदारी प्रमुख रूप से सम्मिलित है। संचार माध्यम के द्वारा जब सहज राजयोग को संप्रेषित किया जाता है तो इस बात का ध्यान रखा जाता है कि आत्मा के गुण एवं शक्तियों के माध्यम से सृजनात्मकता का अभ्युदय सुनिश्चित हो सके जो एक मनुष्य को पुण्यात्मा के आभामंडल से परिचित कराता है जिससे व्यक्ति अपने आध्यात्मिक पुरुषार्थ के द्वारा स्वयं को देवात्मा के स्वरूप में परिणित कर पाता है। राजयोग के प्रयोग से सृजनात्मक पत्रकारिता के जिस आयाम का अभ्युदय होता है उसमें – 'आत्म अनुभूति और परमात्म अनुभूति' का सबल पक्ष सैदव कार्यरत रहता है जो पत्रकारिता के साधकों को– 'साधन की पवित्रता के साथ साध्य की पवित्रता' से पवित्र संबंध बनाने के लिए अभिप्रेरित किया करता है।

सामाजिक परिवेश के अंतर्गत सम्प्रेषण आधारित व्यवस्था में जीवन मूल्य संरक्षित बने रहें और मानवता सुरक्षित हो इसका विशेष ध्यान रखा जाता है और मीडिया का किसी भी स्थित्ति में नैतिक मूल्यों के साथ सरोकार बनाकर इसके लिए सहज राजयोग की उपयोगिता को वृहद् दृष्टिकोंण के तहत स्वीकार किया जाना चाहिए जिससे सृजनात्मक पत्रकारिता के मार्ग को प्रशस्त किया जा सके। आधुनिकता के दौर में सृजनात्मक

पत्रकारिता द्वारा जब राजयोग के प्रयोग की बात की जाती है तब आध्यात्मिक सम्प्रेषण अपनी गहरी पैठ सामाजिक विडम्बनाओं को उकेरने में अपनाता है क्योंकि नकारात्मक सूचनाओं का तेजी से बढ़ता स्वरूप अधिकतम स्थान पर स्वयं की उपस्थिति को इस प्रकार से दर्ज करता है कि सकारात्मक समाचार के मध्य –" "वह नकारात्मक समाचार जो आपके लिए जानना जरुरी है" जैसे जुमलों के साथ नकारात्मकता अपनी पैठ सकारात्मक पृष्ठ पर जमाती है जबकि शेष अखबार के पन्नों पर नकारात्मक सूचनाओं का जमावड़ा पहले से ही विद्यमान है।

कई बार 'आध्यात्मिक सम्प्रेषण और मीडिया मीमांसा' के मध य इतना द्वन्द बढ़ जाता है कि मूल्याधारित पत्रकारिता को अपनी उपस्थिति दर्ज करने में एक दीर्घकालीन शीत युद्ध की वीभत्स स्थितियों से गुजरना पड़ता है और सृजनात्मक पत्रकारिता की बानगी, सकारात्मक मनोदशा के मध्य राजयोग के प्रयोग की बानगी प्रस्तुत्त करने हेतु भविष्य में स्थान तलाशती रहती है।

● पत्रकारिता के निहितार्थ की निष्पक्षता

मूल्याधारित पत्रकारिता और सहज राजयोग का गहन संबंध होता है जो सामाजिक व्यवस्थाओं के मध्य आध्यात्मिक सम्प्रेषण को इसलिए महत्व प्रदान करता है क्योंकि पत्रकारिता के निहितार्थ निष्पक्षता की ओर बढ़ने के लिए राजयोग के प्रयोग को हर स्थित्ति में क्रियान्वित करना चाहते हैं जिससे सृजनात्मक पत्रकारिता का अभ्युदय विरोधाभासी स्थितियों में भी सुनिश्चित हो सके। मूल्याधारित पत्रकारिता को संबल प्रदान करने में आध यात्मिक सम्प्रेषण के विभिन्न आयाम जहाँ प्रत्यक्ष एवं अप्रत्यक्ष रूप से मदद करते हैं वही जीवन मूल्य को अक्षुण्य रखने में राजयोग का श्रेष्ठ सामंजस्य सार्थक भूमिका भीनिभाता है।

जब हम श्रेष्ठ जीवन के परिपक्व स्वरुप का सामाजिक एवं

मनोवैज्ञानिक सन्दर्भों में संज्ञान प्राप्त करने की कोशिश करते हैं तब हमें जीवन की व्यावहारिकता का स्पष्ट रूप से ज्ञान हो पाता है। राजयोग के प्रयोग से सृजनात्मक पत्रकारिता का जन्म मूल्याधारित पत्रकारिता को बनाए रखने में व्यावहारिक रूप से सहायक होता है और यह वास्तविकता ही सहज राजयोग के परिणामों को कल्याणकारी स्वरूपों में प्रस्तुत्त कर देती है। अतः मूल्याधारित पत्रकारिता ने सामाजिक विकास के विभिन्न आयाम को नयी दिशा देने में अपना महत्वपूर्ण योगदान दिया है और जीवन मूल्यों से जुड़े हुए मंगलकारी स्वरुप को सामाजिक उत्थान के लिए स्वभावगत जीवन मूल्यों से सिंचित करने का सदैव प्रयास किया है जो राजयोग के सामंजस्य को जीवन की शुचिता के साथ रेखांकित करते हुए स्वयं को गौरवान्वित करता है।

अध्याय-13

मीडिया के सार्थक बदलाव की स्थिति और सामाजिक विश्वसनीयता की आधारशिला

- परिवर्तन की श्रेष्ठ बानगी का आधार
- प्रस्तुतीकरण में विश्वसनीयता का पक्ष
- तीव्रता की होड़ से मीडिया का संबंध
- सम्प्रेषण माध्यमों के विश्लेषण का परीक्षण
- राजयोग के प्रयोग का स्थाई स्वरुप

"मीडिया ने अपने विविध स्वरुप द्वारा समाज के सम्मुख आरंभिक, मध्य एवं वर्तमान में वास्तविक स्वरुप के पक्ष-विपक्ष, आलोचना एवं समालोचना को मुख्य आधार बना कर सामाजिक विश्वसनीयता को हासिल करने का प्रयास किया जिसमें -' जो हो रहा है वही सत्य प्रस्तुत किया जा रहा है।"

मीडिया के सार्थक बदलाव की स्थिति और सामाजिक विश्वसनीयता की आधारशिला

"आम जन मानस ने अपनी सोई हुई चेतना को जागृत करके दृश्य एवं श्रव्य माध्यमों के विश्लेषण और समसामयिक परीक्षण द्वारा वह महानतम बानगी प्रस्तुत्त की है कि दीर्घकाल तक इन माध्यमों के विश्लेषण के प्रति जनमानस हृदय से आभारी रहेगा। आध्यात्मिक सम्प्रेषण और मीडिया मीमांसा की आंतरिक एवं बाह्य शक्तियों का स्वरुप सामाजिक दबाव के रुप में मनुष्य की मनस्थित्ति पर हावी रहता है जिसे व्यक्तिगत जीवन प्रणाली में 'बिन भय होय न प्रीति' के संबंध में जगत स्वीकार करता है जिसका परिणाम मनुष्य के मनुष्य बने रहने, मानव के महामानव बन जाने तथा मनुष्य द्वारा देवत्व की प्राप्ति कर लेने के संदर्भ में अहिंसक जीवन शैली की स्थितियों को स्वीकार करते हुए तथा राजयोग के प्रयोग से उसे स्थायी स्वरुप प्रदान करने का प्रयास किया जाता है। "

● परिवर्तन की श्रेष्ठ बानगी का आधार

प्रस्तुत्त आलेख में मीडिया के सार्थक परिवर्तन को सामाजिक विश्वसनीयता के दृष्टिकोंण से आंकलन करते हुए यहां यह स्पष्ट किया गया है कि आध्यात्मिक सम्प्रेषण और मीडिया मीमांसा सदैव प्रिंट मीडिया और इलेक्ट्रहनिक मीडिया को मूलभूत रूप से सहारा देने का प्रयास करता है क्योंकि मीडिया की अपनी मान्यताएं और अपने विश्वास, धर्म की किसी भी व्यवस्था को अध्यात्म की किसी भी प्रक्रिया को और राजयोग के बहुआयामी स्वरुप को हूबहु स्वीकार करने के लिए तैयार नहीं होते हैं। मीडिया के इतिहास को उठाकर देखें तो पता चलता है

कि प्रिंट मीडिया के द्वारा धर्म और कर्म के साथ जिन मानव आत्माओं ने धारणा के स्वरूप में स्वयं का जीवन और अनेकानेक मानव आत्माओं का जीवन परिवर्तित किया है जिससे उन्हें प्रत्यक्ष एवं अप्रत्यक्ष रूप से सुख, शांति एवं आनंद की प्राप्ति भी हुई है। सामाजिक बदलाव के संदर्भ में प्रिंट मीडिया द्वारा जिन आख्यानों एवं व्याख्यानों को प्रस्तुत किया गया उनके उदाहरण स्वरुप वर्तमान काल के अंतर्गत जगत में विस्तृत रूप से आदर पाने वाले बारह धर्मों का साहित्य और उनसे उपजे विभिन्न सम्प्रदायों के पौराणिक स्वरुप को विभिन्न धर्म ग्रन्थ एवं दस्तावेज के रूप में समाज के मंगल कार्यों हेतु प्रस्तुत्त किया गया जिससे 'धरोहर स्वरुप' संदर्भ ग्रन्थ के रूप में वर्तमान एवं भविष्य की पीढ़ियों को स्वयं के उत्थान हेतु मार्गदर्शन प्राप्त हो सकेगा।

मीडिया के बदलते स्वरुप ने सामाजिक विश्वसनीयता को बढ़ाने का काम किया है जिसमें चेतना की जगृत्ति अपने उच्च स्वरुप में स्थापित हुई है जिसके परिणाम स्वरुप जो कुछ भी ऐतिहासिक, धार्मिक, सामाजिक, मनोवैज्ञानिक एवं दार्शनिक पक्षों का मानव जाति के विकास में योगदान या उन्हें प्रिंट मीडिया ने समाज तक पहुँचाने में सम्पूर्ण शक्ति (पूर्ण साज सज्जा) के साथ प्रस्तुत्त किया हैं। इलेक्ट्रॉनिक मीडिया ने उस विस्तार को सार स्वरुप में जगत के सन्मुख इस प्रकार से परोस दिया है कि आम जन-मानस स्वयं के दृष्टिकोंण को वृहद बनाते हुए मनःस्थिति में दृश्य एवं श्रव्य प्रस्तुतियों को इस प्रकार से समझने, सीखने एवं अनुभव करने के विविध आयाम से गुजरता हुआ स्वयं की स्मृत्ति को सामाजिक विश्वसनीयता के संदर्भ में उकेरने में सक्षम हो सके।

अब प्रश्न यह उठता है कि मीडिया द्वारा अपने बहुप्रतिष्ठित माध्यमों चाहे वह प्रिंट अथवा इलेक्ट्रॉनिक मीडिया ही क्यों ना हो उसके प्रति इतना संवेदनशील रहता है कि वह अपनी

जिम्मेदारियों और जवाबदेही के चलते किसी भी अच्छाई एवं किसी भी बुराई को अथवा किसी स्थित्ति एवं परिस्थिति को अत्यधिक तीव्रता से प्रस्तुत नहीं कर सकता क्योंकि सामाजिक विश्वसनीयता के मानदंडों पर खरा उतरने का सामाजिक दबाव उसे हर समय बाध्य करता है कि वह उस व्यक्ति घटना, विचार, भावना एवं व्यवस्था का सम्पूर्ण आंकलन प्रस्तुतीकरण के पूर्व ही कर ले। इस सन्दर्भ में मीडिया के बदलाव की आहट को अत्यंत ही प्रभावशाली ढंग से रेखांकित किया गया है जिसमें मानव जीवन शैली, अहिंसक जीवन शैली, आधुनिक जीवन शैली एवं पाश्चात्य जीवन शैली का सम्पूर्ण अध्ययन करने के पश्चात् मीडिया ने अपने विविध स्वरुप द्वारा समाज के सम्मुख आरंभिक, मध्य एवं वर्तमान स्वरुप में वास्तविक स्वरुप के पक्ष-विपक्ष, आलोचना एवं समालोचना को मुख्य आधार बना कर सामाजिक विश्वसनीयता को हासिल करने का प्रयास किया जिसमें- 'जो हो रहा है वही सत्य प्रस्तुत्त किया जा रहा है'।

मीडिया ने धीरे-धीरे अब यह स्वीकार कर लिया है कि समाज में मर्यादा के अनुसार जो कुछ भी होना चाहिए यह भी साथ में बताया जाता तो सामाजिक परिवर्तन की बानगी अपने मर्यादित स्वरुप में आज भी विद्यमान रहती और 'श्रेष्ठ जीवन-शैली' में मानव आत्माओं को परिवर्तित करने का एक बहुत बड़ा आधार मिल जाता। राजयोग की मूलभूत मान्यता इस बात को रेखांकित करती है कि सामाजिक जीवन में ईमानदारी और आध्यात्मिक जीवन में आत्मा की पवित्रता किसी भी मानव आत्मा को ऊँचा उठने, आगे बढ़ने और जीवन मूल्यों के प्रति निष्ठा व्यक्त करने में मददगार होती है और मनुष्य के द्वारा अपनाई जाने वाली – 'मर्यादित जीवन शैली ' अपने उच्च भाव में स्वयं को प्रतिस्थापित करते हुए यह व्यक्त करने में गौरव महसूस करती है और राजयोग के व्यावहारिक सिद्धांत का अनुकरण करते हुए इस बात का दावा करती है कि मुझ आत्मा से अच्छा बोलना, अच्छा देखना, अच्छा सुनना, अच्छा सोचना एवं अच्छा करना पूर्ण

रूप से संभव हो जाएगा।

- **प्रस्तुत्तीकरण में विश्वसनीयता का पक्ष**

मानव जीवन में मूल्यों के निरन्तर होते ह्रास के कारण वर्तमान व्यवस्था के प्रस्तुत्तीकरण में विश्वसनीयता का संकट आकर खड़ा हो गया है जिसके कारण प्रिंट एवं इलेक्ट्रॉनिक मीडिया स्वयं की सजगता एवं सतर्कता को आधार बिंदु मानकर अपने समस्त व्यवहार को अंजाम देने का प्रयास करता है। यदि किसी कारण से व्यक्ति एवं व्यवस्था से जुड़ा सच ज्ञात एवं अज्ञात भाव से आत्मसात कर लिया जाता है तो भी इस बात का अंदेशा बना रहता है कि जिस व्यवस्था - चाहे वह धर्म एवं अध्यात्म से ही क्यों ना जुड़ी हो आम-जन के सामने कब और कैसे रहस्योद्‌घाटन करना है यह मीडिया द्वारा उनकी नीति-नियमों के तहत निर्धारित किया जाता है भले ही वह सच अथवा वास्तविकता कितनी ही कड़वी क्यों न हो। जब हम आध्यात्मिक सम्प्रेषण और मीडिया मीमांसा के गूढ़ार्थ को स्वीकार कर लेते हैं तब हमें इस बात का अहसास हो जाता है कि प्रिंट मीडिया और इलेक्ट्रॉनिक मीडिया में जो कुछ भी छनकर आएगा वह एक गंभीर चिंतनपरक स्थितियों के पश्चात् ही जनमानस तक पहुंचेगा।

यदि मीडिया माध्यम यह तय कर ले कि जो कुछ व्यवस्थागत स्थितियों के अंतर्गत धर्म-क्षेत्र में जो कुछ भी हो रहा है अथवा विभिन्न धर्मों का अनुपालन करते हुए मनुष्य द्वारा कर्म, अकर्म एवं सत्कर्म के अनुशीलन को अपनाया जा रहा है और अध्यात्म की उच्च स्थितियों से गुजरते हुए आत्मा के पुरुषार्थ की पवित्र अवस्थाओं को जीवन में आत्मसात किया जा रहा है तथा राजयोग के प्रयोग से आत्मा गुण एवं शक्ति संपन्न बन रही है। वर्तमान व्यवस्था में यह आंकलन मीडिया द्वारा धर्म - धर्म के पैरोकारों अध्यात्म के नुमायिन्दों एवं राजयोग के द्वारा स्वयं को

फरिश्ता स्वरुप मानने वाले तथाकथित मानव आत्माओं की आंतरिक एवं बाह्य स्थित्ति के विभिन्न विरोधाभास परिलक्षित होने के कारण विश्वसनीयता के पक्षों पर स्वाभाविक दबाव प्रिंट मीडिया एवं इलेक्ट्रॉनिक मीडिया पर रहता है जिसकी परिणिति सामान्यतः धर्म – क्षेत्र को आधार प्रदान करते हुए लगभग सभी स्वरूपों को मीडिया द्वारा प्रस्तुतीकरण करके सम्मान कर ही दिया जाता है।

- **तीव्रता की होड़ से मीडिया का संबंध**

सम्प्रेषण आधारित मानव जीवन की गतिशीलता में मीडिया का विशेष योगदान होता है क्योंकि वर्तमान व्यवस्था में प्रिंट एवं इलेक्ट्रॉनिक मीडिया का बदलता स्वरुप और सामाजिक विश्वसनीयता यह बताती है कि आखिर प्रिंट और इलेक्ट्रॉनिक मीडिया की होड़ इतनी तीव्र हो गयी है कि कई बार जो कुछ भी परोसा जाता है वह सभी कुछ एक दृष्टि में सामाजिक सरोकारों से इतर प्रतीत होता है। समाज में धर्म और कर्म से जुड़े विभिन्न पक्ष जब कई बार मनन चिंतन एवं वर्णन के विविध आयाम से गुजरते हैं तब प्रिंट और इलेक्ट्रॉनिक मीडिया के मध्य इस बात की होड़ लगी रहती है कि जो कुछ भी प्रस्तुत्त किया जा रहा है क्या वही सच है? जबकि मीडिया का सामाजिक संबंध इस बात की पैरवी करने में जुटा रहता है कि कोई सत्य अथवा तथ्य मनुष्य जीवन में व्यावहारिक रूप से अपनाए बिना केवल सत्य का वर्णन कर देने मात्र से, परीक्षण किए बिना प्रस्तुतीकरण के दायरे में क्यों आ जाते हैं। यदि आध्यात्मिक सम्प्रेषण और मीडिया मीमांसा का आध्यात्मिक विश्लेषण किया जाए तो यह ज्ञात हो जाता है कि मीडिया का सामाजिक संबंध अत्यधिक गहरा है और आम जनमानस अपने दृष्टिकोंण को व्यापक करते हुए इस सत्य को अभिव्यक्त करता है कि धार्मिक आचरण को आत्मसात किए बिना उसकी गहन अनुभूतियों से गुजरे बिना केवल प्रिंट एवं इलेक्ट्रॉनिक मीडिया की होड़ और

तीव्रता से प्रस्तुत्तीकरण की बैचनी, मीडिया की कर्तव्यनिष्ठा एवं सामाजिक सरोकारों के मध्य उपजे अन्तराल को व्यक्त कर देती है जो किसी भी व्यवस्था में नहीं होना चाहिए। वर्तमान सामाजिक व्यवस्था में मीडिया के बदलते स्वरुप में जहाँ स्वयं की भूमिका को अधिक गतिशील बनाने के स्वरुप में ढाला जाता है वहीं सामाजिक सन्दर्भों में आम -जन के जुड़ाव के साथ स्वयं को प्रस्तुत्त किया है जो मीडिया की साख को सामाजिक व्यवस्था में विशिष्ट मान्यता प्रदान करता है क्योंकि मीडिया की सामाजिक संवेदनशीलता जनमानस की अपेक्षाओं पर पूर्ण विश्वसनीयता के साथ खरी उतरती हुई प्रतीत होती है।

• सम्प्रेषण माध्यमों के विश्लेषण का परीक्षण

मानव जीवन के विकास में जनसंचार के सबसे प्रमुख दृश्य एवं श्रव्य माध्यमों द्वारा किए जाने वाले विश्लेषण का अत्यधिक गहरा महत्व होता है क्योंकि मीडिया द्वारा स्व- विवेक से जो कुछ दिखाया एवं सुनाया जा रहा है उसकी प्रामाणिकता का परीक्षण आम - जनमानस अपने ज्ञान, अनुभव एवं मानसिक सक्षमता के आधार पर करता है जबकि प्रथम दृष्टि में उसके द्वारा दृश्य और श्रव्य माध्यमों के प्रति केवल आस्था व्यक्त की जाती है। कई बार जनसंचार माध्यमों के द्वारा कर्तव्यबोध की स्थितियां सृजनात्मक पत्रकारिता को जन्म देती हैं लेकिन किन्ही परिस्थितियों में मीडिया का मूक दर्शक बन जाना और जो सत्य है उसे वैसा का वैसा प्रस्तुत्त करना इस बात का प्रमाण है कि सामाजिक घटनाओं की अथवा मानवीय परिस्थितियों की वैचारिक द्वन्द से उपजे निर्णयों की तथा भावनात्मक पीड़ा की कराह इतनी अजीबो-गरीब होती है कि दृश्य एवं श्रव्य माध्यम स्वयं को निरीह प्राणी मानकर स्वयं के हस्तक्षेप को विराम देकर अपने कर्तव्य की इतिश्री कर लेते है।

मानव जीवन शैली को अपनाते हुए यदि मानव दानव बन जाता है? अहिंसक जीवन शैली को अपनाते हुए यदि कोई

व्यक्ति हिंसक हो जाता है? आधुनिक जीवन शैली को अपनाते हुए कोई अमर्यादित हो जाता है ? एवं पाश्चात्य जीवन शैली अपनाते हुए कोई व्यक्ति विकृत्त मानसिकता से ग्रसित हो? तब दृ श्य एवं श्रव्य माध्यमों के पास अमानवीयता के हिंसात्मक स्वरुप को परोसने के अतिरिक्त जो शेष रहता है उसका विश्लेषण और श्रेष्ठ जीवन शैली अपना लेने की उत्कंठा और राजयोग से उसके स्थायित्त्व को मनुष्य के मानस में रोपित कर देने का कार्य मीडिया माध्यम के परिपक्व पड़ताल का जीवंत प्रमाण होता है।

- **राजयोग के प्रयोग का स्थाई स्वरुप**

इस प्रकार समाज में मीडिया मीमांसा के गूढ़ार्थ ने पुरातन एवं आधुनिक पीढ़ी के मध्य प्रिंट एवं इलेक्ट्रॉनिक मीडिया के बदलते स्वरुप की वह श्रेष्ठ बानगी (धर्म, अध्यात्म एवं राजयोग के रूप में) प्रस्तुत्त की है जिसमें वैश्विक धरोहर के अन्तरंग प्रसंग का इतने विराट स्वरुप में प्रस्तुतीकरण हुआ है और आम जन मानस ने अपनी सोई हुई चेतना को जागृत करके दृश्य एवं श्रव्य माध्यमों के विश्लेषण और समसामयिक परीक्षण द्वारा वह महानतम बानगी प्रस्तुत की है कि दीर्घकाल तक इन माध्यमों के विश्लेषण के प्रति जनमानस हृदय से आभारी रहेगा।

आध्यात्मिक सम्प्रेषण और मीडिया मीमांसा की आंतरिक एवं बाह्य शक्तियों का स्वरुप सामाजिक दबाव के रुप में मनुष्य की मनस्थित्ति पर हावी रहता है जिसे व्यक्तिगत जीवन प्रणाली में 'बिन भय होय न प्रीति ' के संबंध में जगत स्वीकार करता है जिसका परिणाम मनुष्य के मनुष्य बने रहने, मानव के महामानव बन जाने तथा मनुष्य द्वारा देवत्व की प्राप्ति कर लेने के संदर्भ में अहिंसक जीवन शैली की स्थितियों को स्वीकार करते हुए तथा राजयोग के प्रयोग से उसे स्थायी स्वरुप प्रदान करने का प्रयास किया जाता है।

अध्याय-14

आध्यात्मिक पत्रकारिता की उपयोगिता एवं सकारात्मक मीडिया के नैतिक आचरण का धर्म

- धर्म के मर्म का वास्तविक रूपांतरण
- अध्यात्म एवं राजयोग में मीडिया की भूमिका
- सकारात्मक एवं सार्थक मीडिया की उपस्थित्ति
- विश्वसनीयता के मानदंडों पर निष्पक्ष पत्रकारिता
- मीडिया के गूढ़ार्थ की संवेदनशील स्थापना

"मीडिया समाज के मध्य निरंतर अपने उतरदायित्वों का अनुपालन करता रहे तो निश्चित रूप से मीडिया द्वारा अपनी ज्ञानेन्द्रियों एवं कर्मेन्द्रियों से श्रेष्ठ एवं शुभ के प्रति सकारात्मक मनोभाव का सामाजिक कल्याण के संदर्भ में प्रस्तुत्तीकरण होना सुनिश्चित हो जाएगा।"

आध्यात्मिक पत्रकारिता की उपयोगिता एवं सकारात्मक मीडिया के नैतिक आचरण का धर्म

''परिवर्तित समाज की गतिशीलता का आंकलन एवं मूल्यांकन समाचार पत्र (अखबार), सामान्यतः वास्तविक एवं सच्चे स्वरुप द्वारा विश्लेष्णात्मक अध्ययन करने की बाध्यता को निमन्त्रण तो देता है किन्तु हूबहु प्रस्तुत्तीकरण समाजिक उत्थान में कितना सहायक होगा यह उतरदायित्व बोध, समाचार माध्यमों को होना आवश्यक है। वातावरण के सकारात्मक स्वरूपों का निर्माण सामाजिक व्यवस्था की नीवं को मजबूती प्रदान कर सकता है, वहीं इसका विरोधी पक्ष व्यवस्थित ताने-बाने को धराशायी भी कर सकता है। प्रायः ऐसे संकेतों को व्यक्त कर देना जिसमें क्या फर्क पड़ता है? अथवा जनता द्वारा जो पसंद किया जाता है वही तो परोसा जाएगा? अपने आप में संचार माध्यमों की उपयोगिता पर प्रश्नचिह्न लगा देता है। समाचारों की रिपोर्टिंग में अत्यंत साध ारण बिन्दुओं को मुख्य समाचार बना देना और महत्वपूर्ण विषय को गौण कर दिया जाना किस मानसिकता का परिचायक है? परिवर्तनशीलता की भूमिका संवेदनशीलता को दरकिनार करने की इजाजत कतई नहीं देती यदि संचार माध यमों के इरादे नेकी करने की मंसा से अभिव्यक्त हों।''

● धर्म के मर्म का वास्तविक रूपांतरण

प्रस्तुत्त आलेख में मीडिया के नैतिक धर्म को प्रतिपादित करते हुए यहां इस सत्य की विवेचना की गयी है जिसमें आध्यात्मिक सम्प्रेषण और मीडिया मीमांसा ने मानव जीवन शैली के गुणात्मक पक्षों को इस प्रकार से प्रस्तुत्त किया है कि व्यक्तिगत

चिंतन स्वयं को अहिंसा के पुजारी के रूप में विकसित करने के लिए अभिप्रेरित हो जाए और अहिंसक जीवन शैली को सहर्ष स्वीकार कर सके क्योंकि राजयोग के माध्यम से मर्यादित जीवन-शैली की उन परिकल्पनाओं को साकार करने की बात की जाती है जिसके द्वारा श्रेष्ठ जीवन शैली के प्रति अन्तरूकरण की शुद्धि का भाव कार्य करने लगता है। जन-सम्पर्क मीडिया के द्वारा इस बात की चुनौती हमेशा बनी रहती है कि आखिर समाज में स्वयं के प्रति 'परमार्थिक अहिंसा का भाव' कब जागृत होगा?

जबकि चेतना के सूक्ष्म जगत तक यह बात आध्यात्मिकता के द्वारा संप्रेषित की जा चुकी है जिसमें केवल 'अहिंसक जीवन शैली' को भौतिक अहिंसा की ओर गतिशील रहने तक स्वीकार किया गया है जिसमें शरीर द्वारा किसी को दुःख नहीं देने की बात कही गयी है जबकि परमार्थिक अहिंसा आत्मा से किसी अन्य आत्मा को दुःख नहीं पहुँचाने के भाव से जुड़ा हुआ सूक्ष्म स्वरुप है जो मनुष्य को धर्म-कर्म से ऊँचा उठाता है जिससे वह अध्यात्म एवं पुरुषार्थ के सूक्ष्म परिदृश्य को अंगीकार करते हुए राजयोग और मौन की ओर क्रमशः बढ़ता चला जाता है। इस यथार्थता को बताता हैं कि जनसंपर्क मीडिया ने आज अपनी तीव्रता से पूरी दुनिया को अचंभित कर दिया है क्योंकि वर्तमान परिवेश में मानव जीवन-एस.एम.एस, मेल, वाट्सएप, फेसबुक, मैसेनजर, इंस्ट्राग्राम, ट्विटर, यूटयूब एवं ब्लाग से जुड़े अन्य संदर्भ एवं प्रसंग को अंतिम हवाले के रूप में प्राप्त सूचनाओं को इतने समादर भाव से स्वीकार करता है कि उसके जीवन का आरंभिक एवं अंतिम देवता गूगल के रूप में अपने आभामंडल से मानवीय मस्तिष्क एवं हृदय को इस कदर नियंत्रित कर लेता है कि व्यक्ति संवेदना शून्य होकर स्वयं को रोबोट-टेक्नोलॉजी का गुलाम मानकर नियंत्रित होता रहता है। यदि हम मीडिया मीमांसा के चिंतनपरक स्वरुप की ओर जाने का प्रयास करेंगे तो हमें पता चलेगा कि जनसंपर्क मीडिया का धर्म-अध्यात्म एवं

राजयोग के संबंध में क्या योगदान है जिससे मीडिया के प्रति एक संवेदनशील दृष्टिकोंण मानव मनरूस्थित्ति में विकसित हो सकेगा तथा प्रत्येक व्यक्ति स्वयं को सूचनाओं के आगमन एवं प्रस्थान बिंदु तक समेट कर नहीं रखेगा बल्कि धर्म के मर्म को रूपांतरण एवं अध्यात्म के पुरुषार्थ की अनुभूतियों तथा राजयोग के मौन से स्वयं को सम्पूर्णता से ओत-प्रोत कर सकेगा।

● अध्यात्म एवं राजयोग में मीडिया की भूमिका

जीवन में आध्यात्मिक सम्प्रेषण के भाव जगत को जैसे स्पर्श करने का प्रयास किया जाता है मीडिया मीमांसा की भासना, आम जन मानस के बीच पहुँचने लगती है और सकारात्मक मीडिया की उपस्थिति व्यक्तिगत जीवन में भावनात्मक स्तर पर महसूस किया जाना सुनिश्चित हो जाता है जिसमें भाषायी शुचिता का प्रमुख स्थान होता है क्योंकि जो कुछ भी अभिव्यक्त किया जा रहा है और जितनी भी प्रतिक्रिया प्राप्त हो रही है सभी वैचारिक स्तर पर हमेशा स्वस्थ चिंतन के लिए प्रेरित करती है। सामाजिक सरोकारों के लिए मीडिया की उपस्थिति कई बार किसी घटना या विचार को अथवा किसी भावना और व्यक्तिगत मनःस्थित्ति को आमजन के अनुकूल प्रस्तुत भी कर दें तो भी लोक कल्याणकारी जगत से उत्पन्न उपेक्षाओं एवं अपेक्षाओं का दौर किसी ना किसी रूप में बना ही रहता है।

कई बार सकारात्मक प्रस्तुत्तीकरण के पश्चात भी आम जन मानस की अपेक्षाओं पर मीडिया खरा नहीं उतर पाता क्योंकि मानव जीवन की अभिरुचियाँ, संस्कार, स्वभाव, मनरूस्थितियों और काफी हद तक परिस्थितियां, अंतःकरण के उत्थान एवं पतन को मानसिक स्तर पर इतने दबाव एवं तनाव में परिवर्तित्त कर देती हैं कि न्याय संगत स्वरुप का अथवा किसी आदर्श स्थित्ति को चित्रित करते हुए सर्व को संतुष्ट कर पाना संभव नहीं होता। वर्तमान समय में जन-संपर्क मीडिया आम-जन के बीच सम्प्रेषण

का सबसे अधिक सशक्त माध्यम है और यह जानकारी प्रदान करने तथा वैचारिक उहापोह को काफी हद तक कम करने में तथा समाज के लिए अति अनिवार्य पक्षों को सुरक्षित एवं संरक्षित करने की अपनी विभिन्न शैलियों को अपनाते हुए किसी भी स्थित्ति में सामाजिक सौहार्द बनाए रखने हेतु आम – जन के बीच सकारात्मक समझ के साथ उपस्थित्त होता रहता है।

यदि मीडिया समाज के मध्य निरंतर अपने उतरदायित्वों का अनुपालन करता रहे तो निश्चित रूप से मीडिया द्वारा अपनी ज्ञानेन्द्रियों एवं कर्मेन्द्रियों से श्रेष्ठ एवं शुभ के प्रति सकारात्मक मनोभाव का सामाजिक कल्याण के संदर्भ में प्रस्तुत्तीकरण होना सुनिश्चित हो जाएगा। किसी व्यक्ति की मनरूस्थिति एवं व्यवस्था के परिवेश में सकारात्मकता को स्थापित कर देना इस बात का प्रमाण है कि एक सुनिश्चित समय के पश्चात व्यक्ति एवं व्यवस्था के भीतर सार्थकता की स्थित्तियां निर्मित हो जायेगीं।

समाज एवं मीडिया के मध्य सुंदर स्थितियों का वर्णन और कुरूप स्थितियों का विश्लेषण एवं निर्मम स्थितियों का विरोध तथा लोमहर्षक स्थितियों के प्रति अधिकतम अफसोस व्यक्त करने के अतिरिक्त मीडिया और समाज के पास शेष कुछ भी नहीं होता क्योंकि व्यक्तिगत घटनाओं के सानिध्य में वैचारिकता का अलाप कई बार भावनाओं को इतना दरकिनार कर देता है कि हिंसक एवं अहिंसक के मध्य किसी भी अन्तराल का बोध अपराधिक मानसिकता में परिलक्षित नहीं होता है। अब प्रश्न उठता है कि सामान्य जन के बीच सकारात्मक एवं सार्थक मीडिया की उपस्थिति जन सम्पर्क मीडिया को यह बोध करा पाएगी ? कि उसके द्वारा तीव्रता से सब कुछ परोस देने की मानसिकता में मानव जीवन के नैतिक मानदंडों को सम्मिलित करते हुए स्वयं को केवल व्यावसायिक परिस्थितियों के लिए जिम्मेदार घटक न मानकर सत्य और श्रेष्ठ को मानव के कल्याण हेतु प्रस्तुत्त करने की उपादेयता को स्वीकार करते हुए

संवाद की स्वस्थ परम्परा को विकसित करना होगा।

- **सकारात्मक एवं सार्थक मीडिया की उपस्थित्ति**

सम्प्रेषण के माध्यमों द्वारा स्वयं का मूल्यांकन करते हुए अपने उतरदायित्व का निर्वहन करना तथा जवाबदेही के सन्दर्भ एवं प्रसंग में कार्य करना मीडिया का प्रमुख उद्देश्य होता है जिसके द्वारा वह सामाजिक संतुष्टता को व्यावहारिक जगत में पूरी प्रभावशीलता एवं प्रेरणास्पद स्थितियों के साथ प्रस्तुतीकरण का प्रयास करता है। जब हम धर्म, अध्यात्म एवं राजयोग के अनुकरण में मीडिया की भूमिका की बात करते हैं तब जनसंपर्क के विविध माध्यम स्वयं के अवलोकन, सत्य के विश्लेषण तथा किसी घटना के होने अथवा नहीं होने के प्रमुख कारण तथा घटित हो जाने के पश्चात निवारण की स्थितियों का उल्लेख मीडिया द्वारा स्वयं की बुद्धिमत्ता के आधार पर किया जाता है तथा सामाजिक एवं भावनात्मक बुद्धिमत्ता के अनुसार इस प्रकार से प्रस्तुत किया जाता है कि आध्यात्मिक सम्प्रेषण से जुड़ी अपेक्षाएं मीडिया मीमांसा के गूढ़ार्थ द्वारा स्वमेव प्रस्तुत हो जाएं।

समाज में शांति एवं अहिंसा बनाए रखने हेतु धर्म, अध्यात्म एवं राजयोग का वसुधैव कुटुम्बकम के संदर्भ में जब संवेदनशीलता के साथ अध्ययन किया जाता है तब पता चलता है कि मानवीय संवेदनाओं की अति सूक्ष्म एवं वृहद् परिकल्पनाओं के मध्य पारदर्शी संबंधों की स्थित्ति अपने यथार्थवादी स्वरुप में प्रमाणित होती हैं। वर्तमान व्यवस्था में धर्म से जुड़े हुए श्रेष्ठ कर्मों के क्रियान्वयन की विभिन्न स्थितियां यदि मानव समाज में घटित नहीं होती और इसके बजाए पूजा - पाठ तथा उपासना से जुड़ी स्थितियां समाज में जन्म लेती हैं तो इनकी गणना भी कर्मकांड के विभिन्न उपागमों के रूप में होती है जिसे कई बार धर्म का संज्ञान देकर परोसा जाता है जिसे सामाजिक मीडिया

की सुखद बानगी के रूप में मानव समाज स्वीकार कर लेता है।

मीडिया के गूढ़ार्थ इस सम्पूर्ण घटनाक्रम को धर्म के सात्विक स्वरुप में 'अहिंसा परमो धर्मः ' शीर्षक से धर्म की सत्यता का विभिन्न स्वरूपों में विश्लेषण करते हुए प्रस्तुत्त कर देते है तथा इसी प्रकार का घटनाक्रम लगभग आत्मा के अध्ययन अर्थात् अध्यात्म की आत्मिक पुरुषार्थ से सबंधित स्थितियों पर मीडिया की विवेचना होती है जिसमें कई बार राजयोग और मौन के परिष्कृत स्वरूपों को भी प्रस्तुत्त किया जाता है।

- **विश्वसनीयता के मानदंडों पर निष्पक्ष पत्रकारिता**

सच्चाई को उजागर करने का सशक्त माध्यम जब सामाजिक सरोकार की भूमिका से पीछे हट जाएगा तब विश्वसनीयता के मानदंड स्वतरू ही धराशायी हो जायेंगें। "जहाँ सुमति तहां सम्पत्ति नाना...." के भावार्थ को जानते और समझते हुए भी कुमति और विपत्ति को आमंत्रित करना केवल आश्चर्य का विषय ही हो सकता है। पत्रकारिता के मार्ग में विपदाओं का आधिक्य, जोखिम उठाने के साहस को बढ़ावा तो देता है किन्तु भीड़ में मृत्यु का भय और अलग-थलग पड़ जाने की स्थिति को भी स्पष्ट कर देने में कोई कसर नहीं छोड़ता है। समाचार पत्र का आरंभिक काल सात्विक बना रहे इसकी तमाम कोशिशें इस बात का प्रमाण हैं कि अखबार के भीतर राजसिक एवं तामसिक प्रवृतियों का प्रवेश नहीं होगा। सामाजिक सरोकार की भूमिका के निर्वहन के लिए निर्धारित व्यवस्था जब राजसिक एवं तामसिक प्रवृतियों का प्रतिनिधित्व करने में संलग्न हो जाएगी तो उस समय जनमानस की अपेक्षाओं पर कुठाराघात की स्थिति स्वाभाविक घटना बन कर रह जाएगी।

फिल्म निर्देशकों की तर्ज पर यह बयान प्रस्तुत कर देना कि जनता जो चाहती है हम वही परोसते हैं अथवा समाज में जो हो रहा है वहीं बताते हैं, अत्यंत ही हास्यास्पद एवं गैर

जिम्मेदाराना वक्तव्य मालुम होता है। बड़े ही दुःखद आश्चर्य के मध्य अपनी उपस्थिति को दर्ज कराने वाली जनता पश्चताप के साथ परिवर्तन के उपाय भी जानना चाहती है। इंसानियत के उजले पक्ष को गहराई से समझने के लिए आतुर जनमानस जब अपनी नजर पत्र-पत्रिकाओं पर डालता है और कह देता है कि पढ़ने के लिए कुछ है ही नहीं, उस समय पत्रकारिता के लिए एक गंभीर प्रश्न पूर्ण चुनौती के साथ खड़ा हो जाता है। वर्तमान आधुनिक परिवेश में पत्र-पत्रिकाओं की बाजार मांग और उसकी पूर्ति हेतु नित-नूतन तरीकों के प्रयोग ने, साहित्य-जगत को पूर्णतरू उत्पाद की स्थितियों पर लाकर खड़ा कर दिया है। आखिर अखबार को आज के संदर्भ में बाजार में टिके रहने के लिए श्रेष्ठ सामग्री परोसने के बजाए वस्तुएं क्यों बेचनी पड़ रही हैं। पत्र-पत्रिकाओं की गुणात्मक असमर्थता और उनके द्वारा जनता को अपनी ओर आकर्षित करने के विविध अस्थायी हथकंडे संख्यात्मक वृद्धि में कुछ समय के लिए सहयोगी बन जायेगीं लेकिन यथार्थ अधूरा ही रह जाएगा। सामाजिक उत्थान का कारक बनने वाले साहित्य ने आज अश्लीलता की चादर ओढ़ ली है तथा उसे केवल नकारात्मक प्रवृतियों का मायाजाल ही दिखाई पड़ रहा है।

राष्ट्रीय अखबार, बनने की होड़ ने स्थानीयता की जड़ों को ही उखाड़ कर रख दिया है क्योंकि लब्ध- प्रतिष्ठित ख्यातिनाम व्यक्तियों का छपना पत्र-पत्रिकाओं के लिए गर्व की बात मानी जाती है। स्थानीय मुद्दों एवं समस्याओं के लिए अखबार में कोई स्थान नहीं बचा है जबकि इन्हीं महत्वपूर्ण बिन्दुओं को पुनर्स्थापित करके ही पत्र-पत्रिकाओं को लोकप्रिय बनाया जा सकता है। विद्यालय, महाविद्यालय एवं विश्वविद्यालय स्तर पर किसी शिक्षक, शिक्षार्थी एवं शोधार्थी के लिए लेखन और पत्र-पत्रिकाओं में उसकी उपयोगिता के मापदंड अभी मीडिया ने तय नहीं किए हैं।

तथाकथित नामी-ग्रामी लेखकों एवं पत्रकारों से ही सम्पूर्ण

समाज सीखने के लिए बाध्य है क्योंकि वे ही छोटी पत्र-पत्रिकाओं से लेकर वृहद् स्तरीय पत्र-पत्रिकाओं पर कब्जा जमाए हुए हैं तथा उनकी वहां छपने की प्रासंगिकता कितनी है? यह तो नहीं कहा जा सकता लेकिन उनकी अनिवार्यता या बाध यता जरूर बनी हुई है। आनंद के प्रकारों को विश्लेषित किया जाए तो उसमें 'अध्ययन' का भी महत्वपूर्ण स्थान माना जाता है। फ्रेंस बेकन के कथन को यहां उद्धृत करना समीचीन प्रतीत होगा जिसमें उन्होंने कहा था, अध्ययन से प्रसन्नता, प्रबंधन और योग्यता प्राप्त होती है। अच्छी खबरों के प्रसारण तथा अखबार के माध्यम से उनका विश्लेषण किया जाए, तो समाज का प्रत्येक वर्ग तनावपूर्ण जीवन से निकलकर स्वस्थ मनोरंजन की परम्परा में अपने को जीवंत रूप में शामिल कर सकता है।

समाचार माध्यमों का हवाला देते हुए जब सामाजिक परिदृश्य अपनी अभिव्यक्तियों को सम्प्रेषण के मौखिक, लिखित और शारीरिक रूपों में व्यक्त करता है तो सामान्यतः वह अपने भावों को पुष्ट करना चाहता है। समाज के किसी भी वर्ग द्वारा जब कोई श्रेष्ठ या समाजोपयोगी कार्य संपन्न किया जाता है तो यह खबर पर्याप्त विश्लेषण के साथ प्रेषित की जानी चाहिए, क्योंकि इससे समाज में सच्चाई की स्वीकारोक्ति और पुण्यों की पहल का सन्देश प्रसारित होता है।

- **मीडिया के गूढ़ार्थ की संवेदनशील स्थापना**

इस प्रकार परिवर्तित समाज की गतिशीलता का आंकलन अखबार, सच्चे स्वरुप में करने की बाध्यता को निमन्त्रण तो देता है किन्तु हूबहु प्रस्तुत्तीकरण समाजिक उत्थान में कितना सहायक होगा यह उतरदायित्व बोध, समाचार माध्यमों को होना आवश्यक है। वातावरण के सकारात्मक स्वरूपों का निर्माण सामाजिक व्यवस्था की नीवं को मजबूती प्रदान कर सकता है, वहीं इसका विरोधी पक्ष व्यवस्थित ताने-बाने को धराशायी भी

कर सकता है। प्रायः ऐसे संकेतों को व्यक्त कर देना जिसमें- क्या फर्क पड़ता है? अथवा जनता द्वारा जो पसंद किया जाता है वही तो परोसा जाएगा ? अपने आप में संचार माध्यमों की उपयोगिता पर प्रश्नचिह्न लगा देता है। समाचारों की रिपोर्टिंग में अत्यंत साधारण बिन्दुओं को मुख्य समाचार बना देना और महत्वपूर्ण विषय को गौण कर दिया जाना किस मानसिकता का परिचायक है ? परिवर्तनशीलता की भूमिका संवेदनशीलता को दरकिनार करने की इजाजत कतई नहीं देती यदि संचार माध्यमों के इरादे नेकी करने की मंसा से अभिव्यक्त हो।

समाचार माध्यमों में- सुविचार, आज का विचार, चिन्तन एवं ज्ञानोदय इत्यादि को प्रथम सम्प्रेषण ''पृष्ठ का हिस्सा वृहद् के साथ बाक्स में प्रसारित'' प्रेषित करें तो मानवता के कल्याण का मार्ग प्रशस्त होगा, साथ ही पठन के साथ मनन-चिन्तन एवं वर्णन की उपादेयता भी विकसित हो सकेगी। मूल्यों के प्रतिपादन में सहायक खबरों को रचनात्मक समाचार के विशेष कॉलम का निर्माण कर, उसमें स्थान दिया जाना चाहिए। सामाजिक घटनाओं के सन्दर्भों में से उन प्रसंगों की व्याख्या अवश्य की जानी चाहिए जिसमें ''मानवता'' सम्मानित हुई हो।

सम्प्रेषण के माध्यम, अपनी सम्पूर्णता को प्राप्त करने के लिए श्रेष्ठ का चयन एवं शेष का विसर्जन तो नहीं कर सकते परन्तु उन्हें यह अवश्य करना चाहिए कि जनसामान्य पहले अच्छी खबरों को पढ़ सके एवं सामान्य अन्य को बाद में देख, सुन तथा उसका पठन कर सकें।

अच्छाई की बहाली करने में- कामयाबी का गीत केवल नारे के शिकंजे में न फंस कर रह जाए बल्कि समाज के श्रेष्ठ कर्मों के क्रियमाण हेतु सहायक सिद्ध हो, ऐसे प्रयास संचार माध्यमों की व्यापकता को परिलक्षित करते हैं, जिसमें पत्र-पत्रिकाओं का विशेष योगदान होता है। पत्रकारिता के निहितार्थ से उपजते

सवालों को उस समय विराम मिल सकेगा जब सम्प्रेषण कला का प्रभावी स्वरुप अपने उद्देश्यों की पूर्ति में- दृश्य, श्रव्य एवं पठन प्रक्रियाओं से होकर गुजरने और उनमें लगने वाले श्रम के पश्चात् अध्ययन के साथ आनंद की अनुभूति जनमानस को करा पाएगा। संचार माध्यमों द्वारा सूचना क्रांति का सफल संचालन निरंतर नित-नूतन, प्रस्तुतियों द्वारा किया जाना बदलते घटनाक्रमों की ओर केवल ध्यानाकर्षण का एकांगी प्रयास नहीं अपितु सही एवं सटीक का विश्लेषण भी है। सामाजिक क्रियाकलापों की विविधता अच्छी खबरों के साथ वस्तविकता को परोसने की इजाजत तो देती है, साथ ही रचनात्मक एवं पहल करने की क्षमताओं के विकास हेतु श्रेष्ठ समाचारों को अधिकाधिक समाहित करने पर भी बल भी देती है।

दूरदर्शन एक ओर खबरों के दृश्य एवं श्रव्य की सुविधा न्यूनतम समयावधि में उपलब्ध कराता है, वहीं दूसरी ओर समाचार पत्र घटनाक्रमों के विश्लेष्णात्मक पक्षों पर भी अपनी पैनी नजर रखते हैं। यदि कहा जाए कि रेडियों सूचनाओं की प्राथमिकी है तथा दूरदर्शन समाचारों के सूक्ष्म स्वरुप दर्शन की प्रामाणिक विधा है, तो समाचार पत्र इनके व्यापक समीक्षा के महत्वपूर्ण आधार स्तम्भ हैं जिसमें समाज स्वयं को साहित्य के दर्पण में मुखड़ा देखने की कवायत से रूबरू करने का प्रयास करता रहता है जो संचार माध्यमों के उच्च्य आयाम अर्थात् आध्यात्मिक सम्प्रेषण और मीडिया के गूढ़ार्थ को स्थापित करने में अपना महत्वपूर्ण योगदान निभाया करते हैं।

अध्याय-15

राष्ट्र भाषा का सम्मान तथा निज भाषा उन्नति के मूल में मातृभाषा का गहन बोध

- मातृत्व की अभिलाषा के प्रति समर्पण
- समाज के उन्नयन का वैचारिक धरातल
- राष्ट्रीय परिप्रेक्ष्य में मातृभाषा का बोध
- आत्म सम्मान के साथ भाषा के प्रति अपनत्व
- राष्ट्रभाषा के रूप में हिंदी की स्वीकारोक्ति
- संयुक्त राष्ट्र महासभा में मातृभाषा का प्रयोग
- राष्ट्रीय भावनाओं से ओत-प्रोत मानवीय हृदय

**"मातृभाषा का गहन बोध
राष्ट्रीय चरित्र की उज्ज्वलता हेतु
मानव निष्ठ भारतीयता और इसके प्रति
मूल्यनिष्ठता का भाव अंतरात्मा से जुड़ा
वह महान पहलू है जिसमें निजभाषा
की उन्नत्ति का समूल स्वरुप विद्यमान रहता है।"**

राष्ट्र भाषा का सम्मान तथा निज भाषा उन्नति के मूल में मातृभाषा का गहन बोध

"सम्पूर्णता के परिदृश्य में राष्ट्रीय परिप्रेक्ष्य को दृष्टिगत रखने की जिम्मेदारी प्रत्येक नागरिक की होती है तथा इसके अंतर्गत जब मात्रभाषा का बोध जुड़ा हो तब हमारी नैतिकता का पैमाना अत्यधिक बढ़ जाना चाहिए क्योंकि यही वह चौतन्य स्थिति है जिसके माध्यम से न केवल समाज में बल्कि राष्ट्रीय एवं अंतर्राष्ट्रीय स्तर पर भी हम प्रत्यक्ष एवं अप्रत्यक्ष रूप से जाने-पहचाने जाएंगे। अभिव्यक्ति की स्वतन्त्रता का अधिकार हमारे पास सुरक्षित है साथ ही अस्तित्व की रक्षा भी हमारे हाथों में है जिसे हम अपनी कर्मगत भूमिका से अक्षुण्य बनाए रख सकते हैं। विश्व रंगमंच पर कोई भी राष्ट्र तभी सुरक्षित रह सकता है जब वहां के नागरिक अपनी समस्याओं और उसके समाधान हेतु राष्ट्रीय परिप्रेक्ष्य को ध्यान में रखकर कार्य को अंजाम देने का प्रभावशाली प्रयास करें। आज नवीनतम अनुसंधानों ने यह स्पष्ट कर दिया है कि बाल हृदय की गहराइयों से लेकर परिपक्व अवस्था के निर्माण तक की स्थिति में मातृभाषा का प्रयोग ही स्वस्थ मानसिक विकास का सूचक हैं।"

● मातृत्व की अभिलाषा के प्रति समर्पण

आज मातृभाषा के प्रति बोध की संभावनाएं मानवीय हृदयों में उत्पन्न तो होती हैं लेकिन अन्तःकरण की पवित्रता के प्रति नकारात्मक दृष्टिकोंण अख्तियार करने की प्रवृत्ति के कारण राष्ट्रीय परिप्रेक्ष्य के संवेदनशील पक्षों पर स्वयं की पहुँच को सुनिश्चित न कर पाने की स्थिति से राष्ट्रीय हितों की सुरक्षा पर प्रायः प्रश्नचिह्न लग जाता है। राष्ट्रीयता के प्रति स्वयं का समर्पण

उत्तरदायित्व के निर्वहन द्वारा संभव किया जा सकता है परन्तु अपनी समस्त क्रिया विधि द्वारा इस तथ्य का निरूपण किया जाना भी अति आवश्यक हैं जिसमें निज भाषा के सम्मान का ख्याल अंतरात्मा से जुड़ा होने के साथ संबंधों की स्थिति पूर्णतः वास्तविक एवं व्यावहारिक धरातल पर खरा उतरने वाली होनी चाहिए। किसी भी राष्ट्र के लिए स्वाभिमान से बढ़कर कुछ और नहीं हो सकता परन्तु जब उस राष्ट्र के ही नागरिकों द्वारा पराई परिस्थिति के प्रति आसक्ति उत्पन्न होने की स्थिति निर्मित होने लगती है और इसे वह अपनी प्रभावशीलता का पर्याय समझने लगते हैं तब राष्ट्रीयता के बोध पर स्वतः ही प्रश्नचिह्न लग जाता है।

राष्ट्रीय स्तर पर विभिन्न देशों में हुए सामाजिक अनुसंधानों ने अपने निष्कर्षों में इस तथ्य का प्रतिपादन किया है कि मातृभाषा में किए गए मनन-चिंतन और वर्णन से ही मूल अभिव्यक्ति स्वतंत्र रूप से मुखरित होती है। विकसित राष्ट्रों की यह विशेषता होती है कि वहां के नागरिक अपने कर्तव्यों का पालन राष्ट्रीय परिप्रेक्ष्य में करते हैं तथा उन्हें विभिन्न अवसरों पर राष्ट्र की स्मृति हेतु सामान्यतः अलग से प्रयास नहीं करने पड़ते है।

राष्ट्रीय भावना से ओत- प्रोत चिन्तन और उससे प्राप्त होने वाली प्रेरणाएं राष्ट्र की सांस्कृतिक धरोहर को अक्षुण्य बनाए रखने हेतु समग्र दृष्टि के प्रयोग पर विशेष बल देती हैं। सामाजिक परिवेश की वैयक्तिक प्रस्थिति में परिवर्तन से ही अंतर्वयक्तिक संबंधों की संरचना स्थापित की जा सकती है जिसकी पृष्ठभूमि में यह सत्य विराजित रहता है कि मातृत्व की अभिलाषा के प्रति हमारा समर्पण किन स्वरूपों में स्थायित्व ग्रहण कर सकने में सक्षम है।

• समाज के उन्नयन का वैचारिक धरातल

किसी भी राष्ट्र के नागरिकों को कर्तव्योंमुखी बनाने के लिए

राष्ट्रीय परिप्रेक्ष्य को जागृति के सन्दर्भों में संप्रेषित करने की आवश्यकता समयानुसार पड़ती रहती है। जब किसी राष्ट्र के समक्ष समस्त प्राकृतिक एवं मानवीय शक्ति मौजूद हो उसके बावजूद भी विकास के मार्ग पर गतिशील नहीं हो पाना राष्ट्रीयता के अभाव को परिलक्षित करता है। समग्र विकास की परिकल्पना उस समय शून्य में विलीन हो जाती है जब राष्ट्रीयता की संकल्पना को साकार करने की इच्छा शक्ति नागरिक स्तर पर समाप्त होने लग जाती है। स्वयं पर नियन्त्रण का अभाव निरंकुश स्थिति का द्योतक तो माना जाता है साथ ही यह दुर्बलता राष्ट्रीयता के बोध पर भी अंकुश लगा दिया करती है। राष्ट्रीय चरित्र का चिंतन और उसके अनुसार राष्ट्र धर्म के निर्वहन हेतु कर्तव्यपरायणता का व्यावहारिक स्वरुप ही राष्ट्रीय अस्मिता को जीवंत बनाए रख सकता है।

‘‘हिंदी है हम वतन है, हिंदोस्ता हमारा .....’’ किसी एकांगी परिवेश का प्रतीक नहीं बल्कि अपनत्व की प्रगाढ़ता का प्रत्युत्तर है, जिसमें विराट को समा लेने की आलौकिक शक्ति है और सम्पूर्ण मानवता के उत्थान की गतिशील स्थितियों का व्यापक समागम है जो प्रत्येक स्वरुप में सर्व को जोड़ता है। जननी के प्रति समर्पित समादर भाव स्थायी प्रेम के ढाई आखर में समा जाए तो राष्ट्र कवि मैथिलीशरण जी की राष्ट्रीयता से ओत-प्रोत उदात्त पक्तियां ‘‘निज भाषा के प्रति अभिमान......’’ को प्रकट करते हुए अपनत्व से भाव - विभोर स्वरूपों में अपनी सार्थक अभिव्यक्तियों द्वारा हिंदी की व्यापकता को समझने एवं समझाने के प्रयासों से विकास के चहुंमुखी विकल्पों तक अपनी जीवंत उपस्थिति को दर्ज किए हुए है। भाषा की विविधता का अर्थ आपसी संबंधो की माधुर्यता में कमी से नहीं लगाया जाना चाहिए क्योंकि सम्पर्क भाषा की महत्ता ही संबंध बनाने का आधार बनती है। अतरू भाषा जोड़ने एवं एकत्र करने के अर्थों में प्रयुक्त होती है तो यह एक अच्छी सामाजिक

स्थिति मानी जा सकती है। समाज के उन्नयन का वैचारिक ध ारातल जब एक बार मानव जाति की अवधारणा में सही रूप से प्रतिपादित हो गया तो कलुषित विरोधाभास का उच्चावचन एकता एवं अखंडता की अक्षुण्य स्थिति में कदाचित सेंध भी नहीं लगा सकता। राजभाषा का राष्ट्रभाषा में परिवर्तन किसी हटधर्मिता का मोहताज नहीं वह तो मानवीय चिंतन की व्यापक परिधि का विराट स्वरुप है जिसमें स्वार्थ की समाविष्टता का कोई हस्तक्षेप हो ही नहीं सकता।

विश्व स्तर पर जो भी विकसित राष्ट्र दृष्टिगोचर हो रहे हैं उनकी पृष्ठभूमि में राष्ट्रीयता का समर्पित भाव प्रमुख भूमिका निभाता है क्योंकि किसी भी राष्ट्र के लिए गौरव से जुड़ी हुई महत्वपूर्ण स्थिति वहां के जिम्मेदार नागरिक ही होते हैं। राष्ट्रीयता का बोध केवल देश में घटित विभिन्न घटनाओं एवं प्रमुख तिथियों तक सीमित नहीं होता है जिसे मनाने के लिए वहां के नागरिकों को विविध कार्यक्रमों द्वारा अभिप्रेरित करने की आवश्यकता पड़े। एक नागरिक की हेसियत से जब राष्ट्रीय परिप्रेक्ष्य को अपने सम्मुख रखने का प्रयास किया जाता है तब उस राष्ट्र के सम्पूर्ण परिवेश से अंतर्संबंध स्थापित हो जाना एक स्वाभाविक क्रिया होती है जिसमें विभेद की गुंजाईश नहीं होती है।

● राष्ट्रीय परिप्रेक्ष्य में मातृभाषा का बोध

विकास की संभावनाओं पर समग्र दृष्टिपात किया जाए तो यह बोध सहज हो जाता है कि राष्ट्र के व्यापक परिदृश्य में राष्ट्रीयता को विशेष महत्व प्रदान किया गया है इसके विपरीत आज विकासशील देशों का नजरिया इसलिए व्यापक नहीं हो पाता है क्योंकि वहां के नागरिकों के मन में स्वयं के प्रति सम्मान का दृष्टिकोंण अभी तक विकसित नही हो पाया है। सम्पूर्णता के परिदृश्य में राष्ट्रीय परिप्रेक्ष्य को दृष्टिगत रखने की जिम्मेदारी प्रत्येक नागरिक की होती है तथा इसके अंतर्गत जब

मातृभाषा का बोध जुड़ा हो तब हमारी नैतिकता का पैमाना अत्याधिक बढ़ जाना चाहिए क्योंकि यही वह चैतन्य स्थिति है जिसके माध्यम से न केवल समाज में बल्कि राष्ट्रीय एवं अंतर्राष्ट्रीय स्तर पर भी हम प्रत्यक्ष एवं अप्रत्यक्ष रूप से जाने - पहचाने जाएंगे। अभिव्यक्ति की स्वतन्त्रता का अधिकार हमारे पास सुरक्षित है साथ ही अस्तित्व की रक्षा भी हमारे हाथों में है जिसे हम अपनी कर्मगत भूमिका से अक्षुण्य बनाए रख सकते हैं।

विश्व रंगमंच पर कोई भी राष्ट्र तभी सुरक्षित रह सकता है जब वहां के नागरिक अपनी समस्याओं और उसके समाधान हेतु राष्ट्रीय परिप्रेक्ष्य को ध्यान में रखकर कार्य को अंजाम देने का प्रभावशाली प्रयास करें। आज नवीनतम अनुसंधानों ने यह स्पष्ट कर दिया है कि बाल हृदय की गहराइयों से लेकर परिपक्व अवस्था के निर्माण तक की स्थिति में मातृभाषा का प्रयोग ही स्वस्थ मानसिक विकास का सूचक हैं क्योंकि इस क्रिया में बोझिलता एवं जटिलता का दुराग्रह कार्य नहीं करता तथा केवल सहज समझ की स्वीकारोक्ति ही आनंद की अभिव्यक्ति करती है। आज विश्व समुदाय के सम्मुख अपनी प्रतिष्ठा को पुनर्स्थापित करने हेतु राष्ट्रीय परिप्रेक्ष्य में मातृभाषा के बोध और उसके प्रयोग को प्रत्येक नागरिक द्वारा राष्ट्रीय चरित्र की व्यापकता के संदर्भों में स्वीकारना ही होगा।

•आत्म सम्मान के साथ भाषा के प्रति अपनत्व

उत्सवधर्मिता की तर्ज पर हिंदी का गुणगान करते हुए वर्षों बीत गए लेकिन हम इसे आज तक स्वीकार नहीं कर सके। व्यावहारिक विरोधाभास के मध्य उलझती हिंदी के ऊपर आरोप एवं प्रत्यारोप मढ़ने के अतिरिक्त हम कुछ और करने में अभी तक सफल नहीं हो पाए। आज विडम्बनाओं के बोझ तले हिंदी की दुर्दशा देखी नहीं जाती लेकिन व्यावहारिक कदम उठाने की निशक्तता निरंतर बनी हुई है। सितम्बर माह की हिंदी से मोहित मानसिकता को भला कौन नही जानता? भाषा की निजता में

फंसी प्रभुता का सच भले ही कड़वा हो लेकिन उसे मानना ही पड़ेगा। भाषाई गुलामी की अंतर्कथा से व्यथित हिंदी अभी तक हिंदी दिवस मनाने के निहितार्थ में स्वयं के स्थापना की बाट जोह रही है। आखिर राष्ट्रभाषा को अभी तक नहीं अपना सकने की दुःखद कहानी परायी भाषा के सम्मुख हम कब तक रोते रहेंगे ?

आत्मसम्मान के साथ जब तक अपनी भाषा की समझ विकसित नही हो जाएगी तब तक हम विनम्र श्रद्धांजलि अर्पित करने की अपेक्षा से मनाते हिंदी दिवस को मूक दर्शक की भांति देखते ही रहेंगे। भाषायी गुलामी की अंतर्कथा के प्रसंगों में आज हिंदी इस कदर उलझ कर रह गयी है कि उसकी व्यथा को सुनने वाला कोई नहीं है। जिस राष्ट्र में राजनैतिक इच्छा शक्ति का अभाव होता है वहां किसी व्यवस्था पर गर्व करने के लिए प्रायः कुछ रहता ही नहीं है। केवल स्मृतियों के साये में प्रतिवर्ष यादगार मनाने के क्षणिक बोध ही समाज के लिए उत्साह का आधार बन जाते हैं। राष्ट्र धर्म के नाम पर शासकीय एवं अशासकीय संस्थानों की स्थापना केवल इसलिए कर दी जाती है कि वह संस्थाएं राष्ट्र में उत्पन्न की गयी समस्याओं पर नजर रखें और अपना प्रतिवेदन समय – समय पर प्रस्तुत करते रहें।

- **राष्ट्रभाषा के रूप में हिंदी की स्वीकारोक्ति**

विकास का सीमांकन जब औपचारिक प्रयास तक ही कर दिया जाएगा तो परिणाम प्राप्ति की अपेक्षा करना व्यर्थ ही होगा। सामान्यतः कई बार ऐसा भी होता है कि आम जन मानस यह मान बैठता है कि शायद क्रियान्वयन की दिशा में व्यावहारिक कदम इसलिए नहीं उठाये जाते हैं कि कहीं दोहरे मानदंडों की पूर्ति का मार्ग अवरुद्ध ना हो जाए। सम्पर्क भाषा के रूप में किसी भाषा से मतभेद नहीं किया जा सकता लेकिन राष्ट्रभाषा के रूप में हिंदी की स्वीकारोक्ति सभी के लिए राष्ट्रीय

गौरव की बात होनी ही चाहिए।

यहाँ यह प्रश्न बड़ा अस्वाभाविक हो जाता है कि आखिर लोकतान्त्रिक व्यवस्था में आम आदमी किसी भी परिवर्तन के लिए स्वयं को असहाय क्यों समझने लगता है ? जबकि वह स्वयं परिवर्तन की एक मुख्य कड़ी है। आज हमें यह गहराई से अनुभव करना होगा कि भाषागत अन्तराल और उसमें स्वयं की भूमिका को नहीं समझ पाने का खामियाजा इतना भयावह ना हो जाए कि कहीं हम अपनी मूल जड़ से हुई वास्तविक अभिव्यक्ति को ही भुला बैठे और सदा-सदा के लिए भाषायी गुलामी का ही शिकार हो जाए।

राष्ट्रीय भाषा के लिए लघु स्तर से लेकर वृहद् प्रयासों की श्रृंखला को भुलाया नही जा सकता क्योंकि इसमें बलिदानों की कई पीढ़ियां समर्पित हो चुकी हैं। अतीत का सुखद एवं दुःखद पक्ष नयी पीढ़ी के लिए प्रायः सीखने एवं समझने के लिए बहुत कुछ छोड़ जाता है, आवश्यकता केवल उसमें छिपे रहस्यों को खोज कर उनमें समय की परिवर्तनीयता के अनुसार संशोधन एवं परिवर्धन करके आत्सात करने का मार्ग प्रशस्त किया जाना चाहिए। भाषा की स्थापना के लिए आंकड़ो को आधारभूत अस्त्र बनाकर विध्वंसात्मक तरीके अख्तियार करना कभी भी बौद्धिक जगत का व्यवहार नहीं हो सकता। अपनी मातृभाषा का सर्वाधिक प्रयोग विकास में बाधक बन जाएगा इस प्रकार के तथ्यों का प्रचार - प्रसार भ्रामक स्थिति को जन्म देने का माध्यम तो बन सकता है परन्तु यह किसी समस्या समाधान में सहयोगी नहीं बन सकता। हिंदी की विकास यात्रा के लिए व्यक्तिगत एवं सामूहिक प्रयास किए गए लेकिन वह सभी कोशिशें राजभाषा के स्वरुप में आकार लेकर आखिर क्यों सिमट गयीं ? इस प्रकार के प्रयास राष्ट्र भाषा बन जाने की दिशा में अपनी प्रभावशाली स्थिति दर्ज कराने हेतु तत्पर है क्योंकि जीवंत प्रयास किसी ना

किसी रूप में आज भी निरंतर जारी हैं।

गोपनीयता के संदर्भ को वर्तमान की गतिशीलता से जोड़ना आज के खुले वातावरण में बेमानी हो सकती है परन्तु गलत प्रचार–प्रसार भाषा के संबंध में इतना अधिक कर दिया गया है कि सही का सम्प्रेषण विश्वसनीयता में परिणित नहीं हो पा रहा है।

● संयुक्त राष्ट्र महासभा में मातृभाषा का प्रयोग

आज सूचनाओं की भीड़ में भाषा के संबंध में यह समाचार इतनी तीव्रता से फैला कि आम भारतीय जन–मानस यह मान बैठा कि अंग्रेजी भाषा अंतर्राष्ट्रीय भाषा है तथा प्रभावशीलता की कसौटी पर खरी भी उतरती है। वास्तविकता के नजदीक जाने पर यह ज्ञात हो जाता है कि गुलामी का दुष्चक्र जिन– जिन राष्ट्रों पर चला वहां गुलाम मानसिकता की बाध्यताओं वाला स्वरुप इसका प्रमुख कारण बन गया जबकि विश्व समुदाय के अधिकांश देशों में अपनी मातृभाषा ही प्रयोग की जाती है। सयुंक्त राष्ट्र महासभा जैसे मंचों पर भी विभिन्न राष्ट्र प्रायः अपनी–अपनी भाषा का प्रयोग करते हैं, इसमें भारत भी विश्व के उन विशिष्ट देशों में से एक है जो यदा – कदा अपनी मातृभाषा का प्रयोग दुस्साहस की शैली में करता रहा है क्योंकि अपने देश में विरोध का भय प्रायः उसे सताया करता है।

विकास के अंतर्राष्ट्रीय मानक अपने प्रयोगों में यह सिद्ध कर चुके हैं कि व्यक्तित्व एवं राष्ट्र का सम्पूर्ण विकास मातृभाषा के माध्यम से ही हो सकता है क्योंकि यह मनोवैज्ञानिक दृष्टि से अंतर्मन को स्पर्श करते हुए व्यक्तिगत स्वरुप को गतिशील करती है जो अंततः मनःस्थिति को समृद्धशाली बना देती है। "हिंदी बोलें एक होलें ... " की उक्ति जीवन में रचने बसने के लिए तैयार है लेकिन – हमारी उन्मुक्त अवस्थाएं, विचलित मनः स्थितियां, जीवन स्तर को ऊपर उठाने की लालसाएं, लोग क्या कहेंगे ? जैसी मानसिकता अभी भी बाधक बन जाती है।

जीवन में पिछड़ेपन की गहन अनुभूतियाँ और जमाने के साथ कदम ताल नहीं मिला पाने का अभिशप्त रूप यह कहने लगे कि कहाँ है नयापन? नया जोश का वो अंदाज जिसे पश्चिमी सभ्यता का वरदान माना जाता है वो वर्तमान जीवन में क्यों दिखाई नही देता ? पराई भाषा की गुलामी और गुलाम मानसिकता के अनुसरण की दुहाई नहीं बल्कि अन्धानुकरण का सामान्य रूप सरलता से समझा जा सकता है। किसी भी रूप में भाषायी विरोधाभास को प्रकट करने का प्रयास यहाँ नहीं किया जा रहा है बल्कि भारतीय समाज के ऊपर तथाकथित सामाजिक संस्तुतियों के नकारात्मक आवरण को हटाने की चेष्टा की जा रही है जिसे किसी भूलवश आम जनमानस ने सब कुछ मान लेने की बाध्यता को मस्तिष्क के संकुचित परिवेश में स्थान दे दिया है।

● राष्ट्रीय भावनाओं से ओत प्रोत मानवीय हृदय

आपसी विश्वास एवं सामंजस्य की परिणिति अपने परिणामों को प्रकट करने में राष्ट्रीय भावना के मिश्रित स्वरुप का प्रत्यक्ष एवं अप्रत्यक्ष तरीके से प्रस्तुतीकरण किया जाए तो इस बात में तनिक भी गुंजाईश नही हो सकती कि "हिन्द देश के निवासी सभी जन एक है...." कि यथार्थता पूरी तरह से सिद्ध ना हो पाए। जीवन में सचमुच व्यावहारिक जगत की धारणाओं, पूर्वाग्रहों, शंकाओं एवं कुशंकाओं के प्रति संवेदनशीलता किसी राष्ट्रीय हित संवर्धन के प्रायोगिक आयामों को शिरोधार्य तथा कंठधार्य करने एवं कराने में केवल बाधक ही बन सकती है। यादों के साये में उत्सवधर्मिता की तर्ज पर हिंदी दिवस मनाने के समाचार कुछ इस प्रकार का आभास प्रदान कराते है जिसमें उद्घाटन समारोह के पश्चात् क्रमशः भाषा अनुवाद, तत्कालीन भाषण, निबंध लेखन, टंकण प्रारूप, टिप्पणी स्वरुप, आशुलिपिक शैली, लेख-सुलेख, वाद-विवाद, कविता-पाठ से जुड़े प्रसंग इत्यादि कार्य को प्रतियोगिता से जोड़ कर पुरस्कार वितरण एवं

समापन समारोह में हिंदी भाषा में लेखन एवं संवाद स्थापन करने का नाटकीय संकल्प लेकर हिंदी दिवस, हिंदी पखवाड़ा तथा हिन्दी मास के रूप में राष्ट्र भाषा के क्रियान्वयन को अमलीजामा पहना कर भाषायी शुचिता का कार्य संपन्न किया जाता है।

सरकारी एवं गैर-सरकारी वातावरण में परिवर्तन का यह दौर मनोरंजन की श्रृंखला में एक नवीन आयाम जोड़कर प्रतिवर्ष आता है और अलग-अलग अवधियों के वर्गीकरण को स्पर्श करता हुआ चला जाता है। पुनः प्रतिदिन की हिंगलिश वाली रोबदार शैली का जमावड़ा अपने-अपने "अधजल गगरी छलकत जाए.." के स्वरूपों में अंग्रेजी के शब्दों एवं वाक्यों का भावना शून्य रटा - रटाया विन्यास "रोमन भाषा" का अनुकरण करते हुए प्रस्तुत किया जाता है ताकि प्रभावशाली व्यक्तिव का परिचय घर की चार दिवारी से बाहर विविध सार्वजनिक स्थलों पर दिया जाना सुनिश्चित हो सके।

राष्ट्रीयता की भावना का उदात्त स्वरुप देश प्रेम के व्यावहारिक मूल्यों को सदा ही अक्षुण्य बनाए रखता है जिसमें मातृभाषा के प्रति समर्पण का भाव चेतना की महत्वपूर्ण स्थिति होती है। भारतीय होने का गौरवान्वित परिदृश्य मानवीय दृष्टि को उस समय व्यापक आधार प्रदान करता है जब मूल्यनिष्ठ भारतीयता मातृभाषा से अपनत्व के प्रति विशेष भूमिका निभाती है। मूल्यनिष्ठ मानवीय प्रवृति एवं प्रकृत्ति के निर्माण में उर्ध्वगामी चेतना का अभ्युदय मानव को राष्ट्रीय चरित्र के निर्धारण हेतु संबल प्रदान किया करता है। भारतीयता के प्रति समर्पण की स्थितियां, मानवीय भावनाओं से परिवर्तित होकर भाषायी शुचिता के पुरुषार्थ की व्यापक परिणिति द्वारा श्रेष्ठ पथ का अनुगमन करते हुए अभिमुखित होना चाहती हैं। अनेकता में एकता का उद्घोष राष्ट्र की विशेषताओं को विश्व के सम्मुख प्रकट तो करता है परन्तु वास्तविकताओं के अनुरूप अपनी पहचान स्थापित करने में

मातृभाषा के प्रति निष्ठा का अभाव उसके मन में सदैव बना रहता है। मातृभाषा का गहन बोध राष्ट्रीय चरित्र की उज्ज्वलता हेतु मानव निष्ठ भारतीयता और इसके प्रति मूल्यनिष्ठता का भाव अंतरात्मा से जुड़ा वह महान पहलू है जिसमें निजभाषा की उन्नत्ति का समूल स्वरुप विद्यमान रहता है।

भावनात्मक संवेदनाओं की पृष्ठभूमि में राष्ट्रभाषा द्वारा ही व्यावहारिक चरित्र की सुदृढ़ता का समावेश सुनिश्चित हो सकता है जिससे एक नागरिक के रूप में राष्ट्र भक्त की स्थिति और उसका व्यावहारिक स्वरुप राष्ट्रीय गौरव का महत्वपूर्ण हिस्सा बन जाता है। अतः राष्ट्रीय भावनाओं से ओत-प्रोत मानवीय हृदय सम्पूर्ण रूप से भारतीयता के प्रति नतमस्तक होना चाहता है और राष्ट्रभाषा के सम्मान का दृष्टिकोंण और उसके अपनत्व के प्रति मूल्यनिष्ठता का भाव उसे सम्पूर्ण रूप से समर्पित हो जाने के लिए सदा अभिप्रेरित करता रहता है।

ॐ शान्ति

प्रजापिता ब्रह्माकुमारी ईश्वरीय विश्व विद्यालय

मुख्य सेवा केन्द्र :-

"त्रिवेणी भवन" 4, शंकर लाल भार्गव रोड, कीडगंज, इलाहाबाद फोन : 2417428

अन्तर्राष्ट्रीय मुख्यालय पाण्डव भवन, माउण्ट आबू (राज०)

पत्रांक.................. दिनांक...................

उद्देश्य :-

1. आध्यात्मिक शिक्षा का ध्येय समाज को नैतिक नागरिक प्रदान करना है।
2. राजयोग के सहज अभ्यास द्वारा मानसिक शान्ति, उत्तम स्वास्थ एवं प्रसन्नता सम्पन्न व्यक्तित्व का निर्माण करना।
3. ईश्वरीय ज्ञान के माध्यम से मानव में आत्म चेतना जागृति कर एवं उसे आत्मबल सम्पन्न बनाना।

माध्यम/विधि :-

- प्रवचन
- सम्मेलन
- प्रदर्शनी
- राजयोग प्रशिक्षण शिविर
- आध्यात्मिक साहित्य

समीक्षा

आज एक अनोखी पुस्तक मेरे पास आयी " श्रेष्ठ मनुष्य बनने के उपाय " मन निःसंदेह जिज्ञासु हो उठा, उसे पढ़ने से स्वयं को रोक नहीं सकी क्योंकि वर्तमान परिप्रेक्ष्य में यह किसने क्षितिज के उस पार झांकने का साहस किया है ? प्रायः पर्यावरण के चारों ओर लेखन जगत घूम रहा है यदा - कदा आवाजें उठती हैं पर्यावरण के प्रति जागरूक नहीं हुए तो विनाश के मुंह में विश्व समा जाएगा या अनहोनी क्षति होगी। कहीं सुनाई पड़ता है लुप्त होने वाले प्रायः जीव जन्तुओं को बचाया जाए अन्यथा आने वाली पीढ़ी को क्या जवाब देंगे ? कोई संस्कृति की चर्चा कर रहा है कोई संसाधनों की बात किन्तु " मानव " इस सृष्टि का सुंदरतम पुष्प है, जगत नियंता की अद्भुत कृति है इसे बचाओ यह भी एक अनोखा आन्दोलन होना चाहिए।

गिरता हुआ मानव, भटकी हुई मानवता को क्या कोई राह दिखायेगा या स्वयं जगत नियंता पर छोड़ कर हम भी भीड़ का अंग बनकर चल रही " गतानुगतिको लोकाः न लोकाः पारमार्थिकः " बनकर चलते रहें, किन्तु साधुवाद देना चाहूंगी सर्वप्रथम मेधावी शुक्ला को जिन्होंने चेतना के पट खोल कर लेखनी उठाई उस अद्भुत कृति को बचाने की, संभव है परिवर्तन की दिशा का यह कदम सार्थक हो। कोई भी राष्ट्र धनबल, जनबल से महान नहीं बनता जब तक चरित्र बल ना हो। आज बहुमुखी प्रतिभा का धनी मानव जो चतुर्दिक विकास की ओर हर कदम रखते हुए गौरवान्वित हो रहा है किन्तु जिसे वह अनदेखा कर रहा है वो चरित्र बल है।

विकास के ये कदम मानवता को रौंदते चल रहे हैं देश के अंदर निर्भया कांड जैसे अनेकानेक कांड रोज़ घटित होते हैं कुछ मीडिया के सौजन्य से उजागर हो जाते हैं कुछ यूं ही अंधकार में समा जाते हैं। बहन मेधावी जी ने ऐसे त्रासदी पूर्ण समय में ये कलम उठाई है, जीवन की शुचिता का नैतिक धर्म एवं श्रेष्ठ मानव व्यवहार पर विचार व्यक्त किए हैं जीवन मूल्यों में बाह्य की अपेक्षा आंतरिक भाव का महत्व है। देह की अपेक्षा आत्मा अधिक महत्वपूर्ण है और उसे उजागर करने में अध्यात्म का प्रबल योगदान रहा है।

सम्पर्क सूत्र - मुट्ठीगंज - 2414165, दारागंज - 2505191, सिविल लाइन्स - 2560838, अल्लापुर - 9335064311, झलवा - 7668222276, मालवीय नगर - 8127395629, 125, गंगा सेक्टर त्रिवेणीपुरम् झूंसी, इलाहाबाद - 9369873452, फाफामऊ - 9518523021

अपने भारतीय जीवन मूल्यों में संतुलन और समन्वय का आधार राजयोग द्वारा मानव की नैसर्गिक पूंजी जो स्वयं जगत नियंता ने उसे दी है उस ओर झांकने को विवश किया है जहां से प्रेम , शांति , आनंद की त्रिवेणी प्रवाहित होती है। जहां से सात्विक प्रेम का उदय होता है और मानव , मानव को एकात्म भाव से निहार कर एकता के सूत्र मे स्वयं को पिरोकर विश्व बंधुत्व का सृजन करता है। इतना ही नहीं बहन मेधावी शुक्ला ने जीवन की शुचिता को अध्यात्म में पिरोने का अथक प्रयास किया है। अंतर्मन की जीवंत प्रेरणा ही मानवीय व्यवहार को अहिंसा के द्वार तक ले जाती है , पहले वह स्वयं के अंदर सुषुप्त दानवीय वृतियों को पराजित करे और सात्विकता के प्रकाश में दैवीय शक्तियों का दामन थामें जो उसकी मौलिक संपति है तब वो राजयोग की ओर प्रयाण करे , उसकी शुचिता ही उसे उच्चतम स्वरूप में स्थापित करती है और उसको जीवन की पाठशाला में व्यवहार को सकारात्मक चिंतन के मार्ग प्रशस्त करती है।

मैं पुन: अपनी लेखिका बहन को बधाई देते हुए कहना चाहूंगी कि - गूढ़ विषय को उन्होंने बड़ी कुशलता से सरल और तरल करते हुए पाठकों को आत्मसात करने हेतु परोसा है। गुणात्मक जीवन शैली के यथार्थ को परिभाषित किया है इतना ही नहीं मानव के अंदर श्रेष्ठता की अभिरूचि को जगाने के लिए इतिहास के झरोखों में नीहित देवत्व की ओर झांकने को भी प्रेरित किया है। धर्म - कर्म , अध्यात्म को एक सूत्र में पिरोकर मानव को साधना जगत में प्रवेश दिलाकर मौन साधना में बिठा - श्रेष्ठ से श्रेष्ठ की तलाश में सफल होना प्रमाणित किया है।

मेधावी जी ने स्वयं भी राजयोग का अभ्यास कर अंतर्मन की गहराई में झांक कर देखा है वो सतत जीवन में साधिका है। हम उन्हें करीब से जानते है कि वो कथनी और करनी में साम्य रखते हुए संतुलन बनाए चल रही है अद्भुत शैली है सबसे बड़ी बात " श्रेष्ठ मनुष्य बनने के उपाय " में जहां ऐतिहासिक पृष्ठभूमि से - देवत्व सात्विक आचरण के मंच को चुना है , मानव को राजपथ की ओर अग्रसर करने में धर्म , कर्म , अध्यात्म को आधार बनाया है , श्रेष्ठ सकारात्मक व्यवहार में राजयोग को सीढ़ी बनाया है वहीं उन्होंने संचार माध्यमों का भी आह्वान किया है।

बहन मेधावी जी ने वर्तमान आधुनिक जागरूक चेतना के प्रहरियों को भी झकझोरने का प्रयास किया है यदि जन संचार माध्यमों का रुख " मनुष्य को श्रेष्ठ बनाने "में सहयोग दे तो यह कार्य , समाज एवं राष्ट्र के लिए बहुत महत्वपूर्ण होगा और एक नई वैचारिक क्रांति को जन्म देगा।कुल मिलाकर श्रेष्ठ साहित्य की श्रृंखला में यह पुस्तक एक उपयोगी कड़ी साबित होगी और पाठकों को एक ही स्थान पर अतुल संपदा मिल जाएगी।

इस प्रयास के लिए कोटि - कोटि शुभकामनाएं , आगे भी आप इसी प्रकार कलम को धार देती रहें। एक सुझाव भी है अति क्लिष्टता से सरल भाषा बोध गम्य होती है भविष्य में प्रयोग करें लोकप्रियता की ओर बढ़ेंगी। साधुवाद सहित.........

"अब जरूरी है कि बदले देश का वातावरण,
दृष्टि बदले ,भाव बदले और बदले आचरण ॥
धर्म की देकर दुहाई साधु सन्यासी श्रमण ,
कर रहे हैं आज निर्भय धर्म का ही अतिक्रमण ॥
है अबाधित आजकल सीता - हरण की श्रृंखला ,
और अब तो हो रहा है राम का भी अपहरण ॥

- **रघुवीर शरण दिवाकर ' राही '**

प्रजापिता ब्रह्माकुमारी ईश्वरीय विश्व विद्यालय
5.6, मुट्ठीगंज, इलाहाबाद

10 ,जनवरी , 2020.
(विश्व हिंदी दिवस)

ब्र० कु० मनोरमा
राजयोगिनी ब्रह्माकुमारी मनोरमा ,
संचालिका - प्रयागराज (इलाहाबाद)
अध्यक्षा , धार्मिक प्रभाग
प्रजापिता ब्रह्माकुमारी ईश्वरीय विश्वविद्यालय.

Dr. Asfa M Yasin
Professor & Head
Centre for International Relationship
PSS Central Institute of Vocational Education, NCERT
Shyamla Hills, Bhopal-462013, M.P. , India
Fax- +91-755-2660580 Ph (office)- +91-755-2704114, 2660691
web- psscive.nic.in
mob. – 9425372283

समीक्षकीय सन्दर्भ

"मनुष्यता की दास्तान का मुकम्मल दस्तावेज़: श्रेष्ठ मनुष्य बनने केउपाय"

विश्व पटल पर समग्रता से महान विभूतियों ने श्रेष्ठतम कार्य की पूर्णतः को मानवता के उत्थान एवं कल्याण हतु सपंन्न करके इस जीवन में सार्थकता के साथ अमरत्व प्राप्त किया है। देश, काल एवं परिस्थिति की अनुभूति से सजृन संसार को समद्धृशाली बनाने में विशिष्ठ योगदान की आहूती सष्ट के महायज्ञ में आज भी निरंतर जारी है। मानवीय चिन्तन की पराकाष्ठा से जुड़ी जितनी भी मिसाल साहित्य जगत में मौजद हैं वह सभी अंततः मानव की संवेदनशीलता में अभिवृधी करके मनुष्यता को सुरक्षित एवं संरक्षित करने में जटुी हुइ हैं। अनादि काल से गतिशील जगत में आगमन और प्रस्थान का सिलसिला बना हुआ है जिसमे मनुष्य के द्वारा उसकी नेक नियति से मगंलकारी मानवीय हित संवर्धन की श्रष्ठे स्थितियाँ सदा ही अदर भाव के साथ स्वीकार की जाती हैं।

मानव जाति की प्रासंगिकता का उल्लेख इसलिए उल्लेखनीय हो जाता है क्योंकि जेहन में जज़्बात की पंजूी निहित होती है जो आत्म तत्व द्वारा विचार और भावना के रूप में श्रेष्ठतम खज़ाने को अभिव्यक्त कर देती है। भारत को विश्व गरु बनाने का सपना संजोएं राष्ट्रीयता के बोध की पूर्ण मन:स्थिति के परिणाम स्वरुप बी.के. मेधावी शुक्ला की पुस्तक – "श्रेष्ठ मनुष्य बनने के उपाय" मनुष्यता की दास्तान का मकुम्मल दस्तावेज' के रूप में प्राप्त होना मेरे लिये गौरव की बात है। ' एक भारत : श्रेष्ठ भारत ' का अनुष्ठान पूरी दुनियां के लिये अनुकरणीय उदाहरण है जिसमे श्रेष्ठतम विचार की पूर्णता में मानवीय द्रष्टिकोण को पूरी शिद्दत से स्वीकार किया जाना मनुष्यता को बचाए रखने के लिए महत्वपूर्ण तरकीब है।

इंसानियत की खातिर सब कुछ कुर्बान कर देने की जमीनी ताकत जब अदमी के भीतर पैदा होती है तब वह अंतर्मन की अनुभूतियों से अनमोल मोती मानवता के हितार्थ बलिदान कर पाता है। 'श्रेष्ठ मनुष्य बनने के उपाय ' पुस्तक पढ़ते हुए अनेक बार आत्म संवाद के मौके आए जिसमे महानता से जुड़े संसमरण स्वतः ही अनुसरण की स्थिति में परिवर्तित हो गए जो सम्पूर्ण मनोयोग से लेखन का सखुद परिणाम है। मानवता की स्थापना को संज्ञान में लेकर भविष्य निर्माण की चैतन्य प्रेरणा के रूप में लिखी गयी यह पुस्तक 'मनुष्यता' के लिए ऐसा दस्तावेज है जो सत्य का साक्षी बनकर 'सर्वजन हितार्थ' को सहजता से बयां कर देता है।

धर्मगत आचरण द्वारा आध्यात्मिक उच्चता का अह्वान करने की आत्म शक्ति इस बात का प्रमाण है कि पूर्व जन्म के संचित ने श्रेष्ठ मनुष्य के व्यापक स्वरूप को लेखिका से लिपिबद्ध करवा ही दिया। सफ़दर हाशमी जी द्वारा सृजित कविता - ' किताबें कुछ कहना चाहती हैं........' का अगाज़ लगभग सम्पूर्ण राष्ट्रीय स्थर पर आयोजित विभिन्न पुस्तक मेले के समय, आमजन के भीतर पुस्तक पढ़ने की अहमियत को जागृत करके सृजन की विरासत को नैसर्गिक रूप से अभिव्यक्त कर देता है। जीवन के सफ़र में जब व्यक्ति - ' सब्र और फर्ज' के रहस्य को समझने, सीखने एवं अनुभव करने की प्रक्रिया में रहते हुए अेपनी स्मृति, स्थिति और अवस्था का निर्माण कर लेता है तब वह - 'श्रेष्ठ मनुष्य का बहेतरीन स्वरुप ' बन जाता है।

निजी तौर पर मुझे इस बात पर फक्र है कि- बी.के. मेधावी शुक्ला ने स्वय को इश्वर की अेनपुम कृती के रूप में स्वीकार करके जीवन के आत्मिक आनन्द को अनुसन्धान- अेध्ययन के दौरान बरकरार रखा और शोध के इतर - 'श्रेष्ठ मनुष्य बनने के उपाय ' को सजित कर दिया। सामाजिक परिद्रश्य में लोक व्यवहार की भाषा के अंतर्गत प्रयोग किया जाने वाला जमुला - ' कायदे में ही फ़ायदा है' सचमुच उस समय हकीकत में तब्दील हो गया जब प्रस्तुत, पुस्तक पर पैनी नज़र पड़ते ही - ' संयमित जीवन शैली की विराट परम्परा' का दिग्दर्शन हो गया। अहंसिक जीवन- शैली के पारमार्थिक भाव के आगमन से मानव जीवन में श्रेष्ठता की स्वीकारोक्ति सुनिश्चित होती है तथा श्रेष्ठ सामाजिक संरचना का व्यवहार पक्ष असानी से प्रकट हो जाता है।

मानव उत्थान का नैसर्गिक स्वरुप वास्तव में प्रत्यक्ष, सकारात्मक जीवन की प्रासंगिकता का यथार्थ बोध कराता है जिससे समाज में शांति, अहिंसा एवं पवित्रता की स्थापना को बल मिलता है और अहिन्सिक जीवन - शैली की व्यावहारिकता सामाजिक समरसता का अधार बन जाती है। जीवन की शुचिता का नैतिक धर्म मानव के गुणात्मक परिवर्तन की गतिशीलता से जुड़े रहस्य को उजागर करता है ताकि सत्कर्म की प्रवृत्ति का अनुसरण सर्वांगीण विकास को सुनिश्चित कर सके। आध्यात्मिक संप्रेषण की महत्वपूर्ण भूमिका का दायित्व राजयोग के के मर्म की सुखद परिणिति है जो सार्थक बदलाव की स्थिति को सामाजिक विश्वसनीयता के ' श्रेष्ठ आचरण ' द्वारा प्रकट करता है।

राष्ट्रभाषा के सम्मान का भाव जगत ही निज भाषा की व्यावहारिकता को , मातृ भाषा के गहन बोध तक कुशलता से पहुचता है जिसके परिणाम स्वरुप महात्मा गांधी अन्तराष्ट्रीय हिंदी विश्वविद्यालय में अेनसुन्धान कार्य का सौभाग्य प्राप्त हो पाता है। गांधी दर्शन की प्रायोगिक प्रष्ठभूमि सत्य , प्रेम एवं अहिंसा को आत्मसात करके 'अहिंसक जीवन शैली' पर अनुसन्धान केद्वारा "समाज में शांति, अहिंसा और पवित्रता की स्थापना में धर्म, अेध्यात्म एवं राजयोग के महत्वपूर्ण योगदान को वसुधैव कुटुम्बकम के सम्बन्ध में संवेदनशील विश्लेष्णा" का सिद्धांत प्रतिपादन , शैक्षणिक उत्क्रष्ठता का प्रमाण है। 'श्रेष्ठ मनुष्य बनने के उपाय ' पुस्तक में, महान चिंतक, विचारक , लेखक , सामाजिक, शैक्षणिक , दार्शनिक, मनोवैज्ञानिक एवं आध्यात्मिक क्षेत्र के पुरोधा और उनकी भावात्मक प्रष्ठभूमि को समावेशित कर उन्हें पुनर्स्थापित किये जाने का पनीत कार्य काबिले तारीफ़ है।

पुस्तक के आवरण एवं धरोहर प्रष्ठ पर ' राष्ट्रकवि मैथिलिशरण गप्तु ' जी की कविता उद्दृत करते हुए मौलिक कृती - ' जगत नियंता ' को समर्पित किया जाना , बी.के . मेधावी द्वारा व्यक्त श्रद्धा एवं आस्था के साथ श्रेष्ठ संस्कार का वह प्रतिबिम्ब है जो ईन्हें माता -पिता तथा गुरुजनों से आशीर्वाद स्वरुप विरासत में प्राप्त है। समीक्षकिया सन्दर्भ की पष्ठभूमि उस समय अधिक प्रासंगिक हो जाती है जब शोधार्थी मेधावी शुक्ला , महात्मा गांधी अंतर्राष्ट्रीय हिंदी विश्वविद्यालय , वर्धा द्वारा डॉक्टर ऑफ फिलोसोफी (पी.ए .डी) की उपाधि से नवाजी जाती हैं। अेनसुंधान कार्य के दौरान ही - ' श्रेष्ठ मनुष्य बनने के उपाय ' पुस्तक को सृजित करते हुए श्रेष्ठता के अेतीत , आगत एवं अनंत स्वरुप की व्यापकता को समटेना वाकई में सराहनीय कार्य का बेहतरीन अंजाम है।

शैक्षणिक जगत के लिये प्रेरणा का प्रसंग वहाँ निर्मित हो जाता है जहां मानव के उत्थान की सम्पूर्णतः का व्यावहारिक स्वरुप , सामाजिक प्रष्टभूमि में राष्ट्रीय एवं अंतर्राष्ट्रीय स्तर की पत्र- पत्रिकाओं और शोध - जर्नल्स के माध्यम से अेपनी उपादेयता को पुस्तक प्रकाशन से पूर्व ही सिद्ध कर देता है। व्यक्तिगत तौर पर अेत्यंत आनन्द का विषय है कि - ' यथा नाम तथा गुण' से सपंन्न लेखिका को जीवन के आरम्भिक काल में ही मानवीय संवेदना से जुड़े महान विद्वतजनों ने मगंलकामनाओं की विभिन्न शैली द्वारा आत्मीयता के पुण्य से अभिसंचित किया है।

प्रकाशकीय प्रष्ठभिमी में अंतर्राष्ट्रीय स्तर पर कार्यरत प्रतिष्ठित - 'लेनिन प्रकाशन' के परम आदरणीय श्री संजय सिंह जी द्वारा मानवीय संवेदना से युक्त पुस्तक - ' श्रेष्ठ मनुष्य बनने के उपाय ' को प्रकाशित करने की जिम्मेदारी को सामाजिक जबावदेही के रूप में निभाने की स्थिति , मेरी भावनाओं के साथ विचार को सम्मान देने का जीवंत प्रमाण है। आत्म मंथन के अेमतृ कलश को डॉ. मेधावी शुक्ला ने लोक मगंल की व्यापकता से मनुष्यता के श्रेष्ठतम अयाम की अमूल्य सर्जना के रूप में- , श्रेष्ठ मनुष्य बनने के उपाय ' को रचकर जो बहुमूल्य कार्य सपंन्नव किया है उसकी वृहद सामाजिक स्वीकारोक्ति हेतु हार्दिक बधाई एवं..... शभुाशीष...इति शभुम...

26 जनवरी, 2021
(गणतंत्र दिवस)

- प्रोफेसर आस्फा यासीन
पूर्व विभागाअध्यक्ष (पी.एस.एस.सी.आई.वही.ई)
[एन.सी.ई.आर.टी] नई दिल्ली भारत सरकार

लेखक - परिचय

DR. B.K. Medhavi Shukla
Mob - 9971613039
b.k.medhavi@gmail.com

मानद निदेशक :

Honorary Director : (Training & Human Development) Spiritual Research Study And Educational Training Centre (SRSETC) Dewas , Madhya Pradesh **(प्रशिक्षण एवं मानव विकास) आध्यात्मिक अनुसंधान अध्ययन एवं शैक्षणिक प्रशिक्षण केंद्र , देवास , मध्य प्रदेश**

आध्यात्मिक शिक्षक :

Spiritual Teacher & Counsellor : Prajapita Brahmakumari's Ishwariya Vishwa Vidyalaya , Mount Abu , Rajasthan **(प्रजापिता ब्रह्माकुमारी ईश्वरीय विश्व विद्यालय माउन्ट आबू , राजस्थान)**

अनुसंधान अध्ययन :

पूर्व अनुसंधान अध्येता : पी.एच.डी **" अहिंसक जीवन - शैली में राजयोग का अवदान : परम्परा , स्वरुप , प्रयोग और मीडिया की भूमिका "** गांधी एवं शांति अध्ययन विभाग , महात्मा गांधी अंतरराष्ट्रीय हिंदी विश्वविद्यालय , वर्धा , महाराष्ट्र

व्यावसायिक क्षेत्र :

एम.फिल (जनसंचार) School Of Journalism & Mass Communication , Dissertation : **" अवेकनिंग विद ब्रह्मकुमारिज़ आस्था चैनल पर प्रसारित कार्यक्रम पर आधारित - दर्शकों का एक विश्लेषणात्मक अध्ययन "** Devi Ahilya Vishwavidyalaya , Indore , Madhya Pradesh.

अकादमिक शिक्षा :

उच्च शिक्षा : एम.ए (जनसंचार , संस्कृति विद्यापीठ) महात्मा गांधी अंतरराष्ट्रीय हिंदी विश्वविद्यालय , वर्धा , महाराष्ट्र

तकनीकी पक्ष :

पी.जी.डी. (मूल्यपरक शिक्षा एवं आध्यात्मिकता) Dissertation : **" राजयोग द्वारा संस्कारों में परिवर्तन - ब्रह्माकुमारिज़ आश्रम (वर्धा) महाराष्ट्र के विशेष संदर्भ में एक अध्ययन "** Annamalai University , Tamilnadu.

स्नातक स्तर :

बी.ए (पत्रकारिता एवं जनसंचार) श्री गुरु तेग बहादुर खालसा कॉलेज (दिल्ली विश्वविद्यालय) दिल्ली

प्रकाशनाधीन पुस्तक :

1. **" श्रेष्ठ मनुष्य बनने के उपाय "** (वही मनुष्य है कि जो मनुष्य के लिए मरे ....)

   " राष्ट्रीय कवि मैथिलीशरण गुप्त जी की " मनुष्यता " कविता से उद्धृत वह श्रेष्ठ पंक्ति है जो ' मानवीय संवेदना के आरम्भ ' को एक नवीन आयाम प्रदान करती है जिसमें ' मनुष्य की मनुष्यता ' को बनाए रखने के साथ बचाए रखने के सम्पूर्ण स्वरूप अपनी जीवंतता से विद्यमान हैं। "

सृजनात्मक लेखन :

1. **" श्रेष्ठ मनुष्य बनने के उपाय "** (वही मनुष्य है कि जो मनुष्य के लिए मरे ....)
2. **" अहिंसक जीवन : राजयोग का सुखद परिणाम "** (आत्मिक सम्पन्नता , सम्पूर्णता एवं समर्पणता)
3. **" आध्यात्मिक उत्कृष्टता का प्रस्फुटन "** (सत्य , प्रेम एवं अहिंसा का जीवन्त संस्करण)
4. **" आत्मवाद का संवर्धन "** (ऊर्ध्वगामी चिंतन की दिशा में अनुसंधान)
5. **" मानवीय संस्कार का परिमार्जन "** (संस्कारगत परिवर्तन के बीजारोपण का श्रेष्ठ आधार)

मौलिक आलेख : (अहिंसक जीवन एवं राजयोग का प्रयोग)

1. राजयोग का सकारात्मक और सार्थक जीवन की स्थिति पर प्रभाव ।
2. सम्पूर्ण एवं समर्पित अवस्था में राजयोग के प्रयोग से गुणात्मक परिवर्तन ।
3. जीवन में राजयोग द्वारा पुण्यात्मा का देवात्मा के स्वरुप में रूपांतरण ।
4. राजयोग का आत्मानुभूति से परमात्मानुभूति की प्राप्ति में योगदान ।
5. मानव उत्थान में जीवन - दर्शन और अध्यात्म का योगदान ।
6. जीवन में सामाजिक एवं मनोवैज्ञानिक सन्दर्भों की व्यावहारिकता।
7. दार्शनिक और आध्यात्मिक प्रसंग की अनुभूति से सुखमय जीवन ।
8. अहिंसक जीवन द्वारा व्यावहारिक एवं प्रेरणात्मक झुकाव का यथार्थ ।
9. अहिंसक अनुभूति और आनंददायी स्थिति में मूल्यपरक जीवन ।
10. राजयोगी जीवन से विकासात्मक एवं कल्याणकारी परिवेश का निर्माण ।
11. आत्मिक अनुसंधान और पुरुषार्थ द्वारा श्रेष्ठ जीवन - शैली का विकास ।
12. व्यावहारिक जीवन पर पारदर्शी एवं यथार्थवादी स्वरुप का प्रभाव ।

विशेष उपलब्धि : Publication In Abroad
(Netherland) : ***Holland First Hindi Magazine*** **; 2020**

1. **समाज में शांति एवं अहिंसा की स्थापना : धर्म , अध्यात्म और राजयोग की भूमिका , *अम्स्टेल गंगा* ' त्रैमासिक पत्रिका ' (होलैंड) नीदरलैंड** (Issue : 28 , Year : 09 , Jan - Mar 2020)**(Canada)**
   Toronto : *Openinig Issue* ; 2019

2. **समाज में शांति एवं अहिंसा की स्थापना : धर्म , अध्यात्म और राजयोग की भूमिका , वसुधैव कुटुम्बकम के संबंध में एक संवेदनशील विश्लेषण , *भारत सौरभ* ' त्रैमासिक पत्रिका ' (टोरंटो) कनाडा**
   (Openinig Issue : Page No : 18 - 21 , Jan - Mar 2019)

महत्वपूर्ण प्रकाशित शोध आलेख : (ISBN) प्रकाशन

1. **पुस्तक शीर्षक : *समालोचना के विविध स्वर* , संपादक : प्रो. संजय.एल. मादार : (धारवाड़) कर्नाटक , विषय : " मूल्याधारित पत्रकारिता की निष्पक्षता : राजयोग की सुखद परिणिति - श्रेष्ठ जीवन के सन्दर्भ में एक सृजनात्मक अध्ययन " , Page No : 285 - 290 , प्रथम संस्करण : 2019 , प्रकाशक - शारदा पब्लिकेशन (दिल्ली)**

2. **पुस्तक शीर्षक : *समकालीन साहित्य और मीडिया* , संपादक : सुश्री कंचन शर्मा , " अन्तराष्ट्रीय संगोष्ठी , जामिया मिलिया इस्लामिया विश्वविद्यालय , विषय : " आध्यात्मिक पत्रकारिता की उपयोगिता : सकारात्मक मीडिया का नैतिक धर्म - जनमानस के मध्य प्रभावशाली उपस्थिति का एक गहन अध्ययन " , Page No : 74 - 81 , प्रथम संस्करण : 2019 , प्रकाशक - साहित्य संचय (दिल्ली)**

3. **पुस्तक शीर्षक : *समकालीन विमर्श धारा* , संपादक : प्रो. संजय .एल.मादार (धारवाड़) कर्नाटक , विषय : " सत्कर्म की प्रवृत्ति का अनुसरण : मानव जीवन के सर्वांगीण विकास का आधार - आत्मा के अमरत्व के सन्दर्भ में एक मौलिक अध्ययन " , Page No : 331 - 341 , प्रथम संस्करण : 2019 , प्रकाशक - शारदा पब्लिकेशन (दिल्ली)**

4. **पुस्तक शीर्षक : *21 वीं सदी : नव विमर्श* , संपादक : डॉ. सुशीला एवं डॉ. नरेश कुमार सिहाग , अन्तराष्ट्रीय बहुउद्देशीय संगोष्ठी , (भिवानी) हरियाणा , विषय : " मीडिया मीमांसा का गूढार्थ : आध्यात्मिक सम्प्रेषण की महत्वपूर्ण भूमिका - अहिंसक जीवन शैली के संबंध में एक सामाजिक विश्लेषण " Page No : 16 - 22 , प्रथम संस्करण : 2019 , प्रकाशक - साहित्य संचय (दिल्ली)**

5. **पुस्तक शीर्षक : " *Beyond Boundaries : Gandhian Vision in the Age of Globalization*" संपादक : डॉ. रवि कुमार , विषय : " अहिंसक जीवन शैली : मानव समाज की समरसता का आधार - जीवन मूल्य के सन्दर्भ में एक सूक्ष्म विश्लेषण " , Page No : 184 - 187 , संस्करण : 2018 , प्रकाशक - गांधी अध्ययन केंद्र , (वर्धा) महाराष्ट्र**

6. **पुस्तक शीर्षक : *आध्यात्मिकता , मीडिया और सामाजिक बदलाव* , संपादक : प्रो. अनिल कुमार एवं डॉ. अख्तर आलम , विषय : " धर्म , आध्यात्मिकता और मीडिया " , वर्धा , Page No : 224 - 228 , संस्करण : 2015 , प्रकाशक - प्रवर्तन पब्लिकेशन्स (लातूर) महाराष्ट्र**

7. **पुस्तक शीर्षक : *Role of Media In Nation Building* , Chief Editor - Dr. Sumit Narula (Amity School of Communication) Amity University , Gwalior , Madhya Pradesh , विषय : " आध्यात्मिकता और मीडिया " , Page No : 234 - 238 , संस्करण : 2015 , प्रकाशक - भारती पब्लिकेशन (नई दिल्ली)**

राष्ट्रीय एवं अंतरराष्ट्रीय प्रकाशन :

प्रकाशन : प्रतिष्ठित राष्ट्रीय और अंतरराष्ट्रीय स्तर के सेमिनार एवं वर्कशॉप हेतु शोध पेपर का लेखन तथा प्रस्तुतीकरण । मासिक , द्विमासिक एवं त्रैमासिक पत्र - पत्रिकाओं तथा शोध जर्नल्स में मौलिक आलेख एवं शोध आलेख का प्रकाशन ।

National Publications; Research Article

राष्ट्रीय (मासिक पत्रिका) प्रकाशन :

1. कार्ष्ण कलाप : (मथुरा) उत्तर प्रदेश
2. राष्ट्रभाषा : राष्ट्रभाषा प्रचार समिति (वर्धा) महाराष्ट्र
3. शिव आमंत्रण : अध्यात्म की नई उड़ान (सिरोही) राजस्थान
4. वीणा : मध्य भारत की साहित्यिकी (इंदौर) म.प्र
5. अक्षरा : मध्य प्रदेश राष्ट्र भाषा प्रचार समिति , हिंदी भवन (भोपाल) म.प्र
6. ज्ञानवीणा : नैतिक एवं आध्यात्मिक जागृति (भोपाल) म.प्र

राष्ट्रीय (द्विमासिक पत्रिका) प्रकाशन :

1. रचना : म.प्र शासन उच्च शिक्षा विभाग एवं हिंदी ग्रन्थ अकादमी (भोपाल) म.प्र
2. मूल्यानुगत मीडिया : मीडिया अनुसंधान एवं मूल्यपरक शोध (इंदौर) मध्य प्रदेश

राष्ट्रीय (त्रैमासिक पत्रिका) प्रकाशन :

1. नटराज सार्थक संकेत : समाज विज्ञान , शोध पत्रिका (बड़वानी) म.प्र
2. सर्व भाषा : साहित्य संस्कृति एवं कला , सर्व भाषा ट्रस्ट (नई दिल्ली)
3. हिन्दुस्तानी ज़बान युवा : हिन्दुस्तानी प्रचार सभा (मुंबई) महाराष्ट्र
4. Communication Today: Lighthouse of Media (Jaipur) Rajasthan.

International Publications; Research Article

अंतर्राष्ट्रीय (मासिक पत्रिका) प्रकाशन :

1. अंतर्राष्ट्रीय शोध जर्नल्स : प्रिंटिंग एरिया , बहुभाषिक शोध पत्रिका (मुंबई) महाराष्ट्र
2. साहित्य जगत : साहित्य , शिक्षा , मानविकी एवं विज्ञान विषय (कुरुक्षेत्र) हरियाणा
3. Research Review International Journal of Multidisciplinary, New Delhi.

अंतर्राष्ट्रीय (द्विमासिक पत्रिका) प्रकाशन :

1. International Journal of Hindi Research (Delhi)
2. Transframe Journal: (Mumbai) Maharashtra.

अंतर्राष्ट्रीय (त्रैमासिक) प्रकाशन :

1. अंतर्राष्ट्रीय शोध जर्नल्स : विद्यावार्ता , बहुभाषिक शोध पत्रिका (मुंबई) महाराष्ट्र
2. शोहल शोध मंजूषा : (कुरुक्षेत्र) हरियाणा
3. रासो : " इतिहास , संस्कृति , साहित्य , दर्शन " (अजमेर) राजस्थान
4. Equanimiaist : A Peer Reviewed Journal : (Allahabad) U.P

AWARDS AND ACHIVMENTS :

- ***Award*** : National ***Woman Courageous Award (For the Importance of woman in Nation building)*** Noida , Delhi 20th March 2021
- ***National Yoga and Exercise Advisory Head*** - *Akhil Bhartiya Hindi Mahasabha* , New Delhi , 09th May 2021
- ***Award : Yog Sahitya Shiromani Samman*** , Organised By : Akhil Bhartiya Gurukul Avam Gaushala Anusandhan Sansthan , Karnatka , 21st June 2021
- ***General Secretary*** in National Coordinating Council , **Adarsh Sanskar Shala** (A Project By Adarsh Yuva 'Samiti' (Reg.) Delhi , 01st July 2021.
- ***Award : Yuva Soch Army Presents : ' Yuva Soch Ratan Award '*** An Initiative to Strengthen the skills of National's Youth , Delhi , 01st August 2021.
- ***Award : Certification of National Integration Camp for Integrating Self to Integrate Bharat*** , Ministry of Youth Affairs And Sports Government Of India , New Delhi , 2009
- ***Kaviyitri*** in Hindi Academy, New Delhi , During 2004-2007
- Stood **Third in Position** in ***Poetry Competition***, Organized By P.G.D.A.V College, DU, Delhi.2006
- Stood **Third in Position** in ***Gyan Ganga (Shlok Uchaaran)*** Organized by P.G.D.A.V College, DU, Delhi.2006
- Certificate for ***Joint Secretary***, Hindi Sahitya Sabha , Shri Guru Nanak Dev Khalsa College, Delhi University, Delhi. 2006
- Participated in **Blood Donation Camp**, organized by Shri Guru Nanak Dev Khalsa College, Delhi University. 2005
- ***Joint Editor*** in *Surlok News Paper*, Shri Guru Nanak Dev Khalsa Collage, DU., 2005
- Certificate Awarded for Social Services To The ***Cancer Patients***, Delhi. 2004
- Awarded The NCC Certificate for Training at ***Tikri Khurd*** , Conducted by Shri Guru Nanak Dev Khalsa Collage, New Delhi. 2004
- ***Paryavaran Ratan Award*** , Delhi. 2000

Personal Information:

Mother's Name	: Smt. Bimla Shukla
Father's Name	: Shri. S.N. Shukla
Date of Birth	: 12th March 1986
Nationality	: Indian
Language Known	: Hindi , English , Bhojpuri , Panjabi
Hobbies	: Reading , Writing , Teaching , Training
Strength	: Self Respect And Positive Atitute
Blood Group	: 'O' Positive
Postal Address	: House No: 262 , Sanjay Enclave , G.T.Karnal Near - Bye Pass , Delhi -110033 India ; Mobile - 09971613039
E-Mail Id	: b.k.medhavi@gmail.com

DR. B.K. Medhavi Shukla
Honorary Director
(Spiritual Research Study and
Educational Training Centre, Dewas, M.P)